中国人的老礼儿

TRADITIONAL
CHINESE
RITUAL

刘一达 著

中国科学技术出版社

·北 京·

老礼儿是中华民族世代传承的行为规范

青少年要深刻理解它的文化内涵

在践行中发扬光大

中国工程院院士 张履谦

张履谦院士为本书题签

张履谦：中国工程院院士，雷达与空间电子技术专家，现为中国航天科技集团有限公司顾问

序

余心言

我们这个文明古国历来被称作礼仪之邦，人际相处提倡以礼相待，仁义礼智信都是中华文明的重要内容。

但是旧社会的礼，主要是为巩固封建等级制度服务的，内容也过于繁琐，往往使人感到束缚。随着时代的发展，人们自然要求破除旧礼教的束缚，这是有道理的。

在长期的社会发展中，礼和民俗早已融为一体，成为人际相处的原则、习惯，互敬、互爱、互助、互让、自尊、自重，减少和化解了不少矛盾，促进了和谐、友善。正是这一部分被人称作中国人的老礼儿，有着极强的生命力，偶有缺失，便不断被人呼唤。随着时代发展，也自然会变换形式，但是根本的尊重他人、尊重自己、追求和谐、追求友善这些原则却始终不变。

现在的困难是：毕竟时代发展太快，年轻人往往来不及对过去的老礼儿有足够的了解。刘一达同志做了一件好事。他长期倾心搜集整理中国传统的礼仪礼俗文化，在积累了大量素材的基础上编写了这部有关中国人的老礼儿的读本，相信会受到读者的欢迎，发挥应有的积极作用。

对待中华传统文化，当然要区分精华和糟粕。破除糟粕，精华才能得到更好的继承。刘一达同志注意了这个问题。他的叙述，重点放在对今天仍然有用的精华部分，不可避免地涉及若干糟粕部分，也是今天的人应当有所了解的。

即使是传统文化的精华部分，在新的历史条件下也很难原封不动地照搬照抄，只有随着客观条件的发展而不断创新发展才能真正适应今天人们的需要而显出勃勃生机。可喜的是刘一达同志巧妙地设计与一位海归女青年的对白讨论，就这个问题做了许多有益的探索。

人类的历史是不断地向前发展的。在这个过程中，人们总要不断地探索适应已有的进步和能够推动历史更向前进的观念和相互关系。已有的成就是前进的基石，不可能随便被抛弃。我们对为此作出努力的人表示敬意，希望有更多的人作出更多的努力，这些都有利于让明天变得更好。

2019 年 4 月

（余心言先生系我国著名杂文家、伦理学家）

目录

开场白：礼仪之邦话老礼儿

什么是中国人的老礼儿？这还用问吗？

中国人的老礼儿就是老辈人传下来的、老事年间的礼儿。这些老礼儿包括礼貌、礼节、礼仪、礼数等。

中国人的老礼儿，也可以说是中国民间通用的一些礼数，这里有约定俗成的俗礼，有儒释道三教的教规，有文人墨客的礼约，有三教九流的门规，有五行八作的行规，有官场上的约法，也有封建制度下的家法、族规，还有传统伦理道德的礼数。总之，内容比较庞杂，但是这些都可以用"传统文化"这四个字来高度浓缩。

由于时代和历史的原因，有些中国人的老礼儿已然过时，拿到现在看有些迂腐，已不适用；有些带有封建迷信色彩，亦属糟粕，也被历史淘汰。但是在老百姓的日常生活和社会交往过程中，沿袭了数千年的一些老礼儿，还是有必要继承和发扬的。

有些中国人的老礼儿还属于历史文化的范畴，人们也应当了解，不了解往往就要闹笑话，还会误人子弟。举个例子说，您看过电视连续剧《西游记》吧，剧里唐僧戴的莲花瓣形状的帽子，应该叫"佛帽"。"佛帽"一般只有在僧人敬佛，也就是参加佛教的宗教仪式上才能戴，以示对佛的敬重，平常是不戴的。

可是在电视剧里，唐僧无论走到哪儿都戴着"佛帽"，这就不合体统了，也破了规矩。这是电视剧的编导缺乏这方面的常识，不懂佛门老礼儿造成的结果。

再比如电影《少林寺》里的长老剃着光头，穿着袈裟，却留着长长的胡子。这也是破了佛门的规矩，显得不伦不类了。佛教讲究'六根清净'，出家之人是不能留胡子的。

什么人能留胡子？道教的道士可以留，不是佛家弟子的人也可以留，唯独出家的人不能留胡子。可是电影的编导缺少这方面的常识，不懂老礼儿，把长老设计成留胡子的形象。于是民间有信佛的年轻人，由于看了电影，又不懂这些老礼儿，也纷纷效仿，留起长胡子。

所以，有些中国人的老礼儿还是应该懂得的，不懂，就要闹笑话；不懂，就会成事不足，败事有余。

孔子说："恭而无礼则劳，慎而无礼则葸，勇而无礼则乱，直而无礼则绞。"古人告诉我们：失礼不但可能误事，还会误国，甚至可以丧邦。这绝非耸人听闻。

中国人不但要懂中国的老礼儿，还要身体力行和继承弘扬。因为老礼儿并没过时，许多老礼儿在现代生活中还在应用，所以，中国人的老礼儿并不老。

人们一听中国人的老礼儿，可能会想到孔夫子生活的年代，其实，我们说的有些老礼儿，比孔夫子生活的年代更老。

据相关的史料记载，中国传统文化中的礼貌、礼节、礼仪、礼数等，早在商周时代就已经相当地完备，甚至完善了，但也正是因为西

中国人的老礼儿

周末年的战争频繁，周代的许多礼仪开始淡化，以至于到了孔夫子生活的年代，有些老礼儿就已经不讲究了，所以，孔夫子才发出"礼坏乐崩"的感慨。

不过，孔夫子说的礼，包括许多政治礼仪，而我们所说的中国人的老礼儿，则主要是指日常生活和社会交往的礼貌、礼节、礼仪、礼数等。虽然这些老礼儿随着社会的发展、时代的变化，有些已经过时了，但"核心"价值基本没变，而且经过两三千年的代代传承，许多中国人的老礼儿还是保留下来了。

中国自古以来就是"礼仪之邦"，重礼守礼是中华民族的传统美德，中华民族在长达5000年的历史文化的演进中，保留了大量的礼节、礼仪、礼数，形成了特有的"礼文化"。在封建帝制年代，国家的行政机构"六部"里，有专门负责礼仪的"礼部"，可见"礼"的重要。

中国人的老礼儿不但可以梳理家庭和谐的伦理关系，融合人与人的关系，张扬道德与仁爱的力量，而且还维系着社会的秩序和稳定，所以强调和提倡人们重视中国人的老礼儿，也是社会安定团结、构建精神文明建设体系的需要。

不可否认，进入21世纪以后，随着高科技的发展，人类已经进入了信息时代和数据时代，但不管进入什么时代，只要与人打交道，进行社会交往，都离不开老礼儿。可以说，中国人的老礼儿是老祖宗给我们留下来的宝贵的"非物质文化遗产"。

本书主要是跟读者聊聊现实生活中的一些中国人的老礼儿，但这个话题聊起来有点儿枯燥，所以我特地找了一位年轻的"美女"做搭档，这样大家听我们聊，也许会更加自如，更有针对性，而且也会增加一些趣味性，您看了会觉得有点意思，这也算寓教于乐吧。

由于这个年轻的"美女"叫小宁，是生面孔，我得给您介绍一下，便于您看书的时候，对她不陌生。

小宁二十多岁，属"90后"，是个颜值颇高、很有个性的姑娘。这丫头活泼开朗，聪明伶俐，热情大方，思想单纯，也追求时尚，属于新潮的青年。当然她有时也挺任性，喜欢矫情。

她是家里的独生女，当年被称为家庭的"小太阳"。爷爷、奶奶、外公、外婆、父亲、母亲，一家人都宠着她、围着她转，让她自然从小形成了"唯我独尊"的心态。

不过，她倒是挺出息，大学毕业后，又在英国留学三年，属于"海归"。眼下是一家外资企业的白领。

我跟小宁算是隔代人，跟她父亲是老朋友。我比她爸大几岁，按中国人的老礼儿，她得管我叫大爷或大伯。小宁虽说已经工作，但她的生活经历基本上是"四门"，即家门、学校门、国门、单位门。所以，她对中国人的传统文化、礼俗和风土人情，甚至社会交往和人情世故知道得不多，不过她有自己的生活观和价值观。天真活泼、心直口快的性格，使她在很多事情上比较任性，喜欢抬杠。

您且记住她的这些特点，我在书里跟她聊天儿遇到摩擦碰撞时，也就不会感到诧异了。

中国人讲究传统文化的传承有序，老礼儿是传统文化的重要内容，同时也是中华民族精神文明的体现，到什么时候也不能丢。

您瞧，我怎么说着说着，就要打开"话匣子"开聊啦？得了，这只是一个开场白，我们要聊的话题多着呢，现在先打住吧。

打住可是先打住，咱不能忘了中国人的老礼儿。开场啦，我先代表小宁给各位读者拱手作揖：一达和小宁这厢有礼了！

感谢方成、王复羊等老一辈插画家的插画，今天看来依然富有神韵，我们放在书中，也是对传统文化的接续。

希望诸位能给我们这本书多捧场。接下来，请诸位往下翻篇儿，上眼吧您呐。

我们给读者拱手作揖

6

001
问路须先道尊称

今儿，小宁的脸色有点儿晴转多云，一见面，就来了一句让人不受听的："哎，你们小区的保安怎么那么倔呀？"

"他怎么你了？"我纳着闷儿问道。

"喊他两声，他都爱答不理的。"小宁撇着小嘴说。

我笑着说："不会吧，那保安认识我，虽然上了点年纪，但性格随和，平常说话挺和气呀。"

"和气？那是跟您！"

"是不是你言语不周，让老爷子挑理啦？"

小宁撇了撇嘴说："我得罪他干吗？"

"那是怎么回事？你喊他什么了？"

"我就问他，您住的2号楼怎么走，他看了我一眼，没搭理我。"

"你叫他什么来着？"

"我就说：哎，2号楼怎么走？我也不认识他，还能叫他什么？"

我笑道："你看看，得罪人了吧？跟人打招呼有喊'哎'的吗？中国人的老礼儿最忌讳见面打招呼喊'哎'。'哎'，人家有姓没有？"

小宁的丹凤眼挑了起来："我哪儿知道他姓什么呀？"

我说："那你也不能喊'哎'呀？你瞧你刚才叫我也是'哎'，我姓什么你也不知道吗？"

小宁不好意思地笑了："叫习惯了。"

"习惯？我看你是平时'哎'顺了口儿，是不是见了谁都'哎'呀？"

"那您说我该叫他什么？"

"叫他一声大爷，他准会送你一个笑模样。喊他'哎'，老爷子当然得绷脸了。生活中有些事儿就这么简单。老话说，礼多人不怪。多叫一声哥，少上十面坡。找人也好，问道儿也好，你是求人家呢，总得客客气气的，上来就喊'哎'，谁爱听呀？"

小宁听我这么一说，脸红了。随后，她的脸色多云转晴，大大咧咧地一笑说："嗨，我们年轻人哪像你们岁数大的人懂这些老礼儿呀？我总觉得叫不叫声大爷，喊不喊声大哥无所谓，谁在乎这个呀？"

"你瞧，一不留神你说到点儿上了。你呀，对什么事儿都觉得无所谓。可别小瞧这见面的一句尊称，它可是能直接反映出人的文明程度和文化修养。什么叫礼貌呀？礼貌就在这儿呢。"

小宁听了这话，不言语了。

恐怕很多年轻朋友，也碰到过小宁的这种尴尬。生活中，有些人确实跟人打招呼的时候，不爱开口叫一声尊称。

这里可能有多种原因：有的是因为对方的年龄、辈分、身份和关系，不知该叫什么；有的是因为跟对方太熟了，觉得不叫他尊称他也不会挑礼儿；有的就是小宁说的，觉得叫不叫无所谓。

其实不然，中国人是非常重视见面打招呼时，一开口的这句尊称的。当然，老事年间，官场有官场的见面尊称，买卖地儿有买卖地儿的碰头尊称，民间老百姓有老百姓的见面称呼。

通常官场的见面尊称是挂头衔，比如张局长、李处长、王主任。买卖地儿的见面尊称，过去是带"爷"和"东家""掌柜的"，现在是"经理""董事长""老板"之类的称谓。

民间老百姓的见面尊称，则显得随意而亲和。住一个院儿门对门，姓李，长一辈的要叫李大爷、李大妈、李伯伯、李伯父；平辈的叫李二哥、李二姐；跟自己一般大，或比自己小的叫小名儿。

总之，见了面，一张口总得叫声好听的。这是认识的人。

不认识的人呢，只要您是求人帮忙，比如打听人、打听道儿什么的，必得先叫尊称。

假如您开车或骑车、步行，前头有两位老先生慢慢悠悠地走着，挡了您的道儿。您得过去跟人打声招呼："大爷，您二老劳劳驾，侧个身儿。我急着赶路，让我先行一步。"

老北京人开口叫尊称

9

这声"大爷"，会叫得老人心里一热；紧跟着一句"劳驾"，又让他吃了个"顺气丸"。您想，人家能不挪挪步，让您先行吗？

这就是中国人的礼儿。

如果您来愣的，四六不懂，上来就喊："哎，靠边靠边！没听喇叭响吗？我有急事，先让我过去。"您琢磨琢磨吧，那两位老人会给您什么脸色？我估摸着他们不但不给您腾道儿，保不齐还会骂您两句。

见面打招呼，开口叫声尊称，体现了对人的一种尊重。您尊重人家，人家也自然会尊重您。这叫俩好并一好。

这种老礼儿透着中国人的文明，您可千万别拿它不当回事儿。

说到这儿，小宁又跟我掰扯了："见了长辈叫大爷大妈，见了平辈叫大哥大姐，多俗呀！我要是见了我们经理，也大爷大妈地叫吗？"

这丫头就是这样，爱抬杠。不过，她说的这也是称谓上的礼儿。这个话题也值得一聊，咱们且听下回分解吧。

002
称呼什么看对象

今儿一大早，小宁上我们家找我。

一进门，她就跟我咧嘴："我对您的教诲可是坚决照办。您对我说，见了长辈，男的要叫大爷，女的要叫大妈。我们部门经理比我大十多岁，是个男的。我叫了他一声大爷，他跟我急了。"

"哦？他说你什么？"

"他对我说：'你叫谁大爷呢？你大爷的！'我觉得挺委屈，跟别人一打听，人家告我，'大爷'在北京话里是骂人呢。"

听她这么一说，我忍不住乐了："嗨，谁让你见了谁都喊大爷呀！中国人喊'大爷'得看对象、分场合，还要分语气的轻重、语调的高低。此外，'大爷'这个称呼的前后不能添零碎。比如不能说'你大爷的'，或者说'大爷的'。添了这些词缀，意思就变了。"

小宁蹙起眉头说："中国人的礼儿真多。我哪儿知道一句'大爷'有这么多用法呀？"

"不知道没关系，你问问别人不就知道了吗？"我说。

"是呀。"小宁说道，"有些人，我还真不知道该叫他什么好。比如您吧，您跟我爸的岁数一样，可我叫您大爷，您准不爱听。叫您大哥，

又有点儿没大没小。叫您师傅，也不太搭界。叫您头衔，您又没有。真让人犯难！"

"甭犯难，你就直接叫我的名字'一达'挺好。怕我吃亏，就加上俩字——老师。因为眼下'老师'这个称谓满天飞，是个人都是老师，已经叫俗了。"我对小宁说。

"'一达老师'。嗯，这个称呼倒挺好听。"小宁笑了笑。

小宁说的公共场合的称谓问题，现在确实有点儿乱，如果您留神听，叫什么的都有。其实，如果细琢磨，这里有不少礼貌欠周全的地方。

中国人对称谓的讲究很多。我还看过一本专门谈称谓的书，里头讲得很详细。因为有些绕着弯儿的亲戚，比如小孩他舅舅三姨夫的儿媳妇，你说该叫什么，确实得且倒一气呢。

在早，在市面儿上，一般人见了穿官衣的，甭管他是不是官儿，都叫"长官"。新中国成立后，劳动人民当家做了主人，官再大，也是人民公仆，所以从官到民，一律以"同志"相称。

"十年动乱"时期，"工人阶级领导一切"，工厂的工人岁数大的都被尊为"师傅"。后来"师傅"几乎成了社会通行的称谓，男女老少，甭管干哪行的，见了面都是师傅。张师傅、李师傅，满大街到处是"师傅"。

改革开放以后，社会上的称谓，就不照过去那样"步调一致"了。先是"南风"北上，港台的称谓大流行：男的被称为"老板""先生"，丈夫被称为"老公"，女的被叫作"女士""小姐"。

后来，办公司的人多了，三四个人绑一块儿就是一个公司，挂的头衔"经理"还嫌小，前头得加一个"总"字，于是"老总"又开始大行其道。见了面，"张总""李总""王总"，也不知哪儿来那么多"总"？

称谓的变迁

张师傅！　李师傅！

张总！　李总！

以前　　　　　　　　　　　　　现在

再往后"小姐"这个称谓又犯了忌，容易让人联想到歌厅、发廊、洗浴中心里的"小姐"。于是，又改称"小妹"。

官场上的称呼就更有意思了，开始是直接叫头衔：刘局长、张处长、李科长、王主任、赵所长。现在把这个"长"字省略了，改叫刘局、张处、李科、赵所了。

李科、赵所叫着还顺口儿。不知道赶上姓付的科长、姓策的所长，是不是也用省略语称呼？

社会上的尊称，往往能反映出时尚和社会潮流以及社会风气。综观新中国成立以后，社会上比较流行的几次称谓上的变化，便能看出这一点。

中国人对称呼是很讲究的，通常是"看人下菜碟"，也就是对方是什么身份，就用什么称呼。

对方是德高望重的老人，就叫"先生"，有时也会在姓氏后头加上"老"字，表示尊重，如李老、王老，或者尊为"老爷子"。

对方要是朋友、同事往往直呼其名。年纪大的人称呼年轻人，往往在姓之前加个"小"字，如小刘、小王。在机关或正式场合统称"同志"，以体现地位平等，没有高低贵贱之分。其实，这些称谓都是可取的。

当然，现在的称谓比较花哨，反映了生活的丰富多彩和文化的多元性，但有些称谓不免有阿谀奉承之嫌。

尊重跟奉承是两码事儿。奉承人的称谓有时让人听了很滑稽，比如称四十出头的人为"老"。

通常称谓一旦约定俗成便很难改变，不过在使用上一定要看对象，不能乱用。用得不是地方，往往会失礼，适得其反。

有一次开会，听一位主持人介绍一位姓焦的区长："这是我们的'焦区'。"省了一个字，弄得人一头雾水挺不高兴，区长也老大不高兴。

焦区？谁听了都以为是郊区。

再如"老公"这个称谓，本是港台那边过来的。他们把夫人叫老婆，自然把丈夫叫老公。

但到了北方，这种称呼就听着别扭了，老北京人对"老公"这个称谓是很忌讳的，因为过去太监才被叫作"老公"。既然现在有些人采取"拿来主义"，用了这个词儿，那就得分对象了。

您跟年轻人使用这个称谓没什么，跟上岁数的人使用这个词儿，就是骂人呢。

小宁对我说："您说了这么多有关称谓的事儿，可见称谓跟文明礼仪有很大的关系。那怎么称呼才合适呢？"

误解带来的联想

这是我老公！

太监？

我对她说:"你只要记住区分不同场合、不同地点和不同身份就可以了。"

"那平时人们见了面儿,怎么打招呼呢?"

我说:"这又是另外一个话题了,咱们下回再聊吧。"

003
见面问好讲究多

上回我跟小宁聊到见面怎么称呼的事儿。熟人见了面儿，首先要打招呼，老人管这叫"碰头好儿"。

"碰头好儿"，也就是碰了面儿，问声好儿。但中国人说话比较含蓄，这个"好"字，可以不直接说出来，而是用其他话代替。

"用什么话代替呢？"

我的话刚从嘴边出来，小宁就接过话茬儿说："我知道，上年纪的人见了面儿，最爱说'吃了吗您呐'。"

含蓄地问声好

我问她："你知道上年纪的人为什么爱问这句话吗？"

她随口说道："是不是因为上年纪的人从前家里穷，常饿肚子呀？"

"哦？你是怎么看出来的呢？"我问道。

"不不，是因为上年纪的人喜欢吃，把吃特当回事儿，所以，甭管走到哪儿，见了面都问'吃了吗'。"

我笑道："你呀，净糟改上年纪的人。老人是讲究吃，但也没到走到哪儿都问'吃了吗'的地步。比如上厕所解手，您问'吃了吗'，那不是找挨骂吗？"

"那是不合适。"小宁笑道。

我说道："没错儿，'吃了吗'是上年纪的人的一句'碰头好儿'，但说这句话也分时间和场合。一般说，这句'碰头好儿'，是在饭口儿前后一个小时之内。下午3点多钟当不当正不正，您问人家'吃了吗'，那不等于是寒碜人吗？谁下午3点钟还不吃午饭呀！"

小宁听了，小嘴又撅了起来，问道："那上年纪的人问'碰头好儿'说什么呀？"

中国人的"碰头好儿"是非常讲究的，它是中国人很重要的礼节。老事年间的一早一晚儿打揖请安就不说了，通常的"碰头好儿"有这么几种方式：

一种是走在街上，或在某种场合俩熟人碰了面，相互点点头儿，并不说话，这一点头儿就算问好了。

过去，某人说到跟谁的交情时，往往爱说，我跟他认识，不过我们是"点首之交"。这"点首之交"就是这么来的。

另一种是熟人见了面儿，捡眼前的话题问一句，也算是问好了。

比如您出门办事儿，正好碰见邻居李大爷拎着菜篮子买菜回来。

您就可以说："哟，李大爷，您出门啦？"

他点头答应一声："嗯，我出去活动活动。"

这是您跟李大爷常见面的情况。比如您有日子没见他了，见了面则要多说两句："李大爷，您出门呀？怎么样，最近身子骨挺好的吧？"

如果您在马路上碰上李大爷，也捡眼面前的事儿说，比如他手里拎着两条刚买的活鱼。您可以说："呦，李大爷，您这两条活鱼挺新鲜。"

还有一种打招呼的方式，很能体现中国人热情懂礼的特点，那就是俗话所说的"管二大妈叫二嫂子，没话搭拉话"了。

比如俩熟人在街头碰上了，这个先说："呦，二姐呀，您这是上哪儿呀？"

打招呼的一种方式

那个说:"呦,三弟呀,我上西单给孩子买双鞋。怎么样,这程子(这段时间)您挺好吧?"

这个说:"挺好的,让您惦记了。呦,二姐,您最近吃什么了?可苗条多了。"

那个说:"三弟也见秀气(瘦)啦!瞧瞧嘿,你脸上的气色多好呀!"

说着,俩人便打开了话匣子。这种打招呼的方式比较啰唆,但是在中国的老人中常见。

从这几种打招呼的方式,您就可以看出中国人礼貌周全的特点。

当然,不同阶层的人的"碰头好儿"也不一样。从前,中国大城市的老人见了面,又行礼,又作揖,又问安,且折腾呢。

小宁说:"日本人重礼节,见了面不但问好,还要鞠躬。"

我说:"其实这些礼节,都是从咱们中国传过去的。"

中国古代从君臣到百姓都很看重礼。孔子把仁、义、礼、智、信视为"五德",并提出以礼来治理国家,可见礼的重要。

当然孔夫子说的"礼"跟咱们这儿说的礼,还不完全是一回事,但礼跟德的关系是明确的,即知礼懂礼守礼是人的美德。

古代官进宫面圣,头一件事就是演礼。所谓演礼,就是由专门的官员训练新当官的人上朝时如何行礼。那会儿社会等级分明,见了什么官就要施什么礼。

古代的人见面施礼的名目繁多。有四拜、八拜、九拜、展拜、侠拜、持拜、再拜、肃拜、额手、折腰、叉手、稽首、顿首、万福、请安(打千)、拜揖、长揖、三跪九叩等。

中国古人的礼儿真是太大啦,也比较烦琐,就说拜揖吧,拜与揖是古人见面常用的施礼方式。

拜又分多种形式，拿"九拜"来说，《周礼·春官·大祝》里讲，"九拜，一曰稽首，二曰顿首，三曰空首，四曰振动，五曰吉拜，六曰凶拜，七曰奇拜，八曰褒拜，九曰肃拜。"

《周礼》这部书，对这些拜法都有详解，如"顿首拜，头叩地也。""振动，即以两手相击也。""空首，拜头至手，所谓拜手也。"您瞧，古代人的礼儿有多少讲儿吧。

当然这些繁文缛节，大都是封建宗法制度和封建礼教的产物，确实束缚人，随着社会的进步，多数都给破了，倒是日本、韩国及东南亚一些国家，把这些老礼儿中的合理成分继承了下来。

小宁听我聊到这儿，点了点头说："确实是这么回事儿。"

我说："其实古人留下来的一些见面礼仪，中国人也继承下来不少。我记得上小学时，老师上的第一堂课就是教学生行礼：见了老师和兄长，不是少先队员要鞠躬问好；系上红领巾以后，要举手行队礼，再问好。现在恐怕小学已没有这一课了。难怪有些独生子女回到家，跟他爸爸说话，拍肩膀喊'哥儿们'。"

小宁说："这也忒没大没小啦，跟自己的父亲叫哥们儿？"

我笑道："有些年轻的父母以为跟自己的孩子可以不拘礼节，殊不知这种娇惯，会让子女失去对礼仪的敬重。你想他跟自己的父母都不讲礼儿，跟别人又如何？"

"那肯定更不拘礼节了。"小宁说道。

我说："所以，通过见面打招呼，就能看出一个人的基本文化素质。其实，基本的见面施礼教育是非常有必要的。它不但能反映出一种文明

程度，也能体现对人的尊重。现在常见街头交警纠正违章时，先向司机敬礼；一些小区门口的保安，见了出入的居民举手敬礼，再打招呼。这些文明礼仪值得提倡。"

说到这儿，小宁插话道："您说的这些都是老礼儿了。现在是新时代，应该提倡现代文明。"

我笑道："谁也没让你见面问好，先请安道福或四拜九拜呀，提倡现代文明，跟见面行礼问好并不矛盾。当然，行礼也好，问安也好，要分不同的对象和场合，必要的礼仪不能丢。"

小宁眨眨眼，调皮地笑了笑说："这回我明白了，下次再见到您，我先鞠躬行礼，再给您作个揖。"

我对她说："你呀，又打哈哈儿，再见了我，你甭作揖，问声好就行了。"

004
穿衣戴帽看场合

　　跟小宁约好，今儿要参加她爸爸一个同事儿子的婚礼。本来这是绕着弯儿（不是很近）的关系，这个婚礼去不去两可，但新郎特喜欢我的京味儿小说，是我的作品的"铁（杆）粉（丝）"，特地邀我捧场助兴。

　　人家一个月前就把"帖子"（请柬）送过来了，按中国人的老礼儿，这个婚礼不能躲着走，无论如何也得给人家一个面儿。

　　我这人记性不好，搭上案头正写书，所以把参加婚礼这茬儿给忘了。一大早，小宁给我打来电话，我这才想起来。

　　小宁在电话里说，让我在北京的东单十字路口等她。时间挺紧，出门有点儿赶落，我穿着平时的行头（衣服）就出门了。

　　一见面，小宁就冲我咧嘴。她上下打量着我说："一达老师，您这是出席婚礼，还是参加运动会呀？"

　　"参加运动会？"我听了一愣。

　　"您怎么穿着休闲服就出门啦？"

　　这丫头说话也懂幽默了。我瞧了瞧自己的行头，也忍不住笑了。确实，穿这身衣服参加婚礼有点儿对不住新郎新娘。

　　小宁毕竟留过洋，又是时尚女孩，自然非常注重自己在公共场合

穿衣戴帽有讲究

的形象。不过，穿衣戴帽，在很多时候确实不是个人所好，尤其是在婚礼、丧礼、典礼等场合，穿衣戴帽必须要庄重得体。

忘了是哪位作家说过，对于不会说话的人，衣服是最好的语言，是一部精彩戏剧。什么场合穿什么衣服，不但能体现出对人的尊重，也能反映出个人的道德修养和文明程度。

我们平时说的礼仪的"仪"，实际上指的就是仪容仪表。说白喽，就是穿衣戴帽。

俗话说："人是衣裳马是鞍。"穿衣戴帽不仅是文明礼仪和习俗，也是文化。这里的学问深了。

咱们的老祖宗对穿衣戴帽的讲究大啦。古人穿衣分头衣、上衣、下衣、足衣。"头衣"就是帽子。因为帽子这个词儿是汉代以后才有的，所以先秦以前，把帽子叫"头衣"。

那会儿的"头衣"又叫"元服"，"元"指人的脑袋。有部古书叫《仪礼·士冠礼》，专门对人们该戴什么"头衣"做了说明。

古代人的"头衣"分为冠、冕、弁、帻四种，前三种是当官的戴的，帻是老百姓戴的，等级分明，不能乱戴。冠冕堂皇这个成语就是这么来的。

穿衣的讲儿就更多了。《现代汉语词典》里，对衣裳这个词有解：衣，专指上衣；裳，专指下衣，也就是裤子、裙子。

古人对穿什么式样、什么颜色的衣裳，都有严格的规定。说起来，裤子还是咱中国人发明的呢。据古代文献记载和出土文物考证，战国以前，汉人穿的"下衣"是"蔽膝"与"邪幅"。"蔽膝"就是盖住膝盖，有点儿像现在的围裙；"邪幅"则如同现在的裹腿。

逛街穿『逛衣』

战国时期，赵国的赵武灵王提倡穿"胡服"。"胡"指北方的少数民族。正是这位国君实行服装改革，这才有了裤子。当时的赵国大部分位于今天的河北省，也包括今天北京的一部分。

中国古代不但对穿衣戴帽的规格、款式、颜色有规定，连衣裳的质料也有说法。当官的、有钱的人才能穿绫罗绸缎。一般老百姓只能穿粗布衣裳，所以，老百姓也被称为"布衣"。

中国人喜欢要面儿，这个"面儿"是脸面和体面的意思，所以，穿衣戴帽的讲究很多。北京有句老话说："七辈子学吃，八辈子学穿。"这话的意思是，一户人家得富八辈子，才懂得穿，才会穿。

这说得有点儿夸张，但它表明穿衣戴帽确有学问，一个人要会穿衣戴帽且得学呢。

中国人爱说"体面"俩字，衣服穿得要得体，才有面子。这就是中国人的特点。

有人说，中国人不如英国人和法国人讲究穿戴。其实，这是他对中国人不了解。从穿戴来说，中国人最重"体面"俩字。

我采访过一个中华老字号的传人。他跟我说，他爷爷开铺子那会儿，非常节俭，一双千层底布鞋要穿两个夏天。

布鞋有白边儿，那边儿都磨破了，老爷子还穿。可是出门得要体面，穿着破了边儿的布鞋，怕人笑话。怎么办？他每次出门之前都用大白（白灰膏）刷一遍。您瞧，中国人多要面儿吧。

我记得我刚参加工作那会儿，一个月工资才十七块零八分，买身蓝涤卡的三个兜儿建设服，平时干活儿舍不得穿，把它当了上下班穿的"逛衣"。

上班下班，衣服有别

什么叫"逛衣"呢？就是出门逛街时穿的衣服。到单位上岗之前，要换上劳动布的工作服。下了班，洗完澡，身上干净了，才穿上它。穿"逛衣"，也是为了追求体面。

　　说到这儿，小宁笑道："那会儿，您都知道出门穿'逛衣'了。不过，'逛衣'这个词儿，让我想起一个现在流行的词儿。"

　　"什么词儿？"

　　"'跑光'您听说过吗？"小宁忍不住笑了。

　　"我当然知道。"

　　"以您多年以前就穿'逛衣'的眼光，怎么看待'跑光'的问题？我觉得这也涉及老礼儿。"

　　我看了看她，说道："有关这个话题，且听下回分解吧。"

005

出门着装要自尊

上回说到小宁问我，出门穿衣"跑光"的问题怎么看？

她对我说道："'跑光'就是男的或女的穿的衣服，在大庭广众之下，把人体不该露的地方露了出来。南方人也叫'走光'。所谓'跑光'，大概是从'曝光'这个词儿引申而来的吧。"

我笑道："这个词儿让我想起我小时候，北京胡同里的孩子流行的一个词儿'看瓜'。"

小宁扑哧乐了："'看瓜'？这个词儿更好玩儿。什么叫'看瓜'呢？"

我说："说起来，你们年轻人会感到可笑了。'瓜'是什么？就是人的屁股蛋子。中国人喜欢幽默，把屁股比喻成西瓜。有个谜语：'一个瓜切半拉，人人身上都有它。'谜底就是屁股。"

"'看瓜'是什么意思呢？"

"那会儿，北京胡同里的孩子，凑到一块儿爱闹着玩，夏天大家都习惯穿短裤，当时孩子穿的短裤是系松紧带的，比如七八个孩子在一起玩儿，突然有一个孩子犯坏，走到另一个孩子身后，猛地把他的短裤褪下来，这个孩子的屁股蛋子不就露出来了吗？当然，也会引来其他孩子的哄笑，这就是'看瓜'。看的读音是 kān（刊），不是看（kàn），也许跟难堪的'堪'字谐音，带有难堪之意吧。"

小宁掩嘴笑道："我想这种恶作剧，仅限于男生吧。"

我笑道："当然。这种玩笑在女孩子那儿可使不得。那会儿，北京胡同里的孩子虽然爱闹，但男女有别，男孩子玩的，女孩子不会玩。比如那会儿男孩玩弹球、拍'三角'（烟盒叠成的）、玩洋画，一般女孩是不玩的，她们玩跳皮筋、跳'房子'。"

小宁说："您说的'看瓜'，跟我说的'跑光'似乎不是一回事。"

我说："是呀，'看瓜'是闹着玩，属恶作剧的玩笑；'跑光'是不经意间出现的尴尬。不过，在社交场合这可是严重失礼。"

"是呀，韩国电视剧《吴达子的春天》里有个镜头，一大早，吴达子坐公交车上班，在车上，突然看见一个中年男子的裤子拉链开了，露出了里头的内裤。吴达子觉得此君太不雅了，便用眼神暗示他。可是这位男子露出了无所谓的神情，这让吴达子忍无可忍。吴达子一下子从座位上跳起来，走到他面前，说道：'先生，你的拉链开了。'引起车上一阵哄堂大笑。这种'拉链门事件'其实在现实生活中很普遍。"

我说："是呀，男人的裤子用拉链，是近 20 年的事，我年轻那会儿，男人的裤子都是系扣的，中国人也管这叫'文明扣儿'，为什么叫'文明扣儿'？就是说系与不系，体现着一个人的文明。当然，一般人都会很在意'文明扣儿'的，可也有大大咧咧的人，一不留神忘系了，这时要是被你看见了，走过去提醒他一下，让他系上就是了。我倒觉得这并不是什么难堪的事儿。"

小宁问道："这也是老礼儿吧？"

"是呀。按中国人的老礼儿，过去男人和女人穿衣，是绝对不能露出肌肤的，特别是女人，只是到了近现代，中国人的思想逐渐开化了，才敢穿裙子、短裤和T恤了。"

"那会儿，肯定不会有'跑光'的问题。"

"当然了。"

"我觉得男生'跑光'，对男生来说无所谓，但对女生来说，可是一种折磨。"

"不过，在现实生活中，女生'跑光'，远比男人的'拉链门事件'要多得多。尤其是炎热的夏天，女生，尤其是爱美的女生总会穿得暴露一些、宽松一些。所以，很容易'跑光'。"

小宁说："这很容易给那些心怀不轨的人和有'偷窥癖'的男人创造机会。我就在地铁上遇到过这样一件事，有一个高中生模样的女孩，穿着超短裙上了地铁。当时车上人不多，都有座位，这个姑娘就坐在我对面的位子上。她穿的裙子本来就很短，一坐下，就把两条大腿岔开了，露出了内裤和大腿根儿，坐在我旁边的是个40多岁的中年男子，那双眼睛一直游离于这个女孩子'跑光'的部位，让我觉得很难堪。"

"你没提醒一下那个女孩？"

"您听着呀，后来我的眼睛实在忍受不了啦，就走过去提示那个女孩。没想到她用厌恶的目光瞪着我，嘴角露出一丝轻蔑的笑意，没理我这个茬儿，依然我行我素，好像是我总在盯着她似的。"

"没骂你两句，就不错啦。"

"骂我什么呢？我是为了她好呀！我本想多说些什么，车一到站，这个女孩子又狠狠地瞪了我一眼，匆匆下了车。我当时觉得心里很不是滋味，也许我不该提醒她。是不是我这一提醒伤了她的自尊？"

"我倒是觉得你应该提醒一下她，但要注意方法，别让女孩感觉当众出丑，可以找个借口让那女孩站起来，或者移动一下身体，虽然有时候可能被她误会，但是却保护了一个女孩子的自尊心，这样做她也会舒服一些。"

　　小宁笑道："我还是没有社会经验，下次再遇到这种事，就会按您说的去做了。"

　　关于"跑光"的话题，小宁还想问我什么，我对她说："我给你提一个问题吧，每届'奥斯卡'颁奖典礼的电视转播你看吗？"

　　"看呀。"

　　"你看那些国际影星穿的衣服，是不是也属于'跑光'呀？"

　　小宁笑道："您真会开玩笑，人家穿的那叫晚礼服。"

　　我说："噢，晚上穿的礼服。要我看就是'吊带裙'，你看她们一个个可都露着后脊梁呢。唔，前边也露着胸脯。"

　　我的这句话，把小宁都逗乐了。她笑道："现在很流行这种晚礼服。一般在庄重的场合才穿这个。"

　　我说："是呀，这些影星穿上晚礼服很性感，但是，我想一般人看了会觉得这是一种美，而不会产生邪念的。这也许正是服装的魅力所在。可是如果换一种场合，这些女星穿着晚礼服坐上了公交车，恐怕就会产生另外的效果，你说对不对？"

　　小宁笑道："我明白您说的意思，是不是穿什么衣服，要分不同的场合地点？"

　　我笑道："是呀。'跑光'这个问题，我认为应该从穿衣者自身来看，既然知道'跑光'是一件令人尴尬的事儿，那么您出门为什么偏偏要穿这种容易'跑光'的衣服呢？其实，现在人们的生活质量已经很高了，您说哪位女生，没有十件八件的衣服？出门的时候，完全可以选择一件不容易'跑光'的衣服嘛，对不对？"

小宁笑了笑说："我不同意您的这种说法。也许您还不了解现在女孩子们的心理。爱美之心人皆有之，女孩子大都有追求时尚的心理，穿衣服更是这样。眼下有一种潮流，女孩子穿得越大胆，越能取悦于人。过去追求的是'紧、透、露'，现在讲究简单、大方，露出的部位也越来越多。您没看这两年，穿裤腿破洞的牛仔裤成了时尚。"

"是呀，我觉得不可思议，好好的牛仔裤，非要磨成大窟窿，一条一条的，看着像是过去要饭的乞丐穿的。那服装美吗？"

小宁笑道："现在年轻人的审美观，跟您还是有代沟的。"

"我认为穿衣再讲个性，也不能不讲老礼儿。既然露出部分是给人看的，那就不存在'跑光'的尴尬问题了，你说是不是？"

"不，不，您理解错了。'跑光'是露出了不该露的部位。"小宁说道。

"哪些部位应该露，哪些部位不该露，有标准吗？"

"没有！"

"可是在某些场合则是有标准的，这个'标准'不是人为规定的，而是受风俗、礼仪和人们的观念制约的。比如您去澡堂子，可以一丝不挂。您在自己家里，可以光着膀子，但是在大庭广众之下，您就不可以。谁都知道男的光着膀子上公交车不文明，您要是光着膀子参加婚礼，主人得把您赶出来。"

"那倒是。"

"所以，我说有些场合是不宜穿'紧、透、露'的衣服的，尤其是女同胞。其实，对于男人来说，碰上女人'跑光'这种事也挺尴尬的，有点儿被强迫参观的感觉，不知别的男人如何感受，反正我不堪忍受。夏天，每当我看到那些穿着大胆的女孩子，虽然没'跑光'，说得难听点儿，我觉得有点儿'色诱'之感。"

"'色诱'？您这个词儿倒蛮有意思。"小宁笑道。

我说："难道不是吗？比如坐公交车，你说什么人没有？男的女的、老的少的，都会坐公交车，您穿着'紧、透、露'的超短裙或晚礼服上了车，您说让不让大伙看吧。您一叉大腿走了'光'，您不觉得寒碜，大伙还觉得寒碜呢！不看吧，您说您穿得这么'透明'，在大伙儿眼皮底下晃悠着呢，您总不能让所有人都闭上眼睛吧？您说，让人多难受吧！"

小宁说："是挺让人受刺激的。有时候文明和不文明，其实就差那么一点儿。"

我说："是呀，现在北京有些男卫生间的小便池上方，贴着一个告示牌写着，'向前一小步，文明一大步'。我觉得这句宣传语设计得好。生活中许多事就是这样，你说人类为什么要穿衣服，而动物则不穿衣服？这不就是文明与不文明的区别吗？"

小宁道："远古时代的猿人，都懂得拿块兽皮或树叶，把身体的隐私部位遮住。"

我说："是呀，现在我们讲'开放'了，但'开放'也应该有个尺度。其实，人都是有羞耻心的。我前面讲当年北京胡同的小孩儿爱搞恶作剧'看瓜'，小孩儿也懂得让人看了'瓜'是一种羞辱，有的不禁逗的小孩儿被人'看瓜'，会哇哇大哭的，觉得自己让人看了屁股蛋儿寒碜，没脸见人了。"

"确实挺难堪。"

"所以，我认为'跑光'这种事，不能怨人，只能说自己出门在穿衣戴帽上考虑不周，或者说忘了中国人的老礼儿。"

小宁道："穿衣戴帽的老礼儿有什么规矩吗？"我对她说："有关这个话题，咱们下回再接着聊。"

006

衣服露体讲分寸

上回说到小宁提出穿衣个性化的问题，我说："穿什么衣服，往往能看出一个人的性格和身份，但个性也不是随意的，也要守规矩。"

小宁说道："说到穿着的随意，我觉得欧美国家的人，要比咱们中国人穿得更有个性。我记得在英国留学时，走在马路上，看到穿得板板正正、西服革履的主儿，甫问，不是中国大陆来的，就是中国港澳台同胞。他们一个个穿得特体面。反观英国人、美国人却喜欢穿休闲装上街。"

"可是在社交场合，比如重要会议、庆典、婚礼葬礼等，人们是必须穿正装的。"

"没错儿，在学校，英国人也是衣冠楚楚的，穿得非常庄重，一个个都很规矩。相反，中国的留学生却有些随意。"

我笑道："这是不是因为中国的留学生，把精力都花在了学业上，没时间打扮呀？"

小宁不以为然地说："我觉得这不仅是观念和习惯问题，而与个人修养有关。"

我说："噢，你认为是修养问题？"

小宁说："您不认为礼仪跟人的修养、气质有直接关系吗？"

"当然有呀。"

"学校跟一般场所不一样，尤其是大学。欧美国家把大学视为培养优秀人才、塑造人的心灵的殿堂。我们中国人也把它称作学府。"

"学府自然跟小学、中学不同，因为大学生大都是成年人了。他们有思想，有较高的分辨是非的能力，人生观和世界观已基本形成。可以说，他们的自我约束能力比较强了，所以他们更应该懂得礼仪和规矩。"

"您说得对。"

我说道："礼仪，一方面，反映了社会道德礼数方面的规范；另一方面，也体现了个人的精神面貌和道德修养。比如学生到教室上课，穿得整洁大方，既能表现出你对教师的尊重和礼貌，又能反映出你对学业的严肃态度。课堂是很庄严的地方，不是休闲娱乐场所。假如你穿得太随意，会让人觉得你的精神面貌吊儿郎当，拿教师不当一回事，对不对？"

小宁点了点头说："您说得有道理。其实，在欧美发达国家的大学，除了上大课，一般课程，听课的学生并不多，有时十几个学生，有时五六个学生。"

"但甭管人多人少，只要是听老师讲课，学生的穿着都比较庄重。"

小宁说："其实学校也没有这方面的规定，但大家都约定俗成了，好像本来就应该如此。您说这是不是老礼儿。"

我说："是的，应该说尊师重教是世界上各个国家、各个民族共同的礼仪。穿着打扮，确实跟礼貌有直接关系。"

小宁说："我在英国留学时，听到这样一件事：有一次，一个英国教授给一个班的学生讲课。英国人很讲究绅士风度，他们给学生讲课非常重视仪表，即便是夏天，也要穿西装系领带。当然，他们这样做，也是为了体现对学问和学生的尊重。这位教授拿着教案，气宇轩昂地进了教室，可是当他正襟危坐，用眼扫视了一下教室里的学生，脸色马上沉了下来。他突然放下教案，非常生气地出了教室。"

我笑着问道："怎么回事儿呢？"

小宁说："原来他发现坐在教室里的一位中国女留学生，穿着'吊带裙'。他觉得这是对他的轻蔑，所以不忍相视。"

我说："这位先生也有点儿过分了吧。"

小宁说："不是这位教授过分，而是这位女留学生过分了。"

"后来呢？"

小宁说："后来，教授请来了系主任，把这位女生叫了出去，教授才正式讲课。您说这位女生不是自讨没趣吗？"

我说："也许她刚到异国他乡，不懂人家的礼俗。"

小宁说："即便是在国内上大学，也不能穿得这么随意呀。"

我说："中国改革开放以后，有些人在穿着打扮上喜欢张扬个性，甭管什么场合，穿着都爱招眼，八成是她把这种风尚带出了国门。"

小宁说："穿衣戴帽追求时尚，张扬个性，也没什么错处，关键是上学的学子，在衣着上应该把握一下分寸，不能太随意了，您说呢？"

我说："中国人历来在穿着上是讲究的。服饰文化是传统礼仪的重要内容。中国古代有文化的人不多，那会儿，别说大学，能读到像后来的初中高中那样的程度，就算是文化人了。"

"有文化的人，是不是被称为士子或君子？"

"对。士子和君子穿什么样的衣裳，戴什么样的帽子都有规定。《礼记·曲礼》中说：'男子二十冠而字'。男人 20 岁才可以行加冠之礼。

衣着打扮看场合

'冠'类似后来的帽子，戴上了'冠'，可就不能轻易摘了。"

小宁插言道："冠冕堂皇嘛，冠在古代可是不能随便戴的，对吧？"

我说："是呀，《左传》里有这样一段记载，孔子的学生子路，在卫国跟人打仗的时候，他的冠缨被人一刀砍断。在这种要掉脑袋的时候，他还说'君子死，冠不免。'把手里的刀扔掉，腾出手来系冠缨，结果被人砍了头。"

小宁笑道："这位子路也够愚的，脑袋怎么着也比帽子重要呀！"

我说："是呀，听起来子路够愚的。可是从这一点，你会看出中国古代的文化人，对穿衣戴帽的老礼儿是多么当回事儿。"

"真是的，他们太看重老礼儿了。"

我说："中国古代没有现在这样的学校，老师教学生都是单兵作战，开小灶，也就是私塾。学生念私塾，首先得明白师道尊严，穿得规规矩矩，不能乱说乱动，这似乎是基本的礼节。这些在古代文学作品里都有描写。荀子的《劝学篇》你读过吧？"

"中学课本里有。"

《劝学篇》里说，'礼恭而后可与言道之方，辞顺而后可与言道之理，色从而后可与言道之致。'礼、辞、色指的是举止、言谈、态度都做到恭谦有礼，才能从别人那里得到教诲。色，也是指人的衣服。"

小宁笑着说："您不用翻这些老皇历了。现代社会，风气开化，我们讲的是现代的文明礼仪。当然了，不管是老礼儿，还是新礼儿，首先要强调对人的尊重。我觉得现在的大学生享受的自由空间，比我们上大学那会儿宽多了。"

"噢，怎么见得呢？"

"我们上大学时，学校还不准谈恋爱，学生搞对象都是'地下活动'。现在的大学，别说搞对象，连结婚生孩子都允许，只要不影响学分，可以外出打工、勤工俭学，也可以当家教，或开公司做买卖。"

我说道："大学校园的自由空间越大，大学生越应该强调自律，尊师重教是一个现代大学生应具备的基本道德礼仪。既然对学问对教师要尊重，所以在穿着打扮上也要自律自重，这样才能体现对人的尊重。"

"您说得对！我觉得大学校园虽然没有校服一说了，但上学嘛，穿着上还是要庄重一些，像我们前边说的容易'跑光'的衣服，就不适合上学的时候穿了。"

我对小宁说："你说得有道理。不过，校园礼仪可不仅仅表现在穿着打扮上，它还有其他内容。今儿我们就聊到这儿吧。欲知后事如何，且听下回分解。"

007
穿衣打扮有文化

上回说到我跟小宁聊到穿衣露体要讲分寸的事儿，小宁意犹未尽。

我对小宁说："俗话说，穿衣戴帽，各有所好。穿衣戴帽看起来是小事儿，但说起来却是大事儿，因为它不仅涉及文化的表征，也是风俗、时尚、审美、礼仪，以及地区、民族等独特性问题，并不是那么简单的。"

"是呀。"

"在倡导文明、民主开放，构建和谐、多元文化等这些大的社会背景下，我们很难再用以前的标准，来对服装整齐划一了。为什么现在各个大学没有校服，就是这个原因，有的地方连中学日常穿校服的规定也取消了，平时学生可以穿自己喜欢穿的衣服上学，只有在学校举办大的活动时，才统一穿校服。这表明校园生活也需要多样性，需要丰富多彩，避免什么事都整齐划一。"

小宁沉吟了一下，说道："我认为服装服饰说到底，它是人的形体包装，或者说对形体起着一种美的修饰作用，它直接影响着人的形象，所以它是文明礼仪的重要内容。"

我说："对。礼仪的'仪'，指的就是人的仪表仪容。人的仪表仪容是需要穿戴打扮的。俗话说：'佛要金装，人要衣装''人是衣裳马是鞍'。"

小宁接着说:"还有一句老话叫:'三分长相、七分打扮'。"

我笑道:"中国人还有一句话叫'笸箩疙瘩打扮打扮,也有三分人样'。这些俗语说的都是讲穿衣打扮的重要性。所以说讲老礼儿,必须要说穿衣打扮。"

"确实是这么回事。"

"说到穿衣打扮,我想起小时候的一个故事。"

"什么故事?"

"我小时候住的北京胡同,有个姓李的大叔,这位李叔的三儿子冬生跟我是小学同学。李叔是古建公司的油彩匠,工资不高,孩子又多,加上李婶是家庭妇女,家庭生活比较困难,但是李叔的七个孩子,穿得永远是那么干净利落。李婶勤俭持家,非常能干,本身也是个麻利人。七个孩子的衣服,真是'新三年,旧三年,缝缝补补又三年'。一件新衣服,七个孩子轮着班来。老大穿新的,穿一年以后,老二穿;老二穿过了,又传给老三穿,到老四这儿,一件外衣只能改坎肩了。"

"哈哈,使用价值太高了。"

"李家的孩子穿的衣服,虽然都有补丁,但那补丁缝得非常得体,一针一线细而密,颜色配得也好,看着那么舒服。给我留下了很深的印象。"

小宁问道:"那会儿的妇女都这样吗?"

我说:"不是。李婶也没正经上过学,但她爷爷当过清政府的大官儿,算是大宅门出身。也许是'家风'影响吧,总之,她非常讲究老礼儿,即便是日子很穷,但也要让孩子穿得体面。每当人们说起'人是衣裳马是鞍'这句老话时，我就会想起李婶。这也许是衣服给人留下的印象。"

小宁点点头说："穿什么衣服，确实能体现人的气质和家风。"

我说："是的，衣服有时像是一面镜子。从大的方面说，它能反映时代特点、社会风貌和风土民情。往小了说，它能反映出一个家庭的门风，反映出一个人的性格、文化水平和道德修养。"

"是的。"

"过去，中国人有句老话，从男人的穿衣打扮上，看家里的老婆是勤快还是懒惰。从孩子的穿衣打扮上，看母亲的道德修养。"

"嗯，要是细想想，还真是这么回事儿。可是服装反映时代特点，怎么来理解呢？"

我说："忘了哪位历史学家说过一句话：服饰的发展变化，就是历史文化的发展变化。事实上确实如此，从中国古代简单的麻布衣裙，到

穿衣能体现人的气质

清代的长袍马褂；从中山装的发明，到西装的引进，一部服装发展史，其实就是一部中国社会文化发展史。"

小宁笑着说："照您的高论，服装可以说是时代民风的'晴雨表'了。"

我笑道："嗯，你用的是形象比喻。《易经》里有句话：'黄帝、尧、舜，垂衣裳而天下治。'衣裳自古以来就是来配合'天命'和'礼制'的。小宁，我考考你，你知道'衣裳'这个词是什么意思吗？"

小宁顿了一下，说道："'衣裳'？'衣裳'不就是衣服吗？"

我说："你说的没什么错儿，在现代生活中'衣裳'就是指衣服，但是，衣服这个词儿是后来才有的，衣裳是古代就有的。"

"是吗？"

"在中国古代，'衣'和'裳'可是分着的，它是两个不同的概念。"

小宁点了点头，笑着说："看来我又在您面前露怯了。为什么'衣'和'裳'是两个概念呢？"

我笑道："想知道吗？咱们且听下回分解吧。"

008
衣裳自古就多礼

上回说到小宁问我在中国古代，为什么"衣"与"裳"是两回事儿。

我对她说："在古汉语里，上者为衣，下者为裳。也就是说，上面穿的叫'衣'，下面穿的叫'裳'。"

小宁笑道："原来如此，那'裳'就是裤子了？"

我笑着说："中国古代是没有裤子的，裤子是后来发明的，最早的中国人下面穿的是裙子，所以，'裳'指的是裙子。"

"噢，原来古代的男生是穿裙子的。"

"有一本叫《释名》的古籍里，专门有'释衣裳'一节。它释义说：'裙，下裳也。裙，群也，联接交幅也'。这就是说，'裙'的本意是'群'。'群'就是把不同幅度的布边接在一起。'裙子'在古代叫'下裳'。可见，裙子并不是像现在似的为女子的'专利'。古代的人，女的穿裙子，男的也穿裙子。"

小宁"扑哧"乐了，说道："现在男生也可以穿裙子呀？"

我说："那成了什么体统？但是在中国古代是正常的，我手头有一本马端临著的《文献通考》，上面有这样一段话，《传授经》曰，'老子去周，左慈在魏，并葛巾单裙，不着褐。'则是直着短衫而以裙束其上。

晋王献之，书羊欣练裙，朱公叔《绝交论》谓西华之子，冬月葛衣练裙。盖古人不徒衣裤，必以裙袭之，是正上衣下裳之制也。'"

"说的是什么意思呀？"

"这段话，说明了古人上边穿衣、下边穿裙子的情况。南北朝时，北方的男子也像南方的男子一样穿裙子。"

小宁问道："男子穿裙子，骑马打仗多不方便呀。"

我说："古代人骑马打仗穿的是战袍。即上面缀有金属薄片的铠甲，还有长靴。古代军人的内衣叫'泽'，外面的长衣叫'袍'，有个成语叫'袍泽之义'，你知道什么意思吧？"

"是表示古代军人之间友情深厚的意思，对吧？"

"非常正确。据有人考证，我国在西周时代就有战袍了。由于冷兵器时代，军人真刀真枪骑着马，面对面地战斗，战袍的样式变化不大。而人们平时穿的衣裳，却是随着时代的发展不断变化着。比如春秋战国时期，盛行穿'深衣式'的服装，男女均穿上衣下裙。到了秦代，男人的服饰崇尚黑颜色，衣着多是绕襟盘旋而下，腰带边上织着装饰物。女人穿的衣裳衣袖紧小，长裙飘逸。"

"这是后来的汉服吗？"

"不是。汉朝的男人身穿短衣配披肩，冠巾束发，有时穿窄袖宽领的拂地长衣，配下垂的腰带，显得精悍而又潇洒。女的则襦裙合一，衬出自身体形的窈窕，显出轻盈的体态。"

"那会儿的人很讲究美呀！"

"是的，晋代的男人一般是戴'帽带'，后来改戴尖顶毡帽，服装主要沿袭的是汉服。女人追求'上俭下丰'，即上身紧小、下身宽肥的服饰打扮。"

小宁插话道："我觉得汉服非常有民族特点。您没听说吗？现在有的大学毕业生，毕业典礼时，不戴学士帽，改穿汉服了。汉服居然成了时髦的服装。"

我笑道："古代的服装，是根据那会儿人的审美需要设计的，自然有当时的文化特征。但跟现代人的审美需求相去甚远。那些大学生穿汉服，也许是表明崇尚汉风，也就是对汉文化的态度，但绝不会把它当作一种平常穿的衣服。你走在大街上，也许打着灯笼也找不到一位穿汉服溜达的人。"

小宁笑道："是呀，穿汉服上街多不方便呀，也会让人笑话的。不过，汉服的影响比较大。据说日本人的和服和朝鲜族的民族服装，就受到了汉服的影响。"

我说："那倒未必是如此。因为每个民族都有自己本民族的服装特点，尽管在历史发展进程中，各民族之间的文化有相互交融的情况，服装也会随着这种文化的交融有所改进，但本民族的服装依然会保持自己的特点。拿中国的唐代来说吧，'贞观之治'使唐代的经济、文化达到了空前的繁荣，服装造型上也有了改观。唐朝的政治开明，思想解放，老百姓穿衣裳也讲究袒胸，宽衣窄袖，长裙。"

"那时就这么开放了？"

"当时的国都长安，有成千上万的外国使者和商人定居，他们的衣装对唐朝人的服饰也产生了一定的影响，但是唐朝人依然保留着中国古代上衣下裙的基本造型。不过，唐朝妇女的裙子，吸收了新疆和西亚等地妇女服饰的特色，款式具有宏大气魄的盛唐气象。"

"嗯，唐代裙子的精巧宽大，色彩的艳丽，可以说前所未有。"

"是呀，唐代诗人王昌龄在《采莲曲》一诗中写道：'荷叶罗裙一色裁，芙蓉向脸两边开。'你看穿着碧绿罗裙的少女，与亭亭玉立的荷花相互映衬，恰如一幅绝妙的多彩图画，'裙翻蛱蝶随风舞，手学蜻蜓点水忙。'描写的是江南农村妇女穿着裙子插秧的情景。这说明了当时穿裙子是多么普遍，连农村妇女插秧都穿着它。"

小宁说："从一些影视作品中，能看到唐朝妇女穿的裙子非常大，这是不是跟唐朝人以胖为美有关呢？"

我答道："多少有点儿关系，但关系不大，唐朝的妇女喜欢穿又肥又大的裙子，那裙子张开的话，跟拉开的帷幕差不多，所以当时的人又把它叫'裙幄'。据说，唐朝妇女爱穿肥大的多幅的裙子跟民俗有关。幅，跟福是谐音，多幅含有'多福'之义，于是裙子的多幅成了时尚。"

"还有这种寓意呢？"

"这并不是一种猜测，有一本记述唐代时尚的笔记《荆湖近事》，里面有这种描述：'周行逢为武安节度使，妇人所著裙皆不缝。或曰裙之于身，以幅多为尚，周匝于身，今乃散开，是不周也，不周不缝，是姓与名俱去矣。夫幅者，福也。福已破散，其能久乎？未几行逢卒。'"

"这是什么意思？"

"它讲的是一段掌故，裙子散开，妇人都不敢缝，怕缝了就会散福。缝与逢是谐音。这虽然是文人墨客的一种附会，但也说明当时的习俗。"

小宁笑道："敢情唐朝那会儿，民间就讲究讨口彩一说了。"

我说："当然，唐朝妇女喜欢宽大多幅的裙子，主要是表现出当时妇女的开放、自信和审美意识。"

唐朝，裙子多幅（音同福）是时尚

"也是盛唐文化的体现。"

"唐代后期，曾风行来自西域的'胡服'，上衣圆领或翻领小袖、裤子卷口，配以浑脱帽和软底靴，透着简洁利落。到了宋代，男子的朝服依然是大袖宽衫，官服沿用了唐代的圆领服式，但有衬领。宋代的女子盛行来自契丹的'吊墩服'，又称'解马装'。你要是听说书的说《杨家将》或《说岳全传》，常会听到他们说到宋代女子的着装，上穿宋式对襟加领抹花边旋袄，下穿一双长筒袜裤，而不着裙，头戴蓝色的以罗帛制的一顶花冠。"

"越穿越利落了。"

"对。元朝由于民族的融合，服装发生了大的变化，男女贵族多穿四合如意云肩，当时的皇帝对服装非常感兴趣，朝廷每年都要举办万人参加的盛大'只孙宴'，交流当时流行的一种高级服装'只孙宴服'的制作工艺，相当于现在的服装观摩会。"

"那会儿就有服装展了。"

"到了清代，由于满族占统治地位，满族的服饰在全国流行，男的一般穿马褂，女的穿改良的满族服装，高领，领子一般有一寸高，上头缀着一两个纽扣，衣上显眼的地方绣有花卉、蝴蝶等图案，便装外面大都罩有柳叶式的小披肩。我们现在看到的旗袍，是在清朝后期才出现的。"

小宁接过话茬儿说道："我认为中国传统的服装，就属旗袍最好看。它应该是中国服装的骄傲，就是现在穿出去，依然会让人光彩夺目。"

我说："的确，旗袍到了晚清，受新思想浪潮的影响，它的款式又有了更新。新式旗袍更加显出了中国传统文化的那种含蓄庄重、雍容、华贵、自然、大方，尤其像你这样身材苗条的淑女，穿上新式旗袍，会衬托出端庄优雅的东方女性美来。"

小宁笑道："您净拣好听的夸我。我的身材和气质，穿旗袍可能衬不出东方女性的那种恬静之美来，我太嫩了。我觉得三十多岁的少妇穿旗袍最好看。一达老师，看来您对中国的服装史还很有研究？"

我答道："谈不上研究，聊的这些都属于常识，讲的这些，只想告诉你从古到今，服装的演变和发展，是与民俗、民风、民众审美水平分不开的。"

小宁问道："前些年，风行一时的唐装，是不是唐代的服装呢？"

我笑道："唐装确实流行了几年。我记得那年在博鳌亚洲论坛会议期间，中国的领导人和出席会议的其他国家领导人，穿的礼服就是唐装。"

"没错儿。"

"我已经说了，唐朝人流行穿袒胸长裙、宽衣窄袖的服装，跟现在流行的唐装是两回事，叫唐装，不见得是唐朝的服装。你出过国，应该知道，在国外，中国街也叫'唐人街'。"

小宁猛然醒悟道："噢，我明白了，唐装就是中国装的意思。"

"对呀。"我沉了一下，对小宁说："跟你聊了这么多，目的就是想让你明白，不同的时代、场合、地点，穿什么服装，都是有讲儿的，既是文化，又是礼仪。年轻人要明白了这些，将来在谋职、求婚的时候都用得上。"

"嗯，确实有参考价值。"

"如果你了解服装发展的历史，就会知道穿衣打扮作为礼仪，与中国封建社会的等级森严的宗法制度和'礼制'是有直接关系的。在中国古代，服装可不是乱穿的，乱穿服装会杀头的。"

"您又说深了。因为乱穿衣服会被杀头？"

"你以为呢！这可绝不是危言耸听。"

"那您聊聊。"

我笑道："想知道吗？咱们且听下回分解。"

009
服饰亦可辨身份

上回说到，在中国古代乱穿衣裳会被杀头，小宁感到诧异。

我对她说："在中国古代，什么身份穿什么服装，是有非常严格的规定的。历朝历代都有《车服志》《舆服志》《章服品第》等级严明的各式规范和条例。"

"这些都是关于穿衣服的规矩吗？"

"对。在封建的宗法制度下，人们最看重身份和地位，孔夫子在《论语》中说：'名不正，则言不顺。'那会儿，干什么事都讲名分。在人际交往中，拿什么来证明自己的身份，表明自己的地位呢？在素不相识的情况下，服装和佩饰是最好的表现形式，它可以说是等级的符号。"

"嗯，衣帽取人对不对？"

"是的。中国古代的帝王和官宦的服装一般分为礼服和常服两类，礼服又叫'法服''祭服'，就是祭祀大典时穿的。常服也叫'公服''从省服'，是一般性的正式场合穿的，中国的老百姓也习惯把它叫作'官衣'。"

"'官衣'这个称呼有意思。"

"皇帝的礼服分为衮服、朝袍、龙袍三种。清朝皇上的衮服是石青色，一般在祭天、祈谷、祈雨等祀典时穿。朝袍有夏冬朝袍之分，一般在祀典礼仪、殿廷朝会、重大军礼、外藩朝觐时穿。龙袍穿的时候比较多，一般礼节性场合，皇上都穿龙袍。"

"这在影视剧里能看到。"

"小宁，我考考你。皇帝穿的龙袍，肯定要绣龙，你知道绣多少条龙吗？"

小宁笑道："当然是九条了，'九'是最大数嘛。"

我笑了笑说："还是你聪明。没错儿，龙袍上是绣九条龙，但这九条龙绣得很有技巧，得前边看是五条，后边看也是五条，这叫'九五之尊'。"

"噢，还有这讲究呢。"

"除了龙，还要绣'十二章'纹饰和'八宝'平水纹饰。"

"什么是'十二章'？"

"'十二章'包括日、月、星辰、山、火、宗彝、藻、华虫（野鸡）、粉米、龙、黼（斧形）、黻，它是最高权威的象征，只有皇上能用。'八宝'平水纹饰绣在龙袍的下幅，寓意'四海清平''江山万代'。"

小宁笑道："在有皇帝的时代，可能全国就这么一件。"

我笑道："有第二件，别人也不敢穿呀！穿，那就砍头没商量了。文武百官的礼服叫'蟒袍'，俗称'花衣'。"

"'蟒袍'？"

"虽说是'蟒袍'，但绣几条蟒则有严格的等级。拿清朝来说吧，清朝的规定，亲王、贝勒至武二品、文三品的官儿，可以在袍上绣四只爪的九条蟒。"

"这蟒有多少条，几只爪还不一样？"

"嗯，规定严着呢。文四品以下的官儿，袍子上绣四只爪的八条蟒。文七品以下的官，袍子上绣四只爪的五条蟒。"

"到县太爷这儿，只剩五条蟒了。"

"是呀。文武百官在过'三大节'，参加出师、告捷等典礼，筵宴、迎銮等大礼时才穿蟒袍。只要穿上蟒袍，谁是多大的官儿，一眼便能看出来。"

"以蟒多蟒少论官衔。"

"一般在斋戒日、日食等活动时，则穿常服。文武百官的袍服在颜色上，也是有定制的。皇上当然要用黄色的。皇上的儿子用金黄色，亲王、贝勒、郡王获赏，才可以用金黄色。那会儿，黄色可以说是皇家的专利。"

"老百姓肯定不能穿？"

"只要不怕掉脑袋，您就穿。唐朝的时候，明确规定'士庶不得以赤黄为衣'。朱元璋建立大明王朝，立国的时候也下令，平民百姓不许穿黄色衣服，衣料不准用金纤绵绮绣丝绫罗，只许用绸绢素纱。黄色，一般的官儿是不能用的。老百姓就更甭说了。"

小宁问道："不单是服装，是不是所有建筑和生活用品，也不能用黄色的？"

我说："对，比如房上的黄色琉璃瓦，过去只有皇上住的紫禁城和皇上敕封的寺庙能用，其他地方不能用。文武百官的蟒袍大都是石青色、绀色的。"

小宁问道："那么，文武百官上朝的时候，穿什么服装呢？"

我说："穿'朝褂'。'朝褂'是清朝所独有，以前的朝代没有。清代的朝褂因袭了明朝官服上的'补子'。"

小宁问道："什么叫'补子'呀？"

我答道："所谓'补子'，就是在朝服的前胸和后背缀上代表不同官阶的纹饰。由于它很像一块补丁，所以叫'补子'，也叫'补服'。"

"我还是头一次听说。"

"清朝的'补褂'是罩在蟒袍外边，跟顶戴花翎相配，成为几品官什么级别的主要标志。上朝的时候，文武百官分列而站，左边站的是文官，右边站着的是武官。"

"左文右武。文武官员的'补子'是不是也不一样？"

"对，文官的'补子'上，分别绣有单只的禽鸟，根据一品至九品官的顺序，分别是鹤、锦鸡、孔雀、大雁、白鹇、鹭鸶、鸂鶒、黄鹂、鹌鹑。武官的'补子'上，也是按一品至九品的等级，分别绣有单只的猛兽，从一品到九品分别是麒麟、狮子、豹子、虎、熊、彪、犀牛、海马等。"

"一个是飞禽，一个是猛兽。有意思。"

"那会儿的官场，不用介绍，只要一看您的'补子'上绣的是什么，就知道您是文官，还是武官，是三品，还是五品，一目了然。"

小宁笑道："真是挺有意思的。不过，从服装上也可以看出封建社会等级的森严和礼制的完善。"

我说："是呀，正是由于服装的样式和色彩上体现着等级和尊卑，所以才有'衣帽取人''只重衣衫不重人'等观念和习俗。"

小宁说道："应该说这种陋俗，现在已经基本消除了。"

我说："不能说得这么绝对。有些传统观念一旦成为习俗或陋俗，是很难清除的。现实生活中，有些时候，一些人还是习惯于以衣帽取人的。"

　　小宁问道："衣帽取人是不是也算老礼儿？"

　　我笑着说："关于这个问题，咱们下回再细聊吧。"

010
衣帽取人要不得

书接上回，我跟小宁聊到衣帽取人的话题，她问我："这是不是老礼儿？"

"当然是。"我笑道："许多时候，在你不知道对方地位和身份的时候，只能是看他穿的是什么衣服了。"

"这种老礼儿是不是属于偏见？"

"我记得跟你说过，并不是所有老礼儿都是正确的，衣帽取人就是不对的。因为衣冠楚楚不见得是富人，破衣烂衫也不一定是穷人，现实生活中，衣冠禽兽的例子很多。"

"但现实生活中，人们往往会以衣帽取人。假如几个民工进一家五星级大饭店，门童和保安员肯定会把他们拦住。"

"你说的这种事很普遍。前几天，报纸上登了这么一件事：有个农民打扮的人拎着一个大包，进了北京王府井大街的一家首饰店。走到柜台前，看里面摆着的翡翠首饰，招呼营业员，让她拿出两个翡翠镯子看一看。营业员瞧他穿的衣服脏兮兮的，身上还带着一股子馊汗味儿，脸上流露出不屑一顾的神色，不耐烦地说，那上面有价签，你不认识字吗？"

"这态度也够差劲的，肯定是以衣帽取人了。"

"是呀，这位农民打扮的人觉得丢了面子，执拗地说，我知道有价签，但我要看看实物。女营业员心说，你买得起吗，就看。她依然没好气儿地说，我们这儿有规矩，要看就得买。"

小宁笑道："这是哪儿的规定呀？"

"显然她认为那位顾客不是真正的买主，才故意这么说。没想到这位顾客急了，对她说，不买我上你这儿干嘛来了？女营业员瞪了他一眼说，你看清楚上面标的价儿。这位顾客说，我要没看清楚，还不让你拿出来呢。女营业员依然没好气儿地说，这只镯子标价 12 万！顾客一听这话，好像受了什么刺激，也瞪起了眼睛说，12 万？120 万我也要！"

小宁笑道："这可真是撞枪口上了。"

"话说到这份儿上了，营业员不得不把两只翡翠镯子，从柜台里拿出来。令人吃惊的一幕出现了。"

"怎么啦？"

"谁也没有想到，这位农民打扮的人连看都没看，也没讨价还价，硬邦邦地说，你给我把它包上。说着话，从那个脏了吧唧的大包里，掏出一大摞钞票，往柜台上一放，对营业员说，点钱！这时，好几个营业员都围过来，帮着点钱。交完款，这位农民打扮的人把镯子随手装进大包，挺着胸脯，大摇大摆地走了。在王府井大街的地下停车场，他的司机坐在一辆 300 多万的'宾利'名车上正等着他。"

小宁惊诧地说："好家伙！这位农民打扮的人原来是位亿万富翁！"

我笑道："后来，报社记者追踪调查，这位农民打扮的人，原来是山西开煤矿的矿主。"

小宁说："矿主这么有钱，干吗要穿得那么寒碜呀？"

我笑道："怕露富，遭人绑架吧？当然也许还有别的原因。咱们不管他了，聊这事，主要是想说以衣帽取人是不对的。"

小宁说："其实，现在人们穿衣戴帽，已没咱们前面聊的那些等级区分了。甭管什么人，只要有钱，什么衣服都可以穿在自己身上。'男人穿名牌，女人穿时髦。'名牌衣服一包装，您说走在街上，谁知道谁是干什么的呀？但是您别让他说话，一说话就会露出庐山真面目了。"

我说："是呀，衣服是可以把一个人包装成各种有身份的人，但人的文化修养、内在气质是无法用衣服包装的。"

"您说得对。"

"但是咱们抛开其他因素不说，单从一个人的仪表仪容的文明礼仪而言，穿得干净利落能体现一个人的精神面貌，同时也是对人的一种尊重。那个煤矿主本来很有钱，他完全可以出门的时候，穿得体面一些，可是他非要穿得破衣拉撒、脏了吧唧的，就有点儿玩世不恭了，可以肯定他的心理不是正常和健康的，或者说他的文化修养和内在气质、文明程度不是很高的。"

小宁笑道："是呀，挣那么多钱，不就是想改变命运，活得潇洒、体面一些吗？穿那么脏的衣服，逛北京的王府井大街，多影响市容呀！难怪那位卖翡翠的营业员对他没礼貌。"

我说："你这句话算点了题。以衣帽取人这种老礼儿是不对的，但中国人还有一个老礼儿叫一视同仁。过去商家铺户常挂着'童叟无欺'的牌匾，不管您是老是少，身体有没有残疾，也不管您穿什么衣服，做什么工作，来了都一视同仁，笑脸相迎，这就是中国人的老礼儿。固然那位煤老板玩世不恭，穿得寒碜了点儿，但营业员也不能歧视他呀，你说对不对？"

"对。不管什么人，不管穿什么衣服的顾客都是'上帝'。"

"你刚才说现在只要有钱，就可以随意挑着漂亮的名牌衣服穿，这没什么错儿，但穿什么衣服也是很有学问的。别看有的人很有钱，但是不见得他会穿衣服。有的人别看他穷，没什么钱，但是不见得他不会穿衣服。中国人有句老话：'七辈子学吃，八辈子学穿'，穿是非常有讲究的。"

小宁笑着问道："之前，就听您说过这句话。什么叫'七辈子学吃，八辈子学穿'呀？人只有一辈子，照您这么说，我到死也不会吃、不会穿了。"

我笑道说："这只是说法。"

"那您给详细说说。"

我对她说："好呀，欲知详情，且听下回分解。"

011
庄重场合穿正装

上回书说到，小宁对我说的"七辈子学吃，八辈子学穿"产生了误会。

我对她说："你理解错了，这句话的意思不是指一个人，而是指一个家族。一个人家里得富七八辈子，才会吃会穿。"

"那也够长的呀？"

"当然，这里说的七辈子八辈子，是个虚数，是几辈子的意思。"

"为什么要这么说呢？"

"因为中国人认为不是你有钱了，就会吃穿，吃什么穿什么是非常有讲究的。"

"是的，有学问。"

"比如现在男士能穿得出去的，比较流行的有西装和中式服装，有运动装和休闲装，有夏装和冬装，有'官衣'和'工装'，有礼服和常服。您到什么地方，见什么人，办什么事，当时是什么季节，穿什么都是有讲儿的。"

"是呀，比如您参加婚礼，穿着运动服去就不合适。"

"是呀！我这不是准备回家换正装嘛。"

小宁笑道："穿衣服还有许多讲究，您没说。比如穿中山装，不能敞着怀，不能在兜里放东西；穿西装的讲究就更多了，是吧？"

"对，有人以为穿中式服装，没有西装那么多讲究，这是一种误解。其实，穿中式服装的讲究是很多的。就拿中山装来说吧。哎，小宁，你知道中山装为什么叫中山装吗？"

小宁笑着说："这还不知道，是孙中山先生爱穿的服装呗。"

我说："不只是他爱穿，这种服装是孙中山先生自己设计的。"

"噢，是他亲自设计的？"

"对，当年孙中山先生在广州任中国革命政府大元帅的时候，感到西装的样式太烦琐，穿着不方便、不随意，而中国传统的服装，在实用上也有缺点，特别是传统'官衣'的等级制度让他很反感。于是他以当时南洋华侨流行的'企领文装'上衣为基本样式，加以改进，重新设计，在企领上加上一条反领，以此取代西装衬衣的硬领。又把'企领文装'上衣的三个暗兜儿，改为四个明兜儿，衣兜上面加盖，这么一改，兜儿里的东西就不容易丢了。"

"真有创意。"

"协助孙中山设计剪裁中山装的，还有一位助手叫黄隆生，他是广东台山人，原来在越南河内开洋服店，1902 年，孙中山先生到河内筹办兴中会的时候认识的他。后来也加入了兴中会，他出钱出力，跟孙中山先生一起设计出第一套中山装。"

"了不起！"

"是呀，那会儿，大众化的服装是长袍马褂，可是当时革命志士都以穿中山装为荣，很快中山装就流行开了。"

"成时装了。"

"这是后来才有的词儿。确实像你说的，穿中山装有许多讲究，比如领子上有一个挂钩，也叫'风纪扣儿'，一般情况下，尤其是在庄重场合是要扣上的。中山装有四个明兜儿，不能装太多的东西，否则会显得鼓鼓囊囊的不雅观。当然，由于中山装比较板正，通常是不能随意敞开怀的。"

小宁笑道："您一定穿过中山装。我看我爸年轻时的照片，大都是穿中山装的。"

我说："你看到的恐怕不是正儿八经的中山装。我记得我们年轻那会儿，流行穿建设服。建设服一般是三个兜儿，而且是暗兜儿。建设服是在中山装的基础上改良的。"

"那衣服叫建设服呀！"

"由于中山装和建设服穿着比较死板、正规，改革开放以后，中国的男士比较流行穿宽松自如的夹克衫、休闲装，但一般交际场合还是要穿西装。"

"这也是跟国际接轨吧。"

"穿西装的讲究就更多了，比如西装的袖子长度以手腕为准，不能长也不能短；穿西装一定要穿皮鞋，而且要协调。衬衫和西服领带、鞋袜的颜色不能超过三种。穿西装时，里头不能穿厚毛衣，西装的裤子要有裤线。穿西装打领带时，衬衫要系领扣。不打领带时，领扣要打开。"

"还有在隆重场合，穿西装要系扣，但两个扣子只能系上面的那个，平时可以不系扣儿，双排扣儿西服，通常是把扣子都系上。"

"你也知道不少。"

"我不能白在国外生活呀！"

"由于穿西装讲究太多了，现在一般人除了庄重场合，平常穿得不多了。但只要您穿西装必须按规矩来，否则就会显得别扭，也有失风度。"

"前些年，西服刚开始在中国流行时，有的人上身穿着西服，下身穿着牛仔裤，脚底下穿着布鞋，这就显得不伦不类了。"

"没错儿，穿西装讲板正、庄重、得体。我曾见过一个人穿的西装皱皱巴巴，下摆吊吊着，让人看了非常不舒服。"

小宁想了想问道："咱们说的中山装和西装，是不是都属于正装？"

"对呀。"

"正装是不是就是您刚才说到的'官衣'？"

我笑道："我说的'官衣'，是中国老百姓的说法。所谓'官衣'，说白了就是职业制服，比如民警穿的警服，法官穿的制服，工商、税务等执法人员也都有自己穿的制服等。有些特殊行业为了体现它的特殊性和专有性，在工作中，也要穿制服的，比如保安、邮政、铁路、航空、海运、医院等行业，都有自己的制服。穿上制服就是为了向人们表明自己的身份。"

小宁说："现在连街上的交通协管员都有自己的制服了。"

我说："是呀，穿上制服，一是体现职业的尊严和神圣，二是便于人们识别，接受监督。拿邮政来说，现在通信事业发达了，有了无线移动电话和网络，显不出他们在国计民生中的重要性了。但是在过去，人与人，甚至国与国之间传递信息全靠他们，所以人们管他们叫'信使'，俗称'邮差'。他们着装历来特殊。汉代的邮政人员叫'驿卒'。"

"那会儿，传递信件是不是常骑马呀？"

"对，当时的'驿卒'戴的是红色头巾，穿特制的红色衣服。背红白两色相间的信袋，这是为了叫沿途的车辆和行人，远远看见'驿卒'骑马奔过来，赶紧给他们让路。"

"红色的'官衣'太显眼了！"

"1840 年鸦片战争以后，我国的邮政由英国人葛显礼把持。1897年，葛显礼为了提高邮政人员的地位，做出规定，信差一律穿海军蓝哔叽马褂，胸前写有'大清邮政'四个字。"

"跟军服差不多了。"

"这种马褂到 1905 年，法国人帛黎管理中国邮政时，改为仿军人军装的制服，并设定象征和平、茂盛、繁荣的绿色为衣服的主色调，同时把黄、绿两种颜色为邮政信筒、车辆、舟船等邮政设施及交通工具的颜色，这种制服的颜色一直沿用至今，但制服的样式有所改进。"

"那时的邮政确实地位高。"

"其他属于国家管理的行业如铁路、航空等，因为有严密的组织性和专业特点，在组织上吸收了不少军事化的管理方法，所以设计的制服与军服相似，并配有大檐帽。"

"一戴大檐帽就不一样了吧？"

"是，在制服的穿着上，是非常讲究风纪的，比如不能敞怀露胸、不能歪戴帽子。要求穿戴整齐整洁，不能皱巴巴，也不能脏兮兮的。"

小宁问道："校服在穿着上，是不是也有类似的要求？"

我说："当然，现代的新式学校，是辛亥革命以后才开始兴办的，最初是以民办为主。政府办的学校叫'公立学校'，民办的叫'私立学校'。因为在学制上，采用的是欧洲的办法，即分为小学、初中、高中和大学，所以一开始又叫'洋学堂'。"

"'洋学堂'跟私塾肯定就不一样了。"

"对。当时有的学校，为了严肃校风、彰显校纪，借鉴日本公立学校的做法，让学生上学的时候穿上统一的校服，此风一开，各个学校纷纷效仿。虽然政府的教育机构并没有对校服作统一的规范，但是几乎每所学校都有自己的校服，当时也叫'学生装'。"

"原来'学生装'是从日本引进来的。"

"这种校服的样式大同小异，你在看老电影的时候，有时能看到那会儿的'学生装'的样式。中华人民共和国成立以后，小学生有少年先锋队的队服，中学也有自己的校服，大学有校服的不多。现在小学和中学都有校服。"

"不过，有的学校的校服，其实就是运动衣，比较单调，没特色。"

我说："就我个人的观点，一所学校，小学也好，中学也罢，还是应该有自己的校服。首先穿上校服，学生显得有朝气，能表现青春活力，展示自己的精神面貌。其次，校服可以体现一所学校的校风和校园纪律。还有，就是校服可以展现文明礼仪。当然校服不见得每天都穿着上学，可以作为礼服，在学校举办大的活动和一些仪式上穿。"

小宁点了点头说："其实，现在有些名校也是这样做的。"

我说："校服和其他职业制服一样，穿上它，能体现出一种荣誉感，增加自信心。所以，穿，就应该按规矩来，不能随随便便，吊儿郎当的。"

"您说得对。我曾经在马路上，看到过几个穿着校服的中学生，一边走，一边嘻嘻哈哈、打打闹闹，这就显得非常不文明。"

我说："穿衣戴帽本身就是一种礼仪，穿什么衣服，应该注意什么，这里有常识问题，也有文明程度问题。爱美之心，人皆有之。既然穿衣戴帽是为了好看，为了让自己的形象更好，那么就应该体现出好的精神面貌来。"

小宁说："这不仅是老礼儿，也涉及个人的形象和尊严。"

我看了看表，对小宁说："有关穿衣戴帽，与老礼儿和个人的形象和尊严问题，咱们且听下回分解吧。"

012
规范着装重形象

书接上回，我和小宁聊到了穿衣打扮与个人形象和尊严。

小宁说："人是有自尊心的，这种自尊也反映在穿衣戴帽上。"

"是的，尤其是国家的工作人员，为了体现职业的尊严，对着装和打扮，都有明确的规定和具体规范。比如公安民警，有《公安机关人民警察着装管理规定》，除工作需要或者其他特殊情况外，应当穿制式皮鞋、胶鞋或者其他黑色皮鞋。非工作需要，不能光脚穿鞋或者光着脚，男性公安民警的鞋跟，一般不得高于3厘米；女性公安民警的鞋跟，一般不得高于4厘米。"

"连鞋跟都有规定？"

"是呀。此外，还规定女民警在穿警服时，不能系围巾，不能染指甲，不能染彩发，不能戴首饰，发辫（盘发）不能过肩。男民警不能留长发、留大鬓角、卷发（自然卷除外）、剃光头或者蓄胡子，除工作需要或者有眼疾外，公安民警不能戴有色眼镜。民警穿着警服，不能在公共场所吸烟，不能饮酒。不是工作需要，不能进营业性娱乐场所。"

小宁说："对公安民警的要求真够严的。连墨镜都不让戴。"

我说："因为他们是人民警察呀！成千上万的老百姓在看着他们，

他们不注意自己的形象还成？警察的管理跟军队差不多，对警容警风的要求是非常严格的。但你别误会，这是着装规定。换句话说，也就是穿上警服上岗的规定。下班回了家，脱了警服，穿便服时，是可以戴墨镜的，抽烟喝酒也不受限制。"

"是不是穿'官衣'的，都有规定和规范呀？"

"当然，因为您穿上'官衣'，代表的就不是您一个人的形象，而是整个行业和队伍的形象了。"

"好像电视台的播音员和主持人，他们的着装和服饰有严格要求。"

"对，他们出镜时，要求更严。再比如政府机关的工作人员，着装虽没有统一的制服，但也有规定。我曾经在机关工作过，记得当时机关也有跟人民警察着装管理类似的规定，比如女性不准戴项链，不准留长发，不准染发，夏天不准穿超短裙、穿拖鞋。男性夏天不准穿圆领衫，不准剃光头、留长发，不准蓄胡须，不准在办公室吸烟等，我想这些规定现在也还在实行。"

"机关工作人员也有个形象问题，因为您所在的部门是政府机关，您的穿着打扮当然代表着政府的形象。"

"是的。当然，形象不仅表现在穿着上，还包括您的工作态度。比如脸上的微笑、说话的语气、待人是否真诚、热情等。"

小宁问道："人民警察跟一般的职业不同，正像您说的他们是穿'官衣'的，那么就一般职业来说，是不是也有形象问题呢？"

我说："这要分什么职业了。中国人把社会上的不同行当，也就是不同职业，统称为'五行八作'。'五'和'八'是泛指。行，就是行当。作，读'嘬（zuō）'，指的是作坊。"

"'五行八作'是不是各行各业的意思？"

"对。旧中国像样的工厂很少，制造业多以手工作坊为主。老事年间，社会分工比较简单，大体可分为三个阶层：有文化的人是一个阶层，没文化的人是一个阶层，此外就是商人阶层，也就是富商。有文化的可以为官，穿官衣，吃官饭。没文化的只有三个出路：学手艺，卖苦力，或者做小买卖。上面所说的职业大致也是这么来的。"

小宁问："什么叫吃官饭的？"

我说："按中国的老话讲，就是在衙门口儿当差的，用现在的话说，就是政府的公务员。当然，吃官饭的也包括'官字号'的买卖，用现时的说法就是国有企业或者叫'垄断性行业'，比如银行、铁路、航运、邮政、水电等行业。"

"就是'国企'呗。"

"对。在这些部门当差，按月发薪水，基本上能做到旱涝保收，衣食无忧。所以，早年间，中国人谁家能有一位吃官饭的，街坊四邻都得刮目相看，用老人的话说，是有出息的人。"

小宁笑道："那会儿的人怎么这么有意思呀。吃官饭的人，是不是规矩就多呀！"

我说："是的。从职业特点来说，这些人属于'官身'。你且注意咱们这儿说的'官'，跟当官的'官'不是一回事儿。从职业礼仪来说，首先穿着打扮跟一般人不同。吃官饭的都有'官衣'，也就是制服，比如税务官有税务官的制服，在铁路上做事的有铁路制服，在邮政局当差的有邮政的制服。"

小宁说："现在这些行业不是也有各自的制服吗？是不是一直都是

如此？"

我说："对。穿统一的制服，一方面是为了体面，看上去仪容整齐、庄重。另一方面是突出行业的步调一致性，体现这些行业的风纪。"

"还有这个含义呢？"

"是呀，比如铁路、民航，每个工作环节都环环相扣，牵一发动全身，而且直接关系着国计民生，出点儿事就小不了。所以，最初这些行业实行的大都是军事化管理，行业要求非常严，职业素质相对来说也比较高。因此，穿官衣的人在仪表仪容上都挺讲究。记得我家有个亲戚，在铁路上做事儿，平时走道儿都挺着胸脯，说话办事有板有眼，总是一本正经、规规矩矩，很少见他有开玩笑的时候。"

小宁笑道："这是不是平时训练的结果？"

我说："那倒不见得。不过，跟他们的工作性质有关。干他们那行，来不得半点儿马虎大意。"

小宁说："听您这么一说，这穿'官衣'的确跟一般老百姓不一样，他们的礼仪是很规范的。"

我说："是的，你难道没注意吗？当你开车违反交规，警察过来纠正你的违规，对你进行罚款之前，先要立正，给你敬个礼。"

小宁笑道："没错儿，有个顺口溜儿：开车不怕路上挤，就怕警察来敬礼。警察一给你敬礼，就要挨罚了。"

我说："这种礼节也算是行规，属于职业礼仪。"

小宁说道："您说了许多穿'官衣'的职业礼仪，那么其他职业在礼仪方面有什么特点呢？"

我说："当然有了，'五行八作'细分析起来，各行都有各行的规矩，

规范着装重形象

各行也有各行的老礼儿。"

我还想再聊几句，小宁笑着把我拦住了："您可真能聊，说到穿衣戴帽，一不留神，从西周，聊到了清末；从唐装，聊到了'官衣'。您别'五行八作'了，赶紧回家换身正装，咱们还要参加人家的婚礼呢。"

我看了看表，说道："回家换衣服，还来得及。"

正这工夫，小宁的爸爸打手机来催。小宁皱起眉头说："我看时间有点儿紧张……"

那这正装是换，还是不换呢？您看下回就知道了。

013
参加婚礼要体面

咱们接着上回说，我跟小宁参加朋友的婚礼，虽说这是拐着弯儿的朋友，但是到婚礼这种庄重的场合，按中国人的老礼儿，再穷，也要穿得体面一些。这样才能体现对主人的尊重，同时也是一种讲究文明礼仪的体现。

当时，虽然时间有点儿赶落，我还是打了一辆出租车，回家换了一身西装，然后，跟小宁一块儿直奔举办婚礼的饭店。

走在路上，我突然想起来，忘了给新郎新娘买礼物了。

我对小宁说："咱们参加婚礼，别空着手呀？"

小宁说："按中国人的老礼儿，参加婚礼有什么讲儿吗？"

我说："婚礼当然要讲究老礼儿了，而且还特别多。我问你，知道中国古人所说的人生最重要的'六礼'吗？"

小宁问道："哪'六礼'呢？"

我说："'六礼'包括冠、婚、丧、祭、乡饮酒、相见。你看'六礼'之中，就有婚礼。婚礼，在中国的老百姓嘴里叫办喜事儿，也叫办事儿。早年间，老百姓的家庭主要有两件大事：一个是婚礼，一个是葬礼，民间也叫'红事'和'白事'。

"为什么把婚礼叫'红事',把葬礼叫'白事'呢?"

"因为婚礼是高兴的事儿,参加婚礼的人要喜气洋洋,穿的衣服也以'红'为主色调。相反,葬礼是悲伤的事儿,参加葬礼的人要肃然,所以穿的衣服要以'白'为主色调。"

"噢。"

我说道:"过去,中国人结婚讲究吃喜宴。这种礼俗依然在现实生活中延续。现在的北京人把举办婚礼,习惯叫'办事儿'。"

"什么意思?"

"所谓'办事儿',就是用婚礼这种仪式证明两个人的结合,并且用吃酒席的方式,接受亲朋好友的祝贺。当然,如今已经把文明婚礼跟酒席合二为一了,也就是请婚庆公司来主办婚礼。婚礼结束,前来贺喜的亲朋好友入席就餐,喝杯喜酒,热闹一番。"

"凡是参加婚礼的人，都要喝喜酒吗？"

"也不见得。按中国人的老礼儿，参加婚礼叫'贺喜'，也叫'行人情'。'贺喜'不能空贺，要出份子。所谓'份子'，就是礼金。"

"这个我懂，参加婚礼，要出份子钱。"

我笑道："通常婚礼的主办方要找一个张罗人，老北京人把这种人叫'大了（音潦）'或'了事儿的'，由他操办'攒份子'，即收拢参加婚礼的人的份子钱。"

"真够讲究的。"

"那会儿，讲究的人家办婚礼，不收份子钱，参加婚礼的人根据自身情况送礼金。通常把礼金装到纸袋里，这个纸袋不是一般的纸，是一张红纸，上面印有金色花纹图案，红纸上写着'恭贺新禧''花好月圆''天意之合'之类的贺词。老事年间，也管这钱叫'幛光'。男方给女方家送的叫'奁敬'，女方给男方家送的叫'喜敬'。"

小宁听到这儿，笑道："讲究太多了，现在年轻人谁懂得这些呀！"

我说："这都是老礼儿了。后来没这么多俗礼了，同事或朋友、同学结婚，大家伙儿凑点儿钱，买一两件生活用品，也算是送礼了。当然也有出份子的情况，比如一个单位的同事结婚，找一个能张罗的人操持'攒份子'这事儿。面子大的，跟新郎新娘关系近的，就多掏一点儿。关系一般的，就少掏一点儿，多少是这么个意思，这叫'随份子'，当然也有单给的。"

小宁笑道："这个我懂。但是假如没有随份子，就不能参加婚礼了吗？"

我说道："没出份子参加婚礼，当然不会把您给轰出去，但毕竟在面子上说不过去。按中国人的老礼儿，只要是参加婚礼，总要给新郎新娘送点儿东西，不能光带着一张脸来。"

小宁想了想说："这倒也是。其实外国人也讲这种礼儿。不过，人家很少直接给礼金。送一束鲜花呀，送一幅画儿呀什么的。我觉得人家这样做比较雅，有品位。"

我对她说："你知道吗，现在中国人参加婚礼，也有送鲜花的，送书画的，当然送什么礼品，这要看新郎新娘的身份、兴趣爱好、文化修养来定。都送鲜花，新郎新娘举办完婚礼，就可以开花店了。"

小宁乐了，说道："那也不能送辆汽车呀。"

我说："参加婚礼，送礼，不是让你去夸财显富，只是表示一下心意，同时也是一种礼节。如果把这理解为借举办婚礼行贿受贿，或搞其

送礼别太俗

他名堂那就错了。"

"中国人非常重视人情世故。既然红白喜事是一个人一生中的大事，那么这种重视就不能只是嘴上说说。住一条街巷的街坊四邻，谁家举办红白喜事，人们总要利用这个契机，送点礼物表示一下心意，留个念想儿，也是一份人情。通过这种人情，可以联系感情，加深印象，增进相互间的交往。所以，不能搞得太俗。实际上，现在年轻人都讲究婚事新办了。没礼不行，礼太重了也不好。中国人讲究礼尚往来，您家儿子结婚，东屋二哥送给您家 600 块钱，等到东屋二哥家儿子结婚的时候，您送人家 800 块钱，这就叫投桃报李。许多人情世故，就是在这种礼尚往来中体现的。"

小宁点了点头说："一达老师，我明白了。"

她看了看表，对我说："咱们别光聊了，时间本来就挺紧的。您说吧，咱们给人送点什么礼？"

我说："你年轻，你说送什么好？"

小宁说："我也想不出送什么更合适，反正时间也来不及了，咱们还是给他们买个花篮吧。"

"这个主意也不错。"我说。

我和小宁拎着花篮，赶到婚礼现场，又遇到一档子令人尴尬的事儿。什么事儿？咱们下回再说。

014
席面坐哪别随意

书接上回，我和小宁到一家饭店参加婚礼，走进饭店的时候，婚礼的司仪已宣布仪式开始。

小宁悄悄地对我说："您看，咱们来得多是时候。"

我说："还是时候呢，咱们迟到了。按中国人的老礼儿，出席婚礼起码要在正式开始前十分钟到场，这样才显得对新郎新娘有礼貌。"

小宁吐了吐舌头说："我还真不懂这里头的礼节。"

我和小宁在来宾签名簿上签了名，便进了婚礼现场。婚礼的场面不小，十多张大圆桌，几乎坐满了来宾。

小宁见靠前的一张圆桌有几个空位子，便拉着我说："一达老师，咱们坐那儿去。"

我瞅了瞅，那张桌子是空着位子，可再看已然坐在那儿的几位上点儿岁数的人，估摸着是新郎新娘的双方父母。

我对小宁说："想见缝插针呀！那儿咱们可不能坐，另找地儿吧。"

正说着，两位胸前戴着朵红花的张罗人，笑吟吟地把我们领到贵宾桌。我一看，原来桌上摆着我和小宁的名签。

落座以后，小宁不解地问："您刚才还没说完呢，前边的那张桌子，

我们为什么不能坐？"

　　我说："婚礼上的座位是有讲儿的。那张桌子的位置是上座，也叫正座，按中国人的老礼儿，一般是请新郎新娘的父母、介绍人或证婚人、送亲的伴娘、迎新的伴童坐在那儿。像咱们这种新郎特邀的来宾，一般只能坐在两边桌子的座位上。"

　　小宁说："哟，还有这么多讲究呢？"

　　我说："这就是礼儿。咱们总说礼儿礼儿的，其实就体现在这儿。你看婚礼完了要有宴会，一般都用圆桌，为什么？"

　　小宁摇了摇头："我哪儿知道呀。"

我说:"中国人办事喜欢讨吉利,圆桌就是为了体现团圆嘛。借这个'圆'字,祝新郎新娘婚姻圆满。你再看,圆桌是十把椅子,可是却坐着九个人,为什么?"

小宁摇摇头说:"不知道。"

我说:"这里也有学问,坐九个人是取'长久'之意,祝愿新郎新娘婚姻长久,白头偕老。留出一个空位子,那叫'风口',以便服务员上碟、布菜方便。看来这个婚礼的操办人,很懂中国人的老礼儿。"

小宁说:"中国人的老礼儿可真是太多了!"

我说:"你可别小瞧这种场面的座次的安排,这里的学问大了。不光是婚礼,所有礼节性的宴会和活动,排座儿和就座儿,都有讲儿,不能乱坐。"

小宁问:"都有什么讲儿呀?"

我说:"按中国的传统文化,主要体现四个字:长、幼、尊、卑。"

古人的座次讲儿更多

小宁跟我抬杠："现代社会讲究人人平等、一视同仁，您说谁尊谁卑呀？"

我说："在政治上当然要讲人人平等，但说到礼仪，就必须讲长幼有序，尊卑有让。"

"其实，这里的'卑'不是卑贱、低三下四的意思，而是一种谦卑、恭敬、谦让之意。

就拿让座来说，座位有'上座、下座'之分，'主座、次座'之别。你说你请的客人来了，让人家坐'下座''次座'是不是对人家不尊重，没礼貌？

所以，排座、就座，本身就能体现出中华民族的文明礼仪。现在一般开会或举办典礼，搞各种活动，都要设主席台，设贵宾席、嘉宾席、来宾席。

其实，这种座次安排，就能体现长幼尊卑的次序。通常要把尊贵的客人请上主席台，然后依次排列。咱们这是就一般老百姓来说。在官场上，还有职位的高低之别，这都是一种礼儿。"

小宁皱了皱眉说："大的活动可以这样安排，而且也有人张罗这些事儿，那么一般家庭聚会和朋友聚会也讲这些吗？"

我说："当然要讲。只要是席面儿，就应该讲座次。"

古代人就非常看重吃饭的饭桌排位的问题，孔子在《论语》里说："君赐食，必正席先尝之。"《管子·弟子职》里也说："汎拚正席，先生乃坐。"

咱们老祖宗非常重视席面上的礼儿。比如说家庭聚会，要请父母坐上座，哥哥姐姐坐次座，晚辈的坐下座。

朋友聚会，没有职务高低之分，却要论年龄排辈，一般要请年纪大的坐上座，年纪小的坐下座。当然也要看谁"坐东"，也就是谁掏钱请客。"坐东"这个词，其实就是这么来的。

秦汉以前的礼仪是"尚右"，也就是以右边的位置为尊，室内以西为右，宴请时尊贵的客人要坐西面东。

唐代的赵璘在《因话录》中说，"人道尚右，以右为尊，礼先宾客，故西让客，主人在东，盖自卑也。"主人掏钱请客，当然要让客人坐西

边，也就是右手，自己坐东边，也就是左手，所以叫"坐东"。

当然，还有一个同音词叫"做东"。"做东"是做"东道主"的意思，跟吃饭买单"坐东"是两码事儿。

小宁问我："什么叫'东道主'呀？"

我说："这是古代的礼仪。亲朋好友从外地来，本地的朋友设宴款待，以尽地主之谊，俗称东道主。这个词是从《左传》里来的，原话是，'若舍郑以为东道主，行李之往来，共其乏困，君亦无所害。'这是对秦国的使者说的。郑国在秦国的东边，可以随时供应秦国使者的饮食居住，所以叫'东道主'。"

小宁笑道："参加宴会有这么多讲儿呢？那上座和下座怎么分呀？"

这时，大厅里响起了《婚礼进行曲》，婚礼进入高潮。

我对小宁说："咱们先给新郎新娘的婚礼鼓鼓掌吧，你提的问题，下回再说。"

015
"上座""下座"有规矩

书接上回，小宁问我什么叫上座和下座，也就是座次怎么排？这里有老礼儿和新礼儿之分，也有北方和南方之别。

"一般家人和朋友聚餐，首先要'安位'，即先选好哪个位置是上座，然后再安排谁坐上座。"

"按传统的老礼儿，席面儿应坐北朝南，以北为上座。如果是坐南朝北，那么就以南为上座，俗称'倒座'。"

"但有些时候，就餐的方位不是南北，而是东西，怎么办？那就以门为点，对着门的为上座。"

『上座』不该由我坐

"上座与其对面的座位，形成了一条'中轴线'，以此线为准，划定次座，比如说有八个人就餐，方位是正北正南；北边的左手的是一，右手是二；东边的上手是四，下手是六；西边的上手是三，下手是五；南边的左手是七，右手是八。这是北方通行的座次。"

"南方略有不同：北边的左手是一，右手是二；东边的上手是六，下手是八；西边的上手是五，下手是七；南边的左手是三，右手是四。"

小宁听了，皱了皱眉头说："您说得太乱了，我听不清，干脆您画出来吧。"

我用笔在纸上给她画了两幅图。

小宁看了这两幅图说："您上回不是说以右为尊吗？怎么从这两幅图上看是以左为尊呀？"

我对她解释道："秦汉以前，是'尚右'，元代也'尚右'，但到了明代以后，改成以左为尊了。明代的余继登在《典故纪闻》中说：'国初习元旧，俱尚右。至正元年十月，太祖始令百官礼仪俱尚左，改右相国为左相国，余官如之。'也就是说，由明朝初年开始，从官到民一律以

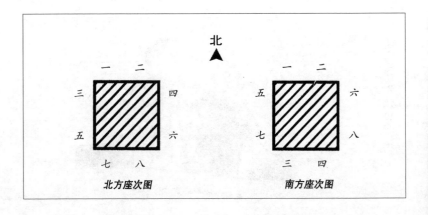

北方座次图　　　　　南方座次图

左为尊。所以你看不管北方还是南方，排座次，都把最尊贵的客人排在左手，也就是图上'一'的位置。"

小宁问："现在也这么排吗？"

我说："对，我这张图说的就是现在的事儿。就座时，也有讲究，要按排定的座次，先请上座者入席，等他坐定，其他人才能依次入席，否则就是失礼。"

小宁似有所悟地点点头："噢，我明白了。"

我说："现在有些年轻人不懂这些礼仪，跟老人一起就餐，挑个好一点儿的座位，就一屁股坐下，不管座次，也不管主宾主次，先坐下再说，这些都是没规矩、没教养、缺礼失敬的表现。"

小宁反驳我说："现在是开放的年代，我们年轻人谁懂这些老礼儿呀？我觉得吃饭就吃饭呗，干吗这么较真儿。讲这些老礼儿烦不烦呀？"

我说："中国是文明古国，又是'礼仪之邦'，甭管什么时候，这些文明礼仪都不能缺，也必须讲。你想不讲这些老礼儿，十来个人就餐，找个位子就座，你一筷子，我一筷子，那不乱套了？平时在家可以随意，出门在外要是这样，就让人笑话了，同时这也对请客的人不尊重呀。"

小宁说："我觉得现在像您这样懂老礼儿的人不多了。有时我参加单位聚餐，还有跟朋友参加小型'派对（英文 party，即聚会）'，谁坐在哪儿都挺随便，有时还谁也不愿坐您说的上座呢。按老礼儿，大伙儿让来让去的，我瞅着都闹心。这也忒俗了。"

我笑道："五十年前把有些老礼儿给破了，加上后来对独生子女的娇生惯养，确实使许多年轻人不知道这些老礼儿了，所以在许多公共场合，没大没小，没里没面儿，没谦没让，不管不顾，只要自己合适、自己舒服，怎么来都行。表面看这是个人的行为，其实这么做，往小了说，损害的是个人形象；往大了说，有损的是一个城市的文明形象。"

"有这么严重吗？"

"当然，因为你做的这些事儿不是在自己家，而是在大庭广众之下。"

我的话刚说完，从旁边的那张桌上传来"叮叮当当"敲布碟儿的声响。

"怎么回事呀？"小宁诧异地扭过脸问道。

我一看，旁边那个席面儿上，有个小伙子正甩咧子呢。为什么事呢？咱们下回再说。

儿子抢了老子的座

我习惯坐在这儿。

016
参加婚礼忌"闹桌"

上回说到我和小宁参加婚宴，忽然听到邻桌传来"叮当"的敲碟儿声。我循声望去，只见一个二十多岁的小伙子，红着脸瞪着眼，嘴里甩着闲话。

我走过去一问，才知小伙子嫌婚礼的时间拖得太长了。快到饭口儿，他下午还要去机场接人，所以想让服务员先给他上俩菜，他吃饱了走人。可服务员坚持婚礼结束才开宴走菜，没有搭理他。这下把他惹急了，敲碟子以示抗议。

小宁生气地说："这人怎么这么不懂事儿呀？什么素质呀！他是参加婚礼来了，还是蹭饭来了？"

她想走过去跟这小伙子理论一番，我把她劝住了，对她说："你就别再添乱了。你一说话，准跟他吵起来。婚礼这么庄重的场合，还不得让你们俩给搅了局。"

小宁不服气地说："他的素质忒低了。"

我说："嗑瓜子儿嗑出个臭虫——什么仁儿（人儿）都有。这种事儿在以前也常见。有人参加婚礼不冲别的，就为了借婚礼吃口儿喝口儿，满足不了他的心意，他就折腾。上岁数的老人管这叫'闹桌'。这是不懂规矩，缺少礼数的表现。"

小宁说："那怎么对付这种人呢？"

我说："只有一招儿，臊他一下，他下回就长记性了。"

小宁问："怎么臊他？"

我对小宁笑了笑说："你瞧我的。"

我转身走到敲碟子的小伙子跟前，对他说："小兄弟，你是不是嘴头子痒痒了，想给新郎新娘助兴，上去给我们表演个节目吧？"

小伙子看了我一眼，愣了一下，问道："你什么意思？"

"没别的意思，我觉得你好像是相声演员，是不是吧？"我问道。

"谁是相声演员呀？您看走眼了吧？"他看了我一眼说："表演节目？我这儿饿着肚子，表演什么节目？"

我从兜里掏出一张一百块钱的钞票，递给他说："哦，饿了？这好办，先找个饭馆垫补一下。回头，我还想听您的相声呢。"

小伙子愣了："干吗？我参加婚礼吃喜宴，怎么能让您掏钱呢？"

"没事儿，您拿着吧，别委屈了肚子。"

"这多不合适。"

"没什么不合适的。您以为您在婚礼上敲碟子碗就合适吗？"

小伙子一听这话不言声了，沉了一下，他说："您把钱收起来吧，我的肚子还能忍一会儿。"

一场小风波就这么平息了。我回到了自己的桌位。

小宁抿嘴笑道："还是您有办法。"

我说："对付没礼貌的人，有时用咱们的礼貌臊他一下，还管事儿。"

小宁说："今天我算领教了。"

我说："在中国的老人眼里这也是一种礼儿——臊礼。当然，这也不能都怪他。他大概不懂婚礼的规矩和礼仪，把它当成平时到饭馆吃饭了。"

小宁笑道："现在，这种没里没面儿的人真是少见了。您说中国人的喜庆宴会都有什么规矩和礼儿？"

我对小宁说："婚礼嘛，讲究的就是一个礼儿。参加婚礼宴会的人除了要按席入座以外，一切都应听司仪的，也就是婚礼主持人的。"

"其实，婚礼的宴席是礼仪性的，并不是让您到这儿大吃大喝来了。所以中国人的婚礼，在席面上不能喝大酒、划拳行令、大喊大叫地闹酒。

同时，在宴席上也要坐有坐相，以体现庄重、礼貌、严肃，体现对新郎新娘及宾客的礼貌和尊重。不能坐得倚里歪斜，不能一边抽烟、一边海阔天空地聊天儿。

虽然在婚礼上会碰上一些熟人如老同事、老邻居、老同学，自然会相互寒暄，但说话一定不能大嗓门，喧宾夺主。同时，在婚礼正式开始后，一定不要不管不顾地闲聊天、拉家常，要专注于新郎新娘。

席间，本家（指新郎的父母）要挨桌"谢席"，新郎新娘挨桌敬酒、布菜，表示谢意。人家来敬酒，您一定要站起身，举杯回敬。

在婚宴上喝酒要留有余地，不能开怀畅饮，尤其是跟新郎喝"道喜酒"要有所节制，通常这种"道喜酒"只是象征性地喝一口，不能可劲儿地灌新郎喝酒。

婚宴一般不大吃大喝，通常只是象征性地吃一点，等服务员上汤，就自觉起席，一般情况不恋桌。"

我对小宁说："老年间的人懂规矩的多，像刚才那位小伙子敲碟子碗儿的情况，通常很少出现。"

小宁笑道："婚礼上不能喝大酒，那您这好喝两口儿的人，可就受委屈了。"

我说："受委屈也得忍着，这是一种礼节，也是一种文明。"

我的话音刚落，旁边的一个人接过话茬儿："别让您受委屈呀，想喝酒，今儿晚上，到我那儿喝去。"

我扭过脸仔细辨认，敢情说话的这位是我的老邻居张志宽。

"志宽，怎么在这儿碰上你了。"我忍不住叫起了他的名字。

他笑了笑说："我早就认出你来了。多年不见了，今儿晚上我请你。"

他这一请我，又引出一串故事来。欲知后事如何，请看下回分解。

婚礼上不能撒开了喝

98

017
完事别忘要"道乏"

书接上回，我和小宁参加婚礼的时候，见到了我的"发小儿"张志宽，他说要请我喝酒叙旧，大概过了有三四天，我正跟小宁聊中国的民俗，接到了他打来的电话。

我以为他找我是说请客的事儿，谁知一上来，就跟我念起秧儿来："你说国清是不是不懂老礼儿？"

"他怎么得罪你了？"我纳着闷儿问道。

国清就是我和小宁前几天参加婚礼的新郎官的父亲。

张志宽在电话里说道："我先问你一句，你参加完国清儿子的婚礼，他给你打过电话吗？"

他的这句话把我问愣了："没打过呀？怎么啦？"

"怎么啦？你是研究民俗文化的，'道乏'的老礼儿你该知道吧？"志宽反问道。

我恍然大悟，原来志宽是嗔待（埋怨之意）国清给他儿子办过婚礼，没有给朋友道谢。

"我本来是在青岛出差，为了参加国清儿子的婚礼，特意请了假提前回来，而且给他儿子出了2000块钱的份子。临了儿，他们爷儿俩连个电话都没打，好像我欠着他们家什么似的。"志宽在电话里发着牢骚。

听他说出这话，我只好暖言相劝："国清可能是太忙了，他也是知书达理的人，哪儿能不懂这老礼儿，也许是因为咱们跟他太熟了，他还没顾上给咱们打电话呢。都是老街坊，你就别挑礼了。"

"老街坊才不能慢待呢。"志宽依然不依不饶。

"那得了，我替国清给你赔个不是，回头我跟他念叨念叨，让他单请你喝酒赔礼。"我在电话里替国清打了个圆场。

"有你这句话，我心里还舒服一点儿，要不然，我会让你给他捎话儿，从今以后在我的记忆里就把他删除了。"

"这是干嘛呀？"

"他忒不懂礼儿了，跟这种人还怎么交往下去呀？"

"让你一说，问题还挺严重了。"我笑道。

"本来就是嘛。哪有这么做人的？"志宽在电话里说。

"嗨，就别计较了。我不是已经替他给你道歉了吗？一会儿我给他打电话，让他亲自向你致歉。"我向他解释道。

听我这么一说，他才消了气，不言语了。

撂下电话，小宁问我怎么回事，我把事情的原委告诉了她。

她沉了一下，问我："您说这'道乏'这么重要吗？"

"嗯。"我点了点头，说道："现在的年轻人可能不知道什么叫'道乏'了。其实在中国，这是非常重要的老礼儿。"

"为什么呢？"小宁问道。

我说："中国人办什么事儿都讲究善始善终对吧？'道乏'实际上就是善终。如同你敲钟听到钟鸣一样，一锤子下去，总得有回音儿呀！亲朋好友带着喜悦的心情，参加你或你儿子的婚礼，是给你来捧场、助兴的，何况人家还不是空着手。"

"就是嘛。"小宁应声说。

我说道："不管怎么说，您也要对人家表示一下感激之情，因为在婚礼上人多，您不可能对所有来宾都照顾到，所以在婚礼之后，要通过各种方式，比如请至近的朋友吃顿饭，或到家里致谢，至不济了也要亲自打个电话，说几句感谢的话。这就是所谓的'道乏'。"

小宁似有所悟，点了点头说："这个礼节，我觉得还是有必要让人们知道的。"

我说道："但这个老礼儿现在被很多人所忽视，你没见我的这个发小儿，因为这个跟国清急了吗？"

"这位国清先生不会不知道这个老礼儿，可能忙晕了，给忘了吧？"小宁说。

我说道："这是应有的礼数，再忙也不能忽略呀！其实，在现实生活中老礼儿，不光是婚礼结束之后，要'道乏'，所有的有求于人的事儿，办完之后，都要有回谢，这也是'道乏'。比如你正准备坐公交车回家，正好你的同事开车，他让你搭他的顺风车回家。你到家后，就要通过各种方式表示一下谢意，比如打个电话、发个微信什么的。"

小宁点了点头说："看起来这是不起眼的小事，但细想起来，确实是必不可少的老礼儿。那志宽先生会不会因为这个跟国清闹别扭呢？"

我想了想说："志宽还欠我一顿酒呢。他不是懂中国人的老礼儿吗？看他会不会食言吧？等他请我喝酒的时候，我再当面劝劝他吧。"

志宽到底会不会请我喝这顿酒呢？咱们下回再聊。

018
请人吃饭别"提拉"

书接上回，小宁问我张志宽请客的事儿，我觉得他不会说话不算话，所以对小宁说等等看。

为什么我对张志宽这么信任呢？说起来，我们俩是老邻居了。志宽比我小七八岁，现在混得也挺出息。

那天在婚礼上，他告诉我几年前搬了家，他的父母身体都挺好。父亲退休在家，平时养花养鸟儿，经常到公园遛早儿，一家人常念叨我。

一晃儿，我们有小二十年没见了，难道他不想跟我这个老邻居聊聊天、叙叙旧吗？

果然不出我所料，两天以后，我接到了张志宽的电话。他非常客气地对我说："看看我们老爷子吧，今晚上我们家串个门儿，老街坊叙叙旧。"

我对他说："你瞧老街坊就是不一样，让二老惦记着了，多谢了。"

志宽说："客气什么呀？咱们谁跟谁呀？"

我顿了一下说："行，我也怪想他们的。明儿晚上，我带着小宁一块去。让她也了解一下中国人的老礼儿。"

"好，就这么说定了，明儿我们等你。"志宽把新家的地址告诉了我。

小宁在一旁问道："他跟您约的是今天晚上呀，您怎么又改明天了？"

我对小宁笑着说："你听出来了？"

"当然。"小宁笑道。

我笑道："这是中国人请客吃饭的老礼儿，如果志宽单请我在外面吃饭，今儿晚上就行。如果到他父母家串门儿，就得第二天去。"

"为什么？"小宁不解地问："这算什么礼儿呀？"

我说："到人家串门儿有很多讲究。串门儿是方言土语，文词就复杂了，同样是串门儿，文词儿有造访、拜访、探访、敬访、约访、回访、行访、路访，还有新闻术语'采访'、外交术语'出访'等。你从字面上就能看出它们的区别。"

"是呀，中国字真是复杂。一个'访'字就这么多同义词。"小宁说道。

我对她说："串门儿有两个意思，一是对方邀请，二是主动上门拜访。中国人甭管访谁，首先得征得被访者的同意。人家同意了，您才能约定时间。请人来家做客或请人吃饭，礼数就多了。"

小宁问道："有哪些老礼儿呢？"

我说道："首先从礼节上来说，请客不能当天约人。"

"为什么呢？"

"中国人请客，有这样一种说法：三天为'邀'，两天为'请'，当天为'提拉'。"

小宁问："'提拉'，这是什么意思？"

我说："比如我请你吃饭或到我们家串门儿，按中国人的老礼儿，得头三天请你，这叫'邀'。头两天请你，这才叫'请'。当天让你吃饭或来串门儿，这叫'提拉'（dī la）。'提拉'，就是提拉人的意思。"

三天为邀，两天为请，一天为「提拉」

今天我请你。

小宁扑哧笑了："中国人这么多礼儿？"

"过去，人们生活水平低，平时不轻易下馆子吃饭，所以到餐馆吃饭，是家庭生活很重要的一件事。反过来说也一样，您受请到饭馆吃饭，也是很庄重的事儿。所以，为了表示对您的尊重，必须头两三天约你。当天约人家吃饭，中国人认为是请客的人轻慢自己，一般是'填桌'才当天提拉人呢。"

"什么叫'填桌'呀？"

"本来约好十个人凑一桌的宴席，但有人临时有事儿，来不了啦，空出一个位子，主人不想让这个位子空着，于是在当天约你来吃饭，把这个空位子给补上，这就是'填桌'。"

"这么一想，当天约人请客吃饭，确实不合适。"

"所以，在早年间，中国人把当天约人吃饭叫挤对人，好像对方没吃过饭似的。"

小宁笑道："确实有点儿轻慢之嫌。"

我说道："老事年间，请客一定要下帖子，也就是现在的送请柬。邀请尊贵的客人，帖子必须亲自送或派人送上门，不能走邮局。如果当天请客，当天约人，这叫愣把人'提拉'过来，显然是一种失礼。"

"确实是这样。"

"现在虽然没这么讲究了，但到外边请客或请人到家里做客，也必须两三天前打电话邀请，必要时也要寄张请柬。有些年轻人不懂这些老礼儿，用手机发个微信。这样做是省事，但是确实有点儿欠礼，尤其是重要的嘉宾。生活中，这些礼节还是应该讲究的。"

小宁问："那么对老朋友、老熟人也有必要用这种礼儿吗？"

我说："甭管生人熟人，都应如此。中国的文明礼仪不光是表现在大面儿上，也体现在一些生活细节中。有礼儿没礼儿，有些时候，一举一动都能表现出来。当然，我说的是正式的请客。比如像我和志宽这种老邻居偶然相遇，找个饭馆或茶馆一块儿坐坐，叙叙旧，不拘礼节，这又另当别论了。"

小宁爱较真儿，她皱了皱眉头说："我还是不明白，您去看望志宽的父母，为什么非要第二天呢？"

我笑着说："你提的这个问题，回头再聊。"

019
敲门之前要"使声"

书接上回，跟志宽告别后，我和小宁来到一家茶馆，一边喝茶，一边接着聊刚才没说完的话题。

我问小宁："你在英国留学，到朋友家做客，是不是也得提前约呀？"

小宁想了想说："是呀，我觉得英国人和美国人都比较重视个人隐私，一般人是不会往家里带的。他们也很少像北京人这样爱串门儿。他们请人到家里做客，或者开小型'派对（英文 party，即聚会）'，看上去都很庄重，当然这是相对而言。"

我说："这就是中西方的文化差异。中国人热情好客，尤其是上岁数的人，古道热肠，乐善好施，对朋友、对客人热情得恨不得把心都掏出来，而且还好面子，客人来了，生怕哪一点儿照顾不周，让客人挑礼儿。这就是中国人的特点。至于你说的中国的老年人爱串门儿，这跟老人当年居住的环境有一定关系。"

小宁问："有什么关系呢？"

我解释道："在城市生活的老人，早年间大都住在胡同、里弄、巷子的庭院、大杂院。尤其是住在大杂院的人，几户甚至十几户人家住一个院儿，每天抬头不见低头见，相互间知根知底儿。要是住隔壁，就更甭说了，您家咳嗽一声，他家都听得真真儿的。应了京剧《红灯记》里的那句话：'有堵墙是两家，没这堵墙就是一家人。'你说有什么隐私可言？"

小宁笑道："我听着怎么这么别扭呢？"

"不可思议是吧？"我笑了笑说："我是在北京的大杂院长大的，对此深有体会。街坊邻居别说串门儿了，平时出门儿都不用上锁，跟邻居大妈打声招呼，您什么时候回来都没关系。平时大人不在家，这家的小孩儿饿了，街坊家蒸的馒头刚出锅，拿起就吃，就跟在自己家一样。"

小宁问我："既然老街坊们的关系这么融洽和睦，为什么您到志宽父母家还要提前打招呼，要等第二天才能去呢？"

我说："这就是中国人的老礼儿。一方面，隔天去拜访，表示对拜访者的尊重，同时也表示人家邀请你到他家，很看重你这个客人。另一

串门儿别不打招呼

108

方面，中国人好面子，平时可能家里挺乱，客人来了，当然要归置一下。你得给人腾出时间，收拾一下屋子，准备准备呀。所以中国人要是到谁家串门儿，总要提前一两天先打招呼。不能想什么时候访就访，愣头愣脑，推门就进。"

小宁说："您这么一说，我就明白了。"

我说："现在有些年轻人不懂这些老礼儿了。别的不提，就说一些年轻记者吧，写文章需要，想采访谁，打个电话，立马儿就要去人家的家里。好像我采访你，是抬举你，拿你当回事儿。殊不知你连起码的礼节都不懂，人家就那么愿意接待你吗？"

小宁问："那您说应该怎么约人采访？"

我说："采访也好，拜访也好，既然你要去人家的家里，总要客客气气的，多说几句好话，礼貌周全一些，同时也要给人留出准备的时间，用商量的口吻事先约好时间才对。另外，去之前，还有一件事也很重要。"

小宁问道："什么事儿呀？"

"你听说过'使声'这个词儿吗？"我问道。

"'使声'？没听过。"小宁摇了摇头说。

"所谓'使声'，就是到人家串门儿的时候，在敲门之前，想办法出点儿声，让主人有所准备。"

"怎么出声呀？"小宁笑道。

我对她说："过去，即使是大城市的老百姓，大多都住平房大院，住楼房的很少。客人拜访主人，进了院子之后，如果冒冒失失地去敲门，来个冷不防，会吓主人一跳，所以在敲门之前，客人先要在院子里咳嗽一声，或者自言自语地说说天气什么的，总之要弄点儿声儿出来，让主人在屋里知道客人来了。"

"现在都住楼房了，怎么出声儿呀？"小宁不解地说。

我说："住楼房也有变通的办法，你可以给要拜访的人发个微信，告诉他你到院子了，让人家打出点提前量，做一下准备。"

"嗯，这倒是个好主意。"

"也许你跟人家约好拜访的时间了，但由于路上堵车，耽误一点时间，所以要提前跟人家打个招呼，让人家有心理准备，你说是不是？"我说。

"这个老礼儿值得提倡。"小宁说道："您说了半天，还没告诉我，为什么对拜访志宽的父母这么当回事儿，难道这里还有什么隐情吗？"

我笑道："你想问题真刁钻。这事儿嘛，咱们下回再聊吧。"

采访也得讲礼儿

020
拜访老人别空手

书接上回，小宁问我跟志宽的父母是不是有什么特殊关系。

我笑道："我跟他们一不沾亲，二不带故，只不过是住过一个大院的老邻居。"

小宁不解地问："拜访老邻居，值得您这么重视？"

我说："当然。因为他们二老是志宽的父母，等于是我的长辈。按中国人的老礼儿，到朋友的父母家做客，要格外重视。"

小宁问："为什么？"

我说："中国人历来讲'孝道'，敬重老人，孝顺父母。你知道'家庭'这俩字应该怎么解释吗？"

小宁想了想说："家庭不就是人家吗？"

我对她说："'家'就不用解释了，'庭'呢？辞典里的解释是，厅堂和正房前的院子叫'庭'。实际上，这个字的古义还有一种借喻，是指父母大人。"

"哦？"小宁愣了一下。

我解释道：《论语》里有'庭训'这个词。所谓庭训，意思是父亲的教诲。杜甫有句诗，'我已无家寻弟妹，君今何处访庭闱。'这里的

'庭闱'一词，是指父母住的地方。所以，没有父母不称其为家庭。可见，父母在家里的位置是多么重要。"

小宁皱了皱眉头说："您说的这是老礼儿了。从前，在封建宗法制度下，人们信奉子孙满堂，四世同堂，一大家子人住在一起。现如今，已经是 21 世纪了，人们对家庭的理解已经变了。"

"哪儿变了？"

"您看，年轻人一结婚，谁还跟父母住在一起？此外，还有许多年轻人信奉'独身主义''丁克家庭'，即使结婚了，也不要孩子。难道独身的人自己有房不算家吗？那些离异后单过的人，难道您也把他们看成是没有家庭的人吗？"

我笑道："你又跟我抬杠。我这儿跟你说的'家庭'是一般概念，并没跟你探讨那些特殊的家庭问题。独身主义者和离异后独居者的家，当然也可以叫'家'，即使没有固定居所的流浪者，也可以称他们是四海为'家'。"

小宁说："我明白您的意思了。"

我笑道："你明白什么了？"

"家的含义呗。"

我接着说："在文言里，还有一个词也指父母，就是'高堂'。'高堂'在上，晚辈哪有不尊之理？中国人交朋友，先看这个人是不是孝敬父母。如果他连自己的父母都不孝敬，你说这样的人可交吗？"

小宁说："那倒是。"

我说："当然，不论是自己的父母，还是别人的父母，我们都要敬重，这是中国人最重要的一种老礼儿了。志宽的父母既是我的老邻居，

母亲变成老妈子

又是我的长辈。我们好多年没见了，现在我要拜访他们，你说我是不是得把这当回事儿？"

听我这么说，小宁笑道："对，对，还是您懂中国人的老礼儿。"

第二天，我和小宁一起去志宽父母家拜访。

路上，我说："看望老街坊，咱不能空着手呀。"

小宁说："是啊，咱们买点儿什么当礼品呢？还买个花篮吗？"

我说："咱们参加婚礼送个花篮可以，拜访老人送这个就不合适了，得实用一些。过去，人们看望长辈，讲究拎个点心匣子，或拿个'蒲包儿'。"

小宁问："什么叫'蒲包儿'呀？"

我说："'蒲包儿'就是用蒲草和荷叶包裹的现做的酱牛肉、猪头肉、烧羊肉等熟食。这是老北京人的说法。那会儿，人们串门儿、走亲戚，常以'蒲包儿'当礼。现如今已见不着'蒲包儿'了。给老人送见面礼，一般是买比较软的糕点、水果和一些营养品。"

小宁说："那咱们就买这些吧。"

"好吧。"

我和小宁到超市，买了一些吃的东西，打了辆出租车，直奔志宽的父母家。没想到一敲门，家里没人，怎么回事呢？下回再说。

给老人送礼也有讲儿

021
表达善意用真心

书接上回，我和小宁来到志宽家，敲了一会儿门，屋里没动静。

怎么回事儿？我正在纳闷儿呢，张志宽搀着他的母亲回来了，他的老父亲随后也上了楼。

分别多年的老街坊见了面，那份亲热劲儿就甭提了，相互说了许多客气话，寒暄一番，志宽的父亲把我和小宁让进屋。

老爷子客气地说："让您二位在门口久等了。这大冷天的，真怪对不住你们的。"

我说："您别那么客气，我们也是刚到。您二老这是去哪儿了呀？"

老爷子看了我一眼，笑道："嗨，看电视我们才知道，东南亚发生了地震和海啸。"

我点了点头说："是呀，他们那儿是发生了地震和海啸，这场天灾可不小，电视上报道死了近20万人。您这是……？"

志宽的母亲接过话茬儿说："这可真是天灾呀！东南亚离咱们中国多近呀，那边的海啸死了不少人，咱们政府和红十字会也向他们提供救援了。我跟你大爷说，电视里播的，那些受灾的人无家可归，多可怜呀！甭管东南亚人，还是西南亚人，他也是人呀。按咱中国人的老礼儿，人家有了灾有了难，咱们不能干看着呀？多少也得搭把手不是。"

志宽说："嗨，别提了。这二老一大早就翻箱倒柜找东西，最后把我爱人刚给他俩买的羽绒服送到了救灾捐款处。"

"羽绒服？"我笑了笑问道。

志宽道："我妈说，天挺冷的，别让他们冻着。这老太太，她也不想想东南亚那地方，平均气温三十多摄氏度，哪儿需要羽绒服呀？我得着信儿，赶紧找他们去了。老两口儿把羽绒服拿了回来，为表爱心，非要捐 1000 块钱。"

我情不自禁地笑道："在您二老身上，真能看出中国老人的古道热肠。"

人家有难咱得管

116

老爷子说:"1000块钱对那些灾民来说,不算什么,但俗话说,'瓜子不饱是人心',主要是表示一下我们的心意,也表现一下咱们中国人的一个礼儿:老人们都知道人要雪中送炭,不能光锦上添花。人家有了灾难,咱们表示同情,得话到礼儿到,不能来虚礼儿。"

我对小宁说:"你看出来了吧,这就是中国人知礼儿懂礼儿的具体行动。两位老人不但讲礼儿,而且也讲面儿,他们要救助别人,必须要拿家里最好的东西。你看,两位老人家连儿媳妇刚买的羽绒服,都舍得往灾区送。"

小宁说:"是呀,这两位老人的精神太感人了!"

正说着,老爷子张罗道:"哎,别站着说话呀,快坐下,喝杯茶。"

小宁客气地说:"大妈,别忙了。我们出门前喝过水,一点儿不渴。"

志宽的母亲笑道:"呦,这姑娘还挺会说话。不渴,你们大老远地来看我,也得喝口茶呀。"

说着,她让刚从早市买菜回来的小阿姨小翠给我们烧水泡茶。

小宁悄悄地问我:"客人来了,必须要上茶吗?"

我说:"对,中国人热情好客,甭管生人熟人,也不管您是否口渴,只要进门,先让您喝口茶,这是中国人的老礼儿。"

小宁问:"上茶这老礼儿有什么讲究吗?"

我给她讲了讲客人进门,主人上茶的老礼儿。这个老礼儿有三层意思:

一是表明主人对客人的尊重,茶里含有一种敬意。

二是表明主人好客。中国有句古语,"君子之交淡如水。"主人与客人的交情、主人对客人的厚意,都在这杯茶里呢。

三是调节一下气氛，使主人和客人不至于拘谨、局促或尴尬。

一般到人家串门儿，想必是有什么事儿要办，有什么话要说，但总不能一进门就说话办事儿，这样就显得楞头楞脑了。

在说正事儿之前，总要扯几句闲篇儿。就像说书的有个开场白，唱戏的有个过门儿一样。上茶，喝茶，实际上带有心理上相互沟通一下的意思。所以，这是中国人必要的礼节。

不单是家里来客人要先上茶，早年间的商家铺户，也讲这老礼儿。过去，你到布店、鞋店去买布或买鞋，店里的伙计通常先让你坐下喝杯茶，然后再问你买什么。

现在这种中国人的老礼儿，已经被"发扬光大"了，在一些大城市的餐馆，你到那儿就餐，一落座儿，服务员先给您上茶，而且这茶免费。您到一些单位办事，他们也会先以茶款待。就连有些政府机关也备着茶，接待来访者。

一杯茶不起眼，却充分体现出中国"礼仪之邦"的热情好客。

022
切忌壶嘴别对人

　　我跟小宁正聊着，小翠把沏好的茶端到沙发前的茶几上。志宽招呼我和小宁喝茶。

　　志宽的父亲念旧，家里还用着早年间老人们常使的两道梁的粗瓷大茶壶。

　　小翠拿着这把茶壶，分别给我们的茶碗里斟上茶，然后很随意地放下茶壶，说道："你们请用茶。"

　　小翠说完，转身要走。

　　志宽的父亲突然把脸一沉，对小翠说："丫头，你先别走呢。"

　　小翠愣了一下，问道："您还有事儿吗？"

　　老爷子顿了一下，说道："小翠呀，大爷问你，这茶壶应该怎么放呀？"

　　小翠眨眨眼，看了看桌上的茶壶，问道："怎么了大爷，这茶壶我放得没错儿呀！"

　　老爷子道："怎么啦？这茶壶你放得不是地方。"

　　我留神一看，原来这茶壶的壶嘴正对着我呢。我赶紧把桌上的茶壶换了一下位置，对老爷子解释道："您别发火儿，她年轻，哪儿懂这种老礼儿呀。"

老爷子不满意地说："我跟她说过几次了，她总是记不住。"

小翠不好意思地说："大爷别生气，我错了，下次一定注意。"

小翠是从四川农村来北京当家政服务员的，只有初中文化。我对她问道："你们那里有这规矩吗？"

她摇了摇头说："我们那里是山区，平时很少有人来家串门，好像我们那个地方没这个规矩。"

我说："在大城市生活一段时间，你会懂得许多老礼儿的，将来回老家，你当个义务宣传员。"

"这啥子员？我可当不了。"小翠说。

这句话把老爷子给逗乐了："还当宣传员？她能都照着做就行了。"

小宁对刚才老爷子的不悦，感到莫名其妙，悄声问我："小阿姨怎么了，让他不高兴了？"

我说："上茶，就是敬茶，小阿姨不懂怎么上茶，惹老爷子不快了。"

小宁皱了皱眉头说："这里也有礼儿吗？"

我笑道："上茶的讲究多了。咱们就说刚才为什么老爷子发火吧。小翠倒过茶，放茶壶的时候，应该壶嘴向外，千万不能对着客人。"

小宁问："为什么？"

我说："按中国人的老礼儿，最忌讳把壶嘴对着人。"

"哦？"

"这是骂人呢。壶嘴对着谁，表明谁是主人不欢迎的人。那意思是赶你走呢。"

小宁道："是吗？问题这么严重呢。"

我说："要不老爷子怎么会不快呢。过去北京人很文明，骂人往往

茶壶嘴儿对人是逐客

不带脏字，有时甚至连嘴都不用张。你看，把茶壶嘴对着谁，就等于把人给骂了。"

小宁说："你快告诉我吧，这上茶还有什么老礼儿，让我也知道知道，以后别跟刚才小阿姨似的闹了笑话，还不知道是怎么回事儿呢。"

我喝了口茶，正要给小宁说点儿这方面的老礼儿，老爷子拿起茶壶，要给我往茶碗里续水。

我对小宁摆摆手道："咱们先喝茶，你提的问题，下回再说吧。"

023
喝茶要知老规矩

书接上回，小宁问我中国人给客人上茶的礼儿。我说："中国是茶叶的故乡。中国古代的茶道茶艺世界闻名。有人说日本的茶道如何如何，其实，日本的茶道是从中国传过去的。"

小宁问道："您能具体说说什么是茶道吗？"

我说道："所谓茶道，讲究的是饮茶的文化，这里包括喝茶的礼俗和规矩。当然，茶文化博大精深。中国地域广阔，民族众多，各地各民族在饮茶的礼节上也有不同。"

小宁问："都有什么不同？"

我给她详细地讲了讲中国人喝茶的老礼儿。

中国人喝茶分为品茶、敬茶、喝茶几种。品茶的讲儿很多，有一套程序，比如净手、赏茗、摆盏、烫壶、投茶、冲泡、闻杯、问盏、细品等。

实际上，这些都属茶艺。一般到茶馆品茶才能享受到。在家里或一般场合喝茶，没这么多讲究。

不过，这里却有许多礼节。比如给客人泡茶，如果是单用茶杯，茶水不能太满，通常的规矩是七分茶八分酒。也就是说，沏茶时，水只能倒七成，倒十成就溢出来了。

茶水不能倒太满

　　有人说，斟酒，酒不满心不诚；沏茶，水不满意不实。这是不对的。如果讲老礼儿，沏茶续水，永远不能让杯子里的水满。其次，中国人喜欢用盖碗喝茶，这里的讲儿很多。

　　小宁问："用盖碗上茶有哪些老礼儿呢？"

　　我说："首先，茶水只能倒七分。其次，用盖碗喝茶时，要一手拿着托碟和碗，另一只手把盖轻轻掀开一道缝儿，然后举到嘴前小啜。千万不能把碗盖拿起来，像用杯子喝水那样。"

　　小宁问："为什么？"

　　我说："如果把碗盖拿在手上，一仰脖子把碗里茶喝干，那是对主人的不敬。这一动作似乎是对主人抗议：你上的这是什么破茶呀，喝着怎么一点味儿没有呀！此外，用盖碗上茶时，主人不能随意掀开碗盖续水。"

　　小宁问："那主人怎么知道您的茶碗里该续水了呢？"

　　我说："这里有规矩，只要你把碗盖拿起来，靠在盖碗的托碟上。

这个动作就等于告诉主人，碗里该续水了。"

小宁说："中国人喝茶的礼儿这么多呢。"

我说："当然，中国是'礼仪之邦'嘛。喝茶讲究'茶语'，就是用动作来'说话'。比如用茶壶沏茶续水，如果不把茶壶拿起来，在客人面前，用水壶或暖瓶直接往壶里倒，这是对客人不友好的表示。"

"为什么？"

"这一动作好像是说，你也配坐在这儿喝茶，赶紧滚吧。所以给茶壶续水时，必须侧一下身，把壶拿起来。再比如，如果客人让你感到厌烦，你恨不能马上轰他走，一般也不用动嘴，只要把碗里的剩茶往地上一倒，就算是告诉对方你是什么意思了。所以，中国人喝茶最忌讳当着人的面儿泼茶水，这比骂人还让人难堪。"

这么喝不雅

小宁听了我说的这些，感叹道："您说的这些老礼儿，现在的年轻人有几个懂呀？"

我说："是呀，这些'茶语'，如今有些人确实知道得不多。一些人急了，往往直接摔茶杯。从前北京人很少有这种粗鲁的动作。摔茶杯实际上等于摔的是人的脸面。北京人即便是表示愤怒，也不过是把茶水泼在地上而已。喝茶的这些小节，实际上能充分反映出中国人对礼仪是多么当回事儿。"

我跟小宁正聊着，志宽的父亲接过话茬儿说："是呀，中国人讲究老礼儿，礼多人不怪嘛。您瞧一晃儿咱们老街坊有二十年没见了，聊聊咱们老街坊吧。"

我说："好呀，跟您聊天儿长见识。"欲知我们聊什么，请看下回分解。

当面泼茶是骂人

024
邻里相处常说话

　　书接上回，志宽的父亲是老北京人，好（hào）聊。说起当年那些老街坊，他打开话匣子就关不上了。

　　我对他说："咱们搭街坊的时候，您就爱跟人聊天儿。我记得天儿一热，您每天晚傍晌儿都拿着个小马扎儿，坐在院门口，跟街坊们拉家常。"

　　老爷子说："是呀，那会儿住胡同，老街旧邻的抬头不见低头见，不聊几句，嘴皮子痒痒得慌。"

　　我说："现在您搬到小区，住进了楼房，是不是觉得闷得慌了？"

　　老爷子笑道："跟原先比，是有点儿憋得慌。可是事在人为。我倒是觉得只要嘴勤、腿勤，话到礼儿到，别犯懒，住楼房的街坊四邻虽说平时都关着门，照样能把关系处好。"

　　小宁似乎对这个话题挺感兴趣，问道："您是怎么跟街坊四邻处好关系的？"

　　老爷子笑了笑说："我呀，用我这张嘴，还有咱北京的老礼儿。刚搬进这栋楼时，都是生人，没用两年，就都成了熟人。哈哈！"

　　小宁说："您老人家待人这么和善热情，多有亲和力呀。"

　　我说："是呀，过去中国人买房租房，先要看邻居都是什么样的人。

远亲不如近邻

择邻，是安居的一个前提。"

小宁问："为什么呀？"

我说："俗话说，'远亲不如近邻。'搞好邻里关系，应该说是现实生活中的一个重要内容，也是持家过日子的一大主题。"

小宁问："择邻有这么重要吗？"

我说："当然，你也许知道《孟母三迁》的故事吧？"

"知道，上中学的时候就学了。不过，您再说说。"

我给她简单了讲孟母择邻的故事：孟子住的地方，最初挨着墓地。"孟子之少时，嬉游为墓间之事，踊跃筑埋。"也就是说，孟子和邻居的小孩一起学着大人跪拜、哭嚎的样子。

孟母觉得住的地方不理想，"孟母曰：'此非吾所以居处子也。'"于是搬了家。

可是新家挨着市场。孟子"其嬉戏为贾人炫卖之事。"也就是说，孟子整天学着做买卖。

孟母又说："此非吾所以居处子也。"孟母只好又搬了家，这回新居安在了离学校不远的地方。

孟子"其嬉游乃设俎豆揖让进退。"也就是说，孟子开始变得守秩序、懂礼貌、喜欢读书。

这回孟母满意了，说："真可以居吾子矣。"

孟母为什么要搬家？就因为怕孟子学坏。当然，这个故事有点儿歧视劳动者的嫌疑，但它还是讲明了一个道理，即跟谁作邻居很重要。

过去，中国人大多住平房和大杂院，邻里关系好相处。自然，大杂院的'杂'，也容易在邻居之间引起一些是非，但大伙儿毕竟抬头不见低头见，多深的隔阂也好调解，何况还有老礼儿管着呢。

小宁说："现在中国大多数在城市居住的人，都住上了楼房，择邻是不是就不那么重要了？"

我说："是呀，住楼房，门一关，谁也碍不着谁。有的一层楼门挨门住了十多年，彼此没说过话，甚至连姓什么叫什么都不知道。头年，某城的某小区有位老人突发心脏病，在家里死了七八天，直到尸体腐烂发出臭味以后，才被邻居发现。假如邻居关系好，不至于有这种惨剧。当然这属于特殊例子。像志宽父亲这样的老人，甭管住平房还是住楼房，总能跟邻居处好关系。"

小宁问道："这是为什么？"

我对她说："因为中国的老人礼数多，只要话到礼儿到，再生分的邻居也能混熟。"

小宁问我："什么叫'话到'？"

我说："就是见面打招呼，相互之间能走动走动。"

小宁说："住楼房的邻居相互之间都不认识。你打招呼，人家不理你怎么办？那不是让你尴尬吗？"

我说："中国人有句歇后语，'见了二大妈叫二嫂子——没话搭拉话。'刚才老爷子说跟邻居相处得嘴勤，别犯懒，要没话找话，就是这个道理。"

"没话找话，那多累呀！"小宁笑道。

我说道："有些人认为拉家常扯闲篇儿，是家庭妇女爱干的事儿，对此不屑一顾，宁肯把自己关在家里看电视，也不愿跟邻居聊聊天儿。现在看来这种观念得变。你别小看邻居之间拉家常扯闲篇儿，它是中国人的一种老礼儿，也是邻居之间相互了解、增进感情的'润滑剂'。"

小宁笑道："有那么重要？"

我说："中国有句俗语，'话是开心斧。'只有聊天儿，才会相互认识和了解，只有相互熟悉了，才会产生友情。友情亲情有了，邻居之间也就有了照应和帮助。其实邻居之间说几句话，聊几句天儿，能耽误多少时间呀？我看这种老礼儿不能丢。"

小宁说："中国人的礼儿那么多，我们年轻人知道的又少，万一哪句话说得不周到，短了礼儿，那会不会适得其反呀？"

我说："那倒也是，这个问题咱们下回再聊吧。"

025
对人不能存戒心

上回说到邻里之间见面，要主动说话，这也是中国人的老礼儿。主动说话，说白喽，就是没话找话。

找话，得有"话由儿"。所谓"话由儿"，就是这话从哪儿说起，这里就有"学问"了。当然，这个"学问"又跟中国人的老礼儿有关。

小宁问志宽的父亲："您爱跟街坊四邻聊天儿，一般都怎么聊呀？"

老爷子说："怎么聊？捡眼面前的事儿说呗。比方说，刚搬到这栋楼里的时候，对门是对新婚夫妇，看样子三十出头。男的是个白领，在一家大公司上班。女的是个中学老师。头一次见面，相互都不认识，那男的见了我这老头儿把脑袋一低，女的也把脸扭到一边。"

我笑道："可不是吗，人家见了您，不知该说什么。"

老爷子道："他们比我年轻，我得上赶着跟他们搭拉话。我冲这小两口儿打了个招呼，'怎么，您二位出门呀？'他俩见我主动打招呼，不好意思地点了点头。我又问，'你们住哪个门呀？'他俩看我这样，知道不是坏人，便把住哪个门告诉了我。我说：'咱们住对门。'我这么一说，一下跟他俩就拉近了距离。接着我说，'以后有什么事儿，你们小两口儿就说话。我虽然上了岁数，腿脚还利落，帮你们照应一下门什么的还可以。我们家人口也清静，没事儿你们就过来，说说话儿的。"

"您这几句热情的话可暖人。"我说。

"是呀，这小两口见我这么热情，自然脸上有了笑模样儿。以后，我们见了面就聊几句家常。"

"这就是所谓的搭邻居。"我笑道。

"可不是吗，一年以后，我们两家走动得跟一家人似的。有一次，男的到外地出差，女的老父亲生病住院，他俩居然把家门钥匙给了我，让我帮他们看家。那女的说跟我这样热心的老人搭邻居，是一种缘分。你看这不就是聊天儿聊出来的关系吗？"

我说："是呀，中国有句老话，'佛受一炷香，人受一句话。'很多时候，人们干这干那，忙乎半天，就为了能得到一句好话。正所谓'良言一句三冬暖，恶语伤人六月寒。'可是在现实生活中，偏偏有人不会说这句话，人家帮你把事儿也干了，您的忙人家也帮了，却得不到一句表示感谢和善意的话。"

小宁说："这让人心里多不舒服呀。"

我说："是呀，还有的，人家帮您忙，您不但不说一句让人爱听的话，反倒捡人家不爱听的话说，这就不只是让人心里添堵，而且让人伤心了。所以说我们谈论生活中的礼仪时，不能不涉及说话问题。"

小宁说："嗯，说话确实挺有学问的。"

我说："可别小看这上嘴唇一碰下嘴唇，说白喽，我们平时说什么样的话、怎么说话，实际上就是文明礼仪问题。"

志宽的老父亲说："我们刚搬到这个小区的时候，有个姓张的二十多岁小伙子走道儿横着膀子，脸上带着七个不服八个不忿儿的劲头儿，胳膊上还刺着两条龙，街坊四邻看见他，远远儿地躲着走。"

小宁笑道："我见了这种人，也得躲着走。"

志宽的老父亲说："有一次，我见了他，主动跟他打招呼。他不但不理我，还瞪了我一眼。我拿这并没往心里去。事后，我跟别人一打听，原来小张从小父母离异。他是跟着他姥姥长大的，上中学时就学了坏，进了少管所，后来因为打架，拿刀子把人家捅伤，判了三年刑，刚出来没两年，也没找到正经职业，在社会上打漂儿，所以瞅着谁都不顺眼。当然在他身上也看不到什么礼儿不礼儿的。"

小宁说："这种人可不好接触。"

老爷子笑道："是啊，街坊们都这么说。可我这人爱较真儿，他怎么啦，不就是一时冲动打了人吗？人都是从年轻那会儿过来的，年轻犯错误那不叫错儿，谁没有一时糊涂，脑袋瓜一热的时候。我不认为他是坏人。别人越不爱跟他接触，我越要接近他。我就不信老虎的屁股摸不得，马戏团的演员怎么跟老虎成了朋友呢？"

我笑道："老爷子心地就是善良。"

志宽的父亲说："你方才不是说'话是开心斧'吗？如果都不跟他说话，他就会离大伙儿越来越远，跟社会产生隔阂，那能不出事儿吗？果不其然，还真出了事儿。"

"怎么啦？"小宁问道。

老爷子说："有一天，小区的一户业主把汽车停在自行车棚门口，小张推自行车出来，见这辆汽车挡了他的道儿，喊了两声没人应，一怒之下，他把汽车的车胎给扎了，车上的反光镜也让他给撅了。"

小宁道："您瞧，他的老毛病又犯了。"

老爷子说："是啊，偏巧他扎车胎的时候，车主从楼门里出来，抓了他一个'现行'。自然，车主当时就急了，俩人先是对骂，后来骂着骂着动起手来。二人正要大动干戈，我从这儿经过，见他俩要动手，我大喝一声，'都给我住手！'"

我插话道："您这一声断喝，没把当阳桥给震断呀？"

老爷子笑道："您以为我是张飞张翼德呢？"

小宁急切地问："后来呢？"

老爷子喝了口茶，拿着说书人的腔儿说："后来？欲知后事如何，请看下回分解。"

俩人动手为哪般

026
说话不要犯忌讳

书接上回，志宽的父亲有声有色地说起两位邻居，因为汽车挡道动起手来的事儿，那两位正要挥拳，他大喊一声，把那两位劝开。

车主对老爷子说："碍你什么了，你来管闲事儿？"

老爷子说："他是我孙子，我当然要管。你们因为什么红了脸？怎么动起手来了？"

"当然有原因。"车主诉起委屈来。

老爷子问清事情的缘由，对气哼哼的车主说："他把你的车胎扎了，反光镜也撅了，是他的错儿，该花多少钱修，算我的，这钱我掏了。话又说回来，你这车放得也不是地方。你们双方互道一声对不起，这事儿就摆平了。咱们都在一个小区住着，抬头不见低头见，哪能为这点小事儿伤了和气。您忘了那句话：多个冤家多堵墙，多个朋友多条路。我希望你们不打不成交，今后能成为好邻居、好朋友。"

老爷子这番话，说得小张脸发烧，也说得那位车主消了气儿。

小宁问老爷子："后来呢？"

老爷子说："后来那位车主也没让我掏钱，自己找地儿把车胎补上了。小张对我表示了一番感激。我趁热打铁，转过天，买了些水果带着他到那位车主家赔了不是。那位车主也原谅了他。再后来，他俩还真成了朋友。敢情那位车主是一家公司的经理。我让他帮小张找份工作。他说他正缺个司机，干脆让小张给他开车吧。小张就去了他的公司，开的就是当时他扎过的那辆车。你说这不是缘分吗？"

我说："这得感谢您，您要是不出面，他俩不定打成什么样儿呢？"

老爷子说："小张这小伙子是心灵上有过创伤的人。用老话说，他有过前科，身上有短儿。这种人最怕别人瞧不起他，从小疼他的人就不多。可是这种孩子往往给点儿光就发亮。用句年轻人爱说的话，叫给点阳光就灿烂。只要咱们能对他以礼相待，他不会心里总是黑着灯。俗话说，'浪子回头金不换。'他现在工作干得挺踏实。心情好了，身上的礼儿也多了，见了我总是爷爷长爷爷短的，跟我亲孙子差不多。"

我笑道："您又有了一个孙子。"

老爷子说："是呀，咱中国人讲究当着矬人别说短话。揭短儿，如同揭人家身上的疮疤，这是中国人的老礼儿。"

小宁问我："为什么当着矬人不说短话，这是什么老礼儿呀？"

我笑道："你身上有什么毛病，当着你的面儿说，你愿意听吗？"

小宁撇撇嘴说："那我得跟他急。"

我说："还是的。所以从礼节上说，这也叫忌讳。当着矬人不能说短话，当着胖子不能说'肥'话，当着秃头不能说'秃'话，当着心理有缺陷的人，不能说跟这种缺陷有关系的话。中国是文明古国，在礼仪上有许多忌讳。我记得有一本书专门谈民俗与忌讳，里头的内容涉及生活中的方方面面。"

小宁问道："忌讳也是一种礼吗？"

不打不成交

我说:"当然也是一种礼,平时说话时一定要注意。你说老爷子为什么能赢得小张的信任,首先老爷子没有歧视他。尽管他有前科,又扎了人家的车胎,短了礼儿,但老爷子一上来就说'他是我孙子',一下就把两个人的距离拉近了。假如老爷子上来就数落他,再说几句他不爱听的短话,我想他不但会跟那位车主急,还得跟老爷子翻脸。所以见了什么人说什么话,这里的礼儿很多。我们在现实生活中,必须注重这些细节。"

小宁点了点头说:"让您这么一讲,我就明白了。"

志宽的父亲接过话茬儿:"姑娘,你明白什么了?邻居之间要处好关系,光靠嘴说不行,说话有时也能惹出是非来。"

小宁问:"为什么?"

老爷子又给我们说了一个"段子"。欲知是什么内容,请看下回分解。

027
切记不要传闲话

　　书接上回，志宽的父亲给我和小宁，讲了一个邻里之间传闲话惹出是非的故事。

　　老爷子的楼下，住着一位退休工人张二婶。二婶60多岁，老伴儿去世，儿女单过。她一个人住着两居室，养着两条小狗，有事儿没事儿，常在小区内遛狗。

　　遛狗就遛狗呗，她的眼睛却不闲着。谁家来个人，她的小眼紧盯，那张婆婆妈妈的嘴也跟着"遛弯儿"。今儿这家出了什么事儿，明儿那家来了什么人，她都门儿清。

　　当然，她的眼神再好，盯人再紧，也不可能跟着邻居进家门，钻到人家被窝儿里，于是她便凭借着想象，动脑子琢磨人了。今儿王二哥身边跟着一个漂亮女孩儿进了楼门，她便猜测王二哥有了外遇，找了个"小蜜"；明儿王大爷咧着嘴出了楼门，她便怀疑王大爷跟儿子吵了嘴生了闷气。

　　猜测就猜测呗，她还把它说出来。小区里养宠物的闲人不少，这些人凑到一块儿，张二婶就有"节目"了，张家长李家短，她的舌头嚼起来没完没了。

您想，人多嘴杂，再加上张二婶的添枝加叶，本来是一头驴，她给说成了大象；原本是个玻璃杯，到了她的嘴里，却成了大花瓶。这能不招惹是非吗？

头一个跟张二婶翻脸的是王二哥。人家两口子本来和和睦睦的，张二婶愣说王二哥有了"小蜜"。其实常跟王二哥出来进去的那位漂亮女孩，是王二哥的外甥女，她来北京看病，住在了王二哥家。

王二哥的老父亲王大爷，也跟张二婶翻了脸。他的儿子挺孝顺，压根儿没让他生过气，儿子在单位，工作也挺不错。想不到，张二婶的闲话让儿子惹了一身臊。

当然，他这当老家儿的面子上也难堪呀！老爷子听到传言以后，越想越生气，到后来，血压升高手冰凉，进了医院。

志宽的父亲笑着对我说，张二婶的舌头还把他"送"到了火葬场。怎么回事呢？

原来老爷子头年在儿子志宽家住了半年多。张二婶在小区里，好长时间没见到老爷子了。那天，她见到一个胳膊戴黑箍儿的女的，跟着志宽进了小区，于是便猜测老爷子"走"了。

其实那女的，是志宽的同事，她母亲刚去世，开车跟志宽来家取东西。

几天以后，一位老邻居见到志宽，忍不住抹了眼泪。志宽不明白怎么回事儿。

老邻居说："你们老爷子是多好的人呀！'走'得太可惜了。"

志宽纳闷了，我们家老爷子活得硬硬朗朗的，没'走'呀，这是哪儿的话呢？一问才知是张二婶传的闲话。

志宽把这事儿跟老爷子念叨了念叨。老爷子乐了："嗨，您瞧人这一张嘴，愣把活人给说'死'了。得了，算我扛着墓碑，再活几年吧！"

秋天的时候，老爷子搬回来住，特地拎着两盒月饼到张二婶家串门儿，去堵她的嘴，弄得这位爱嚼舌头的张二婶无地自容。

听了老爷子讲的这个"段子"，我问小宁："你有什么感受？"

小宁说："我觉得这位张二婶太爱传闲话了。她是不是闲出了毛病呀？"

我说："过去在民间，专有这路爱扯老婆舌的人。咱也不能去堵人家的嘴。不过，时代变了，人们的居住条件和生活质量也提高了，这种风气也该改一改了。"

小宁说："这真是舌头底下压死人。看来邻里之间要搞好关系，切忌传闲话。"

我说："对，传闲话也是说话。有人说谁不会说话呀？一岁小孩就牙牙学语，两岁多的孩子一般都会说话。我觉得说话跟说话不一样。'一言可以兴邦，一言可以丧邦。'一句话能让一个国家兴旺，一句话也能让一个国家灭亡。"

141

志宽的父亲说："嗯，这并非夸大其词。古今中外，这样的事例很多。国家大事如此，咱老百姓居家过日子也如此。"

我对小宁说："大爷这话在理儿，就拿刚才老爷子讲的'段子'来说，如果那位王二哥和王大爷包括老爷子，真跟张二婶较真儿，这就不是简单的传闲话的问题了。他们完全可以上法院起诉，告张二婶一个污辱人格、侵害他人的名誉权。"

老爷子笑道："是呀，我招谁惹谁了，她咒我死。不过，邻里之间还得讲宽容。张二婶不是没文化、不懂老礼儿也不懂法嘛！咱还得原谅她。"

我说："还是大爷知道老礼儿，讲宽容，您看要是碰上较真儿的，张二婶的舌头准得惹出麻烦来。邻里之间不是不能说话，而是要懂得怎么说话才算文明礼貌。"

小宁问："您觉得怎么说话才能搞好邻里关系呢？"

我说："这个问题确实值得一说。不过，咱们下回再聊吧。"

028
不要轻易问隐私

上回书说到邻里之间的说话礼貌问题，看起来这是不足挂齿的小节，其实这里很有学问。

俗话说，远亲不如近邻。芸芸众生，人海茫茫，相邻而居，也算是种缘分。

中国人非常重视结缘，有道是：有缘千里来相会，无缘对面不相识。既然13亿中国人，偏偏让您和您的邻居碰到了一起，有缘住在楼上楼下，就应该处好关系。

不过，邻里关系跟亲戚关系不一样，尤其是现在的北京人，跟从前住胡同大杂院那会儿不一样了。过去，住一个院，抬头不见低头见；现在住楼房，把单元门一关，一年到头不见得能碰上一回面，加上职业不同、性格迥异、兴趣爱好的差别，使得邻里相处可近可远，可亲可疏。

小宁说："老百姓从住平房改住楼房，这种居住环境的变化，正好可以保护个人的隐私。过去住平房，邻居之间见了面不说句话，显得生分。现在住楼房了，各过各的日子，谁也碍不着谁，干吗要像过去那样非得见面说话、相互走动呢？我倒觉得从前那种邻里之间一团和气，搞得关系忒热乎了。谁家有点什么事儿，一院子人都知道，影响人的情绪，

个人的隐私权也没法保护。而现在这种把门一关，各过各的日子挺好。"

我笑道："看来你把个人隐私挺当回事儿，是吧？"

小宁一本正经地说："当然。西方发达国家就非常重视个人隐私权的保护，把它视为人权的主要内容之一，邻里之间是不能随意敲门打扰的。我在英国生活过几年，对此体会很深。跟我住对门的是一对中年夫妇。我的房东老太太别说不知道他们是干什么的，就连他们姓什么叫什么都不知道。我有个中国同学，到英国留学头一年就惹了麻烦。"

我问道："惹什么麻烦了？"

小宁说："他租住的那栋楼旁边是一栋私人别墅。有一天，他发现别墅大门外的地上，扔着一个很精致的包。他以为是住这栋别墅的人出门时丢的呢。出于好心，他把包捡起来，按别墅的门铃，想把包交给别墅的主人。想不到他的这种拾金不昧触犯了英国法律。别墅的主人把这位同学给告上了法庭，说他侵犯了人权。因为那个包不是人家丢的，而他冒冒失失地去敲人家门，干扰了人家的正常生活。"

我笑道："他们是不是让恐怖组织给吓出毛病来了，以为那是炸药包呢？"

小宁说："那倒不至于。主要是英国人不愿意有人影响他们的私人生活。当然，他们更重视个人隐私的保护。其实我的那位同学，跟别墅的主人并不陌生，他们还算是邻居呢。"

我问小宁："你觉得这种邻里关系好吗？"

小宁说："我觉得没什么不好。家的概念就是个人的小安乐窝，或者说是个人的私密空间。白天在外边忙碌奔波，跟各种复杂的人打交道，晚上回到自己的生活港湾，谁不喜欢安静地待一会儿呢？反正我就讨厌邻居有事没事儿来打扰我。"

我想了想说："你提出的不只是生活方式问题，它实际上涉及人们的生活理念。我们要承认东西方的文化差异在生活理念上的反映。西方人崇尚的是个人奋斗，注重法律，严守章程；中国人信奉的是团队精神或者说宗法观念，讲究道德伦常，礼义廉耻，家族和睦，所以干什么都要瞻前顾后，照顾左邻右舍。"

小宁说："您说得不见得对。其实西方人也很重视团队精神，只不过他们更珍视个人应有的权益。比如邻里之间，他们见了面很少说那些家长里短，顶多点一点头，说声'你好'。而我们则不然，邻居之间见了面什么都可以问，什么都可以聊，简直无遮无拦，像查户口，把你个人的情况问个底儿掉。"

"闲聊天嘛，可不就有的说说，没的道道。"

"其实，我也知道这种聊天没什么价值，他知道了我的情况有什么

用？我告诉他现在还没找到工作呢，他管得了吗？"

"这倒是。"

"我从国外刚回来那会儿，老邻居二姨追着我问，'在国外生活得好吗？挣多少钱呀？找到对象没有？'您说让人烦不烦？我在国外挣多少钱，找没找对象，碍着她什么了？"

我笑道："人家这是对你关心嘛。你要是没有男朋友，人家帮你找一个嘛。这也是一种老礼儿呢。"

小宁说："您快算了吧。对我关心？我看她是对我私生活的干预。您也许不知道在西方国家的礼仪中，最忌讳问人家的婚事，尤其是女人的婚事。这是个人隐私，通常是不能过问的。可有些中国人却不管什么个人隐私，生人见了面，动不动就问人家年龄几何，结婚没有，好像特喜欢窥视别人的隐私。难道这也是中国人的老礼儿吗？"

我笑道："应该说是一种习惯，这叫没话搭拉话。从东西方的文化差异来看，也许中国人把人的年龄和婚姻状况更当回事儿。所以一见面，就找最关心的话题来问。当然这是近几年才流行的民间俗礼。"

"您说的这种礼挺俗的，这是人家的隐私呀？人家干吗要让你知道？"

"其实，中国人的老礼儿中，也忌讳动不动就问人多大岁数和婚姻状况。特别是女同胞，通常见了老人和小孩才问多大了。不过，问的时候也很委婉，比如对上岁数的人，往往说您老高寿呀？问小孩多大了，往往说该上学了吧？"

"这没什么。"

"是呀。至于你说的邻居之间见了面，问问工作和生活情况，我认为只是一种聊家常，谈不上干预个人的私生活，或者说窥探人的隐

问老人岁数别太愣

您老高寿呀？

私。邻里之间，对各自的生活状况了解一下有什么不好？这是有人情味儿呀！"

小宁撅起小嘴儿说："我不同意您的说法。"

她还有话要说。至于她说的什么，您等着看下回吧。

029
邻里谦和讲礼让

书接上回，小宁跟我抬起杠来。她认为邻里之间最好谁也别干扰谁，各过各的日子，让人有自己的私密空间。至于说讲文明礼仪，见了面打个招呼，问声好就足够了。

我却认为邻里之间应该更有人情味儿，还是走得近一点儿好。老话所说的"远亲不如近邻"的含义，指的是一种亲情。

其实，我和小宁的观点，并没有什么大不了的分歧。

我问小宁："你知道'礼尚往来'这个成语吗？"

她说："当然知道了。"

我说："这是《礼记》里的一句话：'礼尚往来，往而不来，非礼也。来而不往，亦非礼也。'礼尚的'尚'字，是注重的意思，用中国人常说的话说就是讲究。甭管老礼儿，还是新礼儿，都讲究往来。换句话就是您敬我一分，我敬您三分。中国人有句老话：'人情一把锯，你不来，我不去。'邻居之间应该礼尚往来，越走动越近。你说对不对？"

小宁点了点头说："这话没错儿，但这个礼儿是不是应该有分寸？"

我说："这倒也是。我理解邻居之间的所谓礼尚往来，包含两层意思：一种是你所说的日常的礼貌周全。比如，见了面打招呼；邻居家搬东西，你过去搭把手；对门的老太太上楼，你上前搀扶一下，等等。"

"嗯，另一种呢？"

"另一种是真正意义上的往来。比如，赶上停电，你家里一时找不到取亮儿的物件，可以到邻居家借个手电或蜡烛什么的；邻居家的小孩正念中学，碰上外语单词不认识，知道你在英国留过学，英语不错，请你帮忙教教他。再比如，邻居家的大妈突然犯了心脏病，儿女又不在身边，知道你们家有车，过来让你帮忙把她送到医院，等等。这些往来，恰恰是邻居之间经常会碰到的事儿，我想你们邻居真有这些事求到你的头上，你不会袖手旁观吧？"

小宁说："当然不会。"

我说："这些往来，其实是平时相处维系下来的关系。我们说的'远亲不如近邻'，其意义就在这儿呢。"

要有绅士风度

小宁说："这些事儿我能理解。邻居之间需要相互帮助，这是人之常情，但是有必要过深交往吗？"

我对小宁说："常言道，'物以类聚，人以群分。'人是感情动物，需要情感交流和思想沟通。邻居之间，如果兴趣爱好相同，性格上也合得来，怎么不能走得更近一些呢？"

"但也不是强迫的吧？"

"当然，这不是强迫的事儿。强扭的瓜是不甜的。每个人的性格不同，兴趣迥异，人们完全可以按照自己的生活模式来过日子。"

"我同意您说的这句话。"

"但有一样，我们不能拿西方国家的生活方式和文明礼仪来'套用'。人家有人家的传统文化，我们也有自己的传统文化。虽然现如今大多数中国人从平房大院搬到了住宅小区，居住环境比过去优越了，空间上比原来'封闭'了，可中国人原有的生活理念和生活方式很难改变。比如，中国人古道热肠，热情好客，拿邻居当亲人。这种老传统变不了。反正我不赞成邻居之间老死不相往来。"

"为什么？"

"头几年，在某城市出现过两档子让人听了脸发烧的事儿。一档子是，一位京剧名伶在家里被人暗杀，死后一星期，遗体腐烂发出臭味，才被邻居发现。另一档子是，一位住三楼的人家被盗，把住二楼的邻居告上了法庭，因为窃贼是顺着二楼邻居家的防护栏爬上去的。这两档子事属于个例，却从不同角度说明处理好邻里关系的重要性。你说对吗？"

小宁说："这倒也是，处理好邻里关系，的确需要情感沟通和相互谅解。"

我说:"我们强调文明礼仪,并不是一味地去恢复老礼儿,而是要在新的时期、新的居住环境里,建立起新型的邻里关系。其实,现代文明里头既有人文关怀,也有人情味儿。"

小宁说:"我们谈了许多邻里关系问题,您觉得在处理邻里关系上最应该注重的是什么?"

我想了想说:"俩字——谦和。"

小宁问:"这俩字的内涵是什么呢?"

我说:"它的核心是一个'礼'字。我们常说'礼让'这俩字,实际上,是有谦才有让,有让才有礼。这俩字不单体现在处理邻里关系上,也体现在社交场合。换句话说,它也是社会礼仪的核心。"

小宁道:"您能不能具体说说。"

我说:"咱们在志宽家待得时间太长了。赶紧跟老爷子告辞,下回再聊吧。"

030
求人先要道"劳驾"

书接上回，我和小宁向志宽的父母道别。离开老爷子家，刚出院门，就碰上马路上大塞车。

原来，一辆"奥迪"的司机，跟一个骑自行车的年轻人发生了摩擦。俩人互不相让，争吵起来。

马路本来就窄，俩人越吵越凶，又围上来几十号人"观战"。"奥迪"把街口堵死了，后面的车一辆接一辆，不一会儿排成了长蛇阵，一直堵到了志宽父母住的小区门口。

我和小宁凑到跟前一问，原来起因是鸡毛蒜皮的一点儿小剐蹭。小伙子慢慢悠悠在前头骑车，"奥迪"在后边摁了几声喇叭。

小伙子撮了火：你越摁喇叭，我越不靠边。开"奥迪"的也是个年轻人，趁小伙子往右边骑的空当儿，向左打轮，以为能过去，没承想车的反光镜剐了小伙子的衣服。

小伙子不干了，把自行车往"奥迪"前边一横，俩人争执起来。

二人吵了大约半个小时，谁劝也不行，路口堵得一塌糊涂，多亏后来交警赶来，才把他俩劝开。

小宁对我说："这俩人什么素质呀？为这么一点小事儿就大动肝火，

其实只是让一下的事

至于吗？"

我笑道："中国的城市交通拥堵有诸多因素，其中开车的人缺少文明礼仪，不能不说也是一个重要原因。就说今儿看到的这事儿吧，如果相互谦让一下，能造成街面上的'肠梗阻'吗？其实一句礼貌的话，就能避免这种谁都不愉快的事儿。"

小宁问："一句什么话呢？"

我说："俩字——劳驾。"

小宁笑着说："劳驾？这俩字能这么灵吗？"

我说："对。中国的老人，尤其是北京人最常用的两个礼貌语言，一个是'劳驾'，一个是'劳动'。"

小宁说："我知道这俩字的意思，但具体的含义，您给说说。"

我对她解释道："在早年间，人们求人帮忙时，往往用'劳动'，向人请求相助，或希望得到谅解时，一般用'劳驾'。这两个词是由'劳'字引申出来的。"

在中国人的口语里，劳，有烦劳、代劳之意。比如，求别人帮忙叫人，你可以说："劳您帮我把谁谁请过来。"求人鉴定一件玩意儿，您可以说，"劳您给我掌掌眼。"

"劳动"这个礼貌用语，是麻烦人或求人出力时使用的，如您开着车或骑着车，前边路面有块砖头，正好在一位行人的脚下，您可以说："劳动您把砖头挪一下，让我的车过去。"

再比如，您背着挺沉的大包往前走，后边有人告诉你包的拉锁开了。您可以说："劳动您帮我把这包的拉锁给拉上。"

比较而言，"劳驾"这个词，使用的频率最高，应用也非常广。中国人请人帮忙，先得说"劳驾"。请人让路，出门问路，向人借东西，甚至到商店购物询问价码儿等，一般都要先说"劳驾"。

有时要加一些助词，比如"劳您驾""劳您大驾""劳您一驾"，或者连说两三遍"劳驾啦劳驾啦"。

一声"劳驾"，透着亲切，也透着对人的尊重，让人如沐春风，心头顿生暖意。所以，一声"劳驾"，很容易得到对方的谅解和理解，能化解许多不必要的纠纷。

小宁笑道："让您这么一说，'劳驾'成了沟通情感的灵丹妙药了。"

我说："灵丹妙药谈不上，但它可以说是中国人最上口儿的客气话。

你想，谁跟客气有仇呀？”

我给小宁举例说：比如，你在体育馆正看一场精彩的篮球赛，一位来晚的人座位挨着你，他要入座，必得从你的眼前过。你不但得欠身，而且还耽误看球儿，让你觉得扫兴。可是他一句"劳您驾"，你还有什么可说的？你不但欠身让他过去，说不定还得帮他拿拿东西。

再比如问路。人家本来正常走道儿，或正在跟人聊天，你上前问路自然要影响人家的情绪，可是你一上来就先说"劳您驾"，让人觉得你是多么懂礼貌啊，心里不由得一热，他怎么能不耐心地替你指路呢？即便他不知道，也会替你想想别的主意的。

这就是中国人所说的"您敬我一尺，我回敬您一丈。"假如没有这句"劳驾"，上来就直接问路，人家能给你好脸子吗？

小宁接过话茬儿说："没错儿，我记得有一次跟一个同事探望一位专家，走到半路转了向，跟路边下棋的几位老人打听道儿。我的那位同事年轻，又不是北京人，不懂'劳驾'这个词，过去直接问，那几位下棋的老人理都没理他。"

"估计还要躁他两句。"我笑道。

"可不是吗？旁边一位中年人瞪了他一眼，说了一句，'你以为我们是电线杆子呢。'弄得他十分尴尬。这位中年人说的这句话，我琢磨了很长时间也没明白是什么意思。听您刚才这么一说，我才省过味儿来，人家在说我这位同事没礼貌。"

我说："这就是北京人说话的特点，有话不直说，拐个弯儿。你的那位同事要是说声'劳驾'呢，也不至于遭白眼。你说是不是？"

小宁问道："照您这么一说，'劳驾'这个词儿，还真得经常挂在嘴边上。"

我说："中国人常用的礼貌语言很多，'劳驾'只是其中的一句。求人帮忙或求人谅解，先说'劳驾'，主要是体现对人的尊重。你只有尊重别人，别人才能尊重你。"

"您说得对。"

"你瞧刚才吵嘴的那俩人，假如那位开'奥迪'的司机，看骑车的小伙子在前边走得慢，挡了他的道儿，等他一下，或者摇开窗户喊一声：'劳驾啦，您往边儿上靠靠，谢谢啦！'即使那个小伙子心里不愿意，也会觉得不好意思不让他的车先过去。相反，那位司机不但没有这声'劳驾'，而且一个劲儿地摁喇叭，这就显得对人不尊重了。"

"是呀，这事儿要是我遇上，心里也不舒服。"

"本来开车的跟骑车的，心理上就有一种不平衡感。刮风下雨，骑车人受风吹挨雨淋，而开车的坐在车楼子里舒舒服服。按人之常情，开车的应该多关照骑车的，这里就有个'礼让'问题。你在车里挺舒坦，先让骑车的走过去。其实，从时间上来说，也就是一两分钟的事儿，能吃多少亏呢？"

　　"说的是呢。"

　　"在路面上，开车摁喇叭是司机的大忌。摁喇叭不但声音闹得慌，让人心里添烦，而且也是对前边的车和行人的极大不敬，甚至带有一种蔑视。一位交警曾跟我说，路面上开车的跟骑车的或行人吵嘴、闹别扭，多一半是摁喇叭惹的祸。为什么我说'谦和'是社会礼仪的核心呢。相互谦让一下，你说可以减少多少麻烦吧。"

　　小宁点点头说："这话在理。人离不开社会，天天要跟不同的人打交道，您觉得社会交往中，还有哪些老礼儿呢？"

　　我说："明儿，我带你参加一个聚会，见几位朋友，咱们到了那儿再聊。"

031
社交场合须持重

书接上回，跟小宁说好要参加一个朋友的聚会。

我的这位朋友姓李，做文化产品的，他的舅舅是美籍华人，姓王。在美国的一所大学教中文，喜欢中国文化，这次来中国，想见见几位搞民俗文化研究的学者。

姓李的这位朋友把我也请了过来，我们一起先在茶馆喝茶，然后品尝地方风味小吃。

大家在一起，边喝茶边聊天儿，小宁显得异常兴奋，跟我一块儿参加这样的活动，她很开心。

我和小宁赶到茶馆的时候，姓李的朋友和他舅舅王先生已经提前到了，在门口迎接我们。

大家见了面儿，先是握手寒暄，姓李的朋友把我和小宁介绍给王先生，然后进茶馆入了座。

我们聊了一会儿天儿，姓李的朋友邀请的来宾基本到齐，大家分主宾坐下。品茶之前，姓李的朋友又把来宾依次做了介绍。

他舅舅王先生非常有礼貌地站起来，作了自我介绍。这些程序完了，服务小姐这才开始给大家泡茶。

正这工夫，从外边进来一位四五十岁的中年人，他衣装随意，身高马大，方头大脸，透着英武。

"路上堵车，来晚了。没事儿吧？噢，你们还没开聊。"他瞅了一眼正在泡茶的服务小姐，然后亮着大嗓门儿，对姓李的朋友说。

姓李的朋友站起来对大家介绍说："这是我的朋友，姓张，名虎山。他是研究民俗文化的学者。"

这位叫虎山的"学者"，冲大家一抱拳，说道："对，我是研究中国民俗文化的。他们都把我称作专家，其实，我这个学者是'土造'的。"

他大大咧咧地冲大伙儿一笑，没等姓李的朋友把他介绍给王先生，他便看我旁边有个空位子，问也不问，一屁股坐下了。

"哎呀，这一路把我渴得够呛，我先来杯茶吧！""学者"说着，把服务小姐端到我对面客人面前的盖碗拿起来，像喝酒似的一仰脖干了，弄得大伙儿心里挺不舒服。

小宁看了，眉头微蹙，轻声对我说："这位学者可真是透着豪爽。"

我捅了小宁一下，示意她这种场合少插嘴。

这时，那位"学者"像回到自己家里一样，把盖碗递给服务小姐说："茶杯太小了，再给我来一杯。"

姓李的朋友看他这样，有些沉不住气了，对他说："虎山兄，您等会儿再喝，我先把在座的客人给你介绍一下。"

虎山嘿嘿一笑说："好哇，难得一见嘛。"

他站起来，依次走到每个人面前，从兜里掏出一沓子名片。姓李的朋友介绍到哪位，虎山便上前塞过一张名片，然后跟人握一下手。不过，谁跟他握过手，都要咧咧嘴，像被烫了一下。

　　我正纳闷儿，虎山那只大手伸了过来。

　　"认识您有缘嘿！"他的手力大气沉，我的手像被老虎钳子拧了一下，觉得一阵酥麻。

　　这哪是握手呀？简直是在捏核桃。

　　"您练过武术吧？"我忍不住问道。

　　"不瞒您说，7岁开始玩跤，10岁开始练拳，哈哈。"虎山旁若无人地开怀大笑道。

　　我心想他可真有一股虎劲。轮到小宁了，我真担心她的那只纤细的手，被"老虎钳子"捏坏了。

　　小宁聪明，接过虎山的名片，在他那只大手伸过来的瞬间，把手藏在了身后，算是逃过一"劫"。

但见那位从美国回来的王先生，被虎山的鲁莽之举，弄得有些发窘，姓李的朋友当然不会让"学者"再尽情地表演下去，把今儿这个饭局给搅了。

他把"学者"叫到一边儿，数落了他几句，这位"学者"这才有所收敛。

不过，这之后，他又闹出不少笑话。姓李的朋友怕他再扫大家的兴，没让他吃饭，就把他打发走了。

小宁望着他的背影，笑着问我："您的手没事儿吧？"

我说："现在好多了。"

小宁说："这位先生怎么这样愣呀？"

我笑道："他不是小名叫'虎山'嘛。中国民间管他这种人，叫四六不懂的'愣头青'。"

"什么叫四六不懂呀？"

"四和六哪个大呀？"

"噢，我明白了。"

"这路人越是当着生人的面儿，越来劲，好像谁在夸他。也许他是想体现练武人的豪气，从心态上讲，他想让人更注意他，别小瞧他。"

小宁说："我觉得他的目的达到了。您肯定能记住他。"

我说："是呀。但他的聪明用得不是地方，不但失了礼，也失了自己的尊严，这叫没里没面儿。说老实话，现在北京像他这种不分场合、乱来一气的人已经不多见了。在这种社交场合，人的一举一动，都能反映出他的文明程度、道德修养和精神面貌，也就是人们常说的'素质'。"

小宁问道："您说说这种交际场合都有哪些老礼儿？"

各有各的面儿

我说:"按老礼儿说,这种交际场合的礼仪,要区分不同的对象。比如,对上级和对下级不一样,对熟人和对生人也不一样,但甭管遇到什么人,从礼节上来说要掌握一个原则。"

小宁问:"什么原则?"

我说:"俩字——谦和。"

她笑道:"还是这俩字。"

我说:"对,这俩字是礼貌的核心嘛。中国有句老话,'老要张狂少要稳。'什么叫张狂? 刚才那位虎山的劲头,可以说就是一种张狂。这种张狂劲儿,搁在七八十岁老人那里是一种精气神儿,可是搁在虎山身上,就不合适了。中青年待人接物的老礼儿,主要是体现两个字——稳重。"

小宁问:"这话怎么说呢?"

我说:"想听吗? 咱们等下回再聊吧。"

032
公交上车守秩序

书接上回，星期四的下午，我和小宁一块儿到一个文化中心，参加一个书画展的开幕仪式。出门儿在路边打出租车，一连招了几次手，出租车都从眼面前开了过去。

我猛然想起来，我们所在街道的路边，不能停出租车。

"嗨，我怎么把这个茬儿给忘了呢？"我对小宁说。

小宁说："我们改乘地铁吧。其实，在大城市，最便捷的出行方式是坐地铁。"

我想了想说："但咱们现在站着的地方，离地铁站比较远，坐地铁，不如坐公交车便捷。"

小宁笑道："坐公交也好呀！我从国外回来后，还没机会坐公交车呢。"

我看了看表，对她说："坐公交，我得先给你打预防针，这个钟点儿正是上班高峰，你可做好挨挤的思想准备。不过，你也可以感受一下挤公交车的滋味儿。"

她笑了一下说："没事儿，您都不怕挤，我还能说什么呀？"

公交车的站台上，等车的人很多。不过现在大城市的公交车站，路

是坐车还是玩儿命

牌比较集中，一个车站，有十几条路线的车停靠，而且上下班高峰，发车的车次比较多，只要稍微有点儿耐心，不愁上不去车。

但是，车站的秩序却让人头疼。来一辆车，刚停靠在站台上，没等车上的人下车，等车的人便一拥而上，把车门堵了个严严实实。车上的人下不来，车下的人上不去。

多亏站台上，有两位维持秩序的老大姐。她们连喊带吆喝地分开众人，才使车上的人下来，同时让开一个空当儿，但很快等车的人，又玩了命似的往上冲，好像车上有许多金元宝，唯恐自己抢不着，失去这个机会。

看着挤车的镜头，小宁只好往后闪："咱们再等一趟吧。"

我说："你不跟着挤，再等十趟车，也上不去。"

小宁咧了咧嘴说："我可没有勇气跟他们一起冲锋陷阵，这些人挤公交车，简直跟打仗似的。"

　　我说："挤公交车的心理很复杂，也很单纯，其实这就是一种理念。在这种场合，谁也不能让。我让你，我就上不去车。都有这种心态，就把中国人的老礼儿给'挤'没了。"

　　我们要乘的这趟车，上车的人很多，大家怕上不去车，所以拼命拥挤。但我和小宁在等车时发现，有几条线路的车，上车的人不多，车上也挺空，上车的人也照样拿出挤车的劲头，一拥而上。

　　小宁问我："这是一种什么心态？"

　　我说："他们争着抢着上车，大概是为了抢个座儿吧。"

　　在车站等了大约有20多分钟，我和小宁担心参加活动迟到，也拿出吃奶的劲儿，随着众人挤上了公交车。

这车让老人怎么上

在车上，并没有我们想象的那么挤，车厢中间人并不多，乘客多在车门口扎堆儿。

车到站后，我们下了车。小宁长长地出了一口气说："我好长时间没尝过挤车的滋味儿了。"

我笑道："今儿这趟车没白坐吧，你有什么感受呀？"

小宁皱了皱眉说："我真不明白，有些人挤公共汽车，干吗那么玩儿命呀？"

"你说呢？"

"我觉得现在城市的公交车况，比我小的时候好多了，有些路段还有公交车专用道，而且上下班高峰，发车的车次也不少，可是人们挤车的劲头，怎么还是老样子？缺乏修养，一点儿也不文明，让人感到素质很低。"

我问她道："难道这就是你坐公交车的感受吗？"

她点了点头说："算是其中的一种感受吧。"

"你能用一个字来概括一下吗？"

"那就是'挤'字。我觉得这种挤主要是人为的，尽管车少人多是客观原因，但人是主要因素。"

"怎么见得呢？"

"有些人乘公交车，好像压根儿不懂'秩序'俩字，就信奉一个字：挤。总觉得不挤，就上不去车。"

我说："是呀，正因为有些人心地狭窄，才觉得公交车的空间狭窄。也正因为他们的心理上很'挤'，才在乘车时去挤。"

"您说得对。"小宁说。

等车要心平气和

"其实，我们今天都感觉到了，如果大家都能做到心平气和地排队等车，按秩序先下后上，哪儿至于挤得这么一塌糊涂呀！"

小宁道："照您这么说，正因为没有秩序，不讲文明，才造成了乘车拥挤的现象。"

我说："你不觉得是如此吗？我们平常看到这种乱挤一锅粥的现象，总是抱怨人的素质低。素质是什么？往大了说，它指的是事物本来的性质；往小了说，它指的是人们的素养。一个人的素养是需要修炼的。其实，像挤车这种事儿，只能说是没有素养的表现，或者说缺乏公共意识的表现。"

小宁问道："您又说深了，什么是公共意识？"

我说："所谓公共意识，说白了就是出门的意识。换句话说，你在家里可以由着性儿地折腾，那是你们家，没人管你。可是你一旦出门在外，就不能由着性儿了，因为你已经成了'社会人'。你的一举一动都会影响别人。"

"是的。"

"比如说乘公交车，按照社会公德，必须有秩序，等车要排队，因为世界上什么事都讲究先来后到，这不仅是秩序，是一种文明礼仪，也是社会公平的一种理念。只有维护这种理念，公交车才能正常运转。你不排队，上来就挤，当仁不让，本身就破坏了这种秩序。当然正是因为你丧失了秩序的理念，自然也就影响了别人上车。"

小宁点了点头说："您说得是这么个理儿。"

我说："很多时候，你别小看这一个'挤'字，它实际上是把人的尊严挤没了，把文明礼仪给挤丢了。也许有些人凭借年轻有劲儿挤上了车，甚至抢到了座位，但你得到的却是缺乏素养的形象，你说值得吗？"

小宁说："您觉得这种不文明的行为是一种习惯呢，还是一种心态？"

我说："也许二者都有。不过，咱们下回再聊吧。"

033
人多人少都排队

上回说到小宁跟我谈起了乘坐公交车的感受，她对上车无序，玩儿命挤车的现象大发感慨。

她问我："您认为挤车行为，是一种习惯呢，还是一种心态？"

我说："公共秩序最能体现一座城市的文明程度和公民的礼仪水准。你在英国生活过，在那些发达国家，有这种挤车现象吗？"

小宁摇了摇头说："没有。在欧洲，人们出门甭管干什么，只要一看人多，都非常自觉地排队，好像已经是一种习惯了。而且我发现英国人特喜欢排队。比如，在伦敦的地铁车站，等车的只有三四个人，他们也要排队。"

"这就是习惯成自然。"

"他们买东西也是这样，前边有两个人在挑选商品，新来的这位绝对要等人家买完东西走了以后，才上前跟售货员搭话，我们这儿却很少能见到这种情景。"

我笑道："也不尽然。现在不少中国人已经有排队等候的意识了。只是很多时候，总会有不守规矩不讲秩序的人，把挺好的队形给搅和了。这就叫'一粒耗子屎，能坏一锅粥'。"

小宁说："我记得我上小学的时候，报纸电台就对上车或购物不排队、乱加塞儿，这种不文明的社会习气进行过舆论讨伐。为什么到现在仍然陋习难改呢？"

我说："这里不光是人的素养上的事儿，还有心态问题；不仅是文明礼仪问题，而且有社会公德意识问题。我认为构筑社会的秩序体系，建设文明的和谐社会，不是一个人两个人的事儿，而是全民共同努力的事儿。"

小宁说："不排队，乱加塞儿，乱挤一锅粥，肯定是不文明不道德的。但有些人为什么非要这样做呢？"

我说道："一是没有养成良好的习惯，缺乏守规矩、讲秩序的生活理念。二是心态上有一种失衡感，动机上有一种投机性。三是目中无人，不尊重他人，以我为中心，不顾及别人的利益。你琢磨去吧，跑不出这三种原因。"

小宁说："您说得有一定道理。出国前，有一次我到银行给手机缴费。每个窗口前都排着很多人，这时我突然看到了一个中学同学，她也排着队，但前边只有两三个人，很快就到窗口了。我下意识地跟她打招呼。她一招手，把我叫到了身边。我没用排队，就把该办的事儿办了。"

我笑道："你这可是典型的加塞儿呀。"

小宁说："是呀，等我办完了手续，我发现身后好几个人拿眼瞪着我。虽然人家没说什么，但我却从他们鄙夷的目光里，感到自己错了。事后，我非常懊悔。为什么我会这样做呢？当时完全是无意识的，只是觉得我还急着要办别的事儿，正好碰上了我的老同学，就不用排队了。现在想起来，我的这种做法只考虑自己的利益了，破坏了正常的秩序，

快过来，排我这！

当然也损害了别人的利益。"

我接过话茬儿说："是呀，你净考虑自己忙，还要办别的事儿，怎么就不想想那些排队的人，有几个没事儿呀？"

小宁想了想说："从人的心态上讲，谁也不愿意排队。"

"这倒是。你说英国人就那么喜欢排队等候吗？不见得吧。"

小宁道："但他们都用这种方式，向人们展示了一种文明，而且是用自己的行动维护了社会的秩序。这就是一种修养，或者说是一种素质，或者说是一种礼。"

我说道："中国古代有本劝人好好儿做人的小册子叫《名贤集》。这本书开篇头一句话就是：'但行好事，莫问前程。与人方便，自己方便。'小册子的中间还有两句：'人将礼乐为先，树将枝叶为圆。''若不与人行方便，念尽弥陀总是空。'你看老礼儿讲究的就是与人方便，也就是出门办事儿先要想到别人。只有这样，人家才会给你方便。"

"这几句话说得真好。"

"就拿排队来说，表面看它是一种社会秩序、社会公德，实际上它蕴含着'与人方便，自己方便'的道理。你想上车也好，购物也好，大家都不排队，见了熟人都去加塞儿，那不乱套了吗？秩序乱了套，谁也甭想上车和购物了。"

小宁点了点头说："您说得对。可是我觉得社会上总有不自觉的人，碰上这种人该怎么办？"

我说："建立正常的社会秩序，需要两方面努力。一方面，要有制度和规矩来约束。比如，现在许多商业银行的储蓄所都用电脑排号，给顾客预备了椅子等候，叫号办理业务，你想加塞儿也难了。再比如，现在城铁车站画好了排队等车的黄线，有的公交车站用铁栏杆相隔，避免了不自觉的人乱挤等。另一方面，要对公民进行文明礼仪教育，提高人们自觉遵守社会公德、维护社会秩序的自觉性。"

小宁说："这是不是也可以叫作硬件、软件一块儿抓呀。"

我说："对，但主要还在于后者，也就是让人养成一种习惯，形成一种好的社会风尚。"

小宁说："怎么才能让人们养成这种文明的习惯呢？"

我说："这个问题，咱们下回再聊吧。"

034
自觉排队好习惯

书接上回，小宁说到了社会秩序和个人生活习惯的关系问题。

我对她说："在现实生活中，每个人都有自己的生活习惯，比如有的人喜欢早睡早起；有的人喜欢熬夜，早晨睡懒觉；有的人喜欢躺着看书；有的人喜欢如厕看手机，等等。这些生活习惯带有强烈的个性化。同时，这些习惯也是多年养成的，很难改变。"

她接过话茬儿说："这些个性化的生活习惯并不妨碍他人，只是'习惯'而已。"

"是的，但是生活习惯则不同了，比如，有人喜欢生活随随便便，大大咧咧，夏天习惯光膀子，习惯穿着拖鞋出门逛街甚至坐公交车；有的人习惯随地吐痰，随地乱扔杂物；有人习惯横穿马路，不走人行横道；有人不喜欢排队，而习惯夹塞儿；有人习惯在大庭广众说话大嗓门，大喊大笑，等等。这些习惯就属于妨碍他人、影响观瞻和市容了。"

"当然了，这些也是不文明的习惯。"

我笑道："俗话说：习惯成自然。社会上许多陋习，就是有些人的习惯造成的。比如排队，就人的正常心态讲，甭管上车，还是购物，谁愿意排队呀？我想发自内心愿意排队的人很少。"

"也不见得。我去过日本，日本人不管什么场合都自觉自愿地排队，我跟他们聊过，他们就是发自内心喜欢排队的，因为只有排队了，才能踏踏实实地上车、购物。"

"这种习惯是从小养成的。碰到不排队的现象，他们反倒认为不正常了。"

"您说得对。"

"但是我们小的时候，没受到这种教育，那时候的口号是'抢时间，争速度，'一个'抢'，一个'争'，可以说深入人心。排队是什么？是对人的耐心的考验，它消耗的是人的宝贵时间，消磨的是人的精力和体力。你想谁愿意去排队呀？当然，我也烦排队，到超市，一看到有人排队，我便打消了购物的念头。"

小宁说："坦率地说，我也不喜欢排队。"

"是呀，排队本身是不得已而为之的事儿。你没赶上物资匮乏的年代。我年轻那会儿（大约在 20 世纪六七十年代），当时国家实行的是计划经济，各种商品供应都很紧张，买粮食要粮票、买油要油票、买布要布票、买肉要肉票，干脆这么说吧，当时到副食商店买东西，不带各种票和居民购物本，你几乎买不到几样东西。连买冬储大白菜和白薯都要本儿要票。有本儿有票也不能保证你能买到，所以那会儿，排队买东西就成了家常便饭。"

"看来您是经历过排队考验的人。"

"不排队，没辙呀！记得那些年，每到 11 月初，排队买冬储大白菜，便成了街头的一景。"

小宁道："您说的买冬储大白菜，我虽然没经历过，但常听我爸和我妈回忆起这些往事。他们说，现在想起来就跟打仗似的，真是这么回事儿吗？"

我说："差不多。因为北京供应冬储大白菜，季节性很强，时间紧，供应量大。当时北京市政府专门成立了冬储大白菜指挥部，商业部门总动员，干部职工齐上阵，从产地收购到运输，从菜蔬公司到门市供应，是'一条龙'作业，大白菜从菜地里拉到各供应点，随运随卖。"

"真够忙乎的。"

"说起买冬储大白菜排队来，也挺有意思，当时，我住在胡同的大杂院里，院里有 5 户人家。可以说全院儿总动员，排队几乎是以院儿为单位，一天 24 小时，各家轮班，北屋的孙家上午，南屋的王家下午，东屋的姜家晚上。"

"嘿，买白菜还要轮番作战？"

"不排队买不到呀！那会儿，人们对排队没有任何怨言，也没有夹塞儿现象，因为都是胡同里的邻居，谁也不好意思乱插队。"

"心甘情愿。"

"没错儿。排队的烦恼，我是从小就经历了。当时最烦人的是洗澡、理发和下饭馆吃饭排队，为吃一顿饭，要等两三个小时，为了洗一回澡得排一上午队。你说多耽误时间呀！"

小宁笑道："简直不可思议。"

"是呀。所以，我说有时排队现象并不是好事，物质供应紧张的时候才排队，服务跟不上的时候才排队。中国改革开放以后，发生了天翻地覆的变化，市场供应应有尽有，物质极大丰富，商品琳琅满目，人们的生活水平得到了极大的改善，现如今排队的事儿越来越少了。"

"从这个角度看，是这么回事儿。"

"不过，有些时候，还是少不了排队。比如，上医院看病，上超市购物结账，买紧俏的赛事门票，乘公交车和地铁，春运期间赶火车等。"

小宁说："我认为排队是世界上最公平合理的事儿。什么事儿都应该讲先来后到，甭管是什么人都应如此，所以，排队是对特权思想的挑战，从大的方面说，它不但体现了一种社会秩序，也反映出市民的文明程度。"

我说："是的，排队，也是中国人的老礼儿。"

"古代的中国人也讲究排队吗？"

"当然，任何社会都要有秩序，秩序就体现在先来后到上，所以，排队是社会的文明礼仪。我认为排队也是一种文明习惯。当排队成为一种习惯时，你不用说话，他见到前边有人，自然就排在了人的后面。"

小宁说："没错儿，我在英国留学的时候，对欧洲人自觉排队深有体会。这些老外特有意思，他们好像喜欢排队似的。比如等公交车，其实车站只有三四个人，他们也要排成队，非常自觉。"

"你不让他排队，他难受。习惯嘛。"

"是呀，有一次，我在伦敦的一家快餐店吃饭，开始的时候，我前边只有两个人，这时来了四五个英国人，他们很自觉地站在了我后面，而且一个挨一个地排成了队。我跟一个英国留学生聊起这事，他笑着对我说，英国人排队上瘾。"

"还是习惯吧？"

"的确，在伦敦的街头，经常可以看到六七个老人排成队，有的在看报纸，有的静静地站着，在买什么东西。开车的也是这样，前边有行人，他离得很远，便把车速减慢，等行人走过去，他才加速。前边有车，他们很少夹塞儿或超车，给人感觉他们干什么事都不慌不忙，很讲秩序和规则。"

我说："大家已经习惯了，从这一点也可以看出他们的文明素质。跟他们相比，我们确实还有差距。"

"这种差距一比较就显出来了。"

"这里有历史原因，也有文化背景。我们常说，中国是一个历史悠久的农业大国。农民长年在地里干活儿，几乎都分散作业，是不讲排队之类秩序的。真正讲程序的是工业文明，在工厂干活，每道工序都有严格的操作规程，尤其是在流水线上作业，每个工人都必须严格按规程操作，来不得半点马虎。英国是工业文明的发祥地之一，也是老牌工业大国，所以他们在工业文明的熏陶下，从骨子里就有什么事儿都讲秩序的生活理念。另外一个原因，英国是发达国家，中国是发展中国家。中国人经历过长期的商品供应和物资紧张的岁月。当一个馒头十个人吃的时候，人们自然会有'争抢'的心态。因为你不争不抢，可能就吃不上，所以，很自然地形成了一种争抢的意识。"

"您说的这些，从坐公交车就能体会出来。"

"是呀，过去中国人说乘公交车，往往不说乘，而是说挤公交车。为什么要说挤呢？因为不挤你上不去车。"

"上了车，还要挤着去抢座儿。"

"在一些公交车站，你经常会看到，车一进站，人们蜂拥而上的场面。假如公交车多了，上车就有空位子，你说人们还用挤着抢着上车吗？当然，有些人习惯已养成，即便车上有座位，他也要挤着上，因为他压根儿没有排队意识。"

小宁说:"照您这么一说,养成文明的习惯很重要了。"

"当然了。其实,现在的中国人从小就接受排队的训练,从上幼儿园开始,就懂得'排座座,吃果果';从上小学开始,就天天排队出操,排队放学;上高中、大学还得接受军训,应该说,排队的观念很强了。但是为什么一到公共场合,我们就没有排队意识了呢?主要是因为排队的理念,在很多人那里,还没有形成文明的习惯。"

小宁点了点头说:"我觉得这也跟社会风气有很大关系。由于中国经济这些年一直在高位运行,发展速度很快。在这种快节奏当中,现在的社会比较浮躁,比如,急功近利的风气在浸淫着人们的大脑,渴望一夜暴富,一夜成名,所以弄得人们在很多时候心浮气躁,没有一点耐心和韧劲儿。您前面说了,排队实际上是一种等待,期望之中的等待。等待会让人感到枯燥乏味,也可以说是对一个人耐心的考验,或者说耐性的消磨。因此,许多人难以忍受这种等待中的生理与心理上的消磨。"

"据一位心理学家研究,人们等待的耐心时间,一般不超过 3 分钟。超过了 3 分钟,就会在心理上产生波动,失去耐性。超过 5 分钟会出现烦躁不安,超过 7 分钟就会变得急躁,超过 10 分钟,有些人会变得狂躁起来。"

小宁说:"所以说,还是要公正看待中国人的排队问题。"

我笑道:"你分析得比较透。但是我认为人们对排队问题,在心理上的反应是不同的。你刚才说到英国人对排队的态度,同样是排队,为什么英国人能做到不急不躁,心安理得呢?当然还是文化素质和生活习惯的问题。"

"嗯。"

"也许他们从小就接受这种教育，排队不但是一种秩序，同时也是一种美德，是每个人都必须遵守的生活纪律。因此他们能从容面对排队问题，而且成为自觉自愿的行动。相反，我们尽管从小也接受过这种教育，但在现实生活中，往往遇到许多不守秩序的事儿，而且当别人不守规则，你一个人却守规则，往往是吃亏的。"

　　"是这么回事儿。"

　　"甚至还会被嘲笑，比如大家等公交车都不排队，你却非要排队，大伙一定认为你缺心眼儿。而且你排队了，但永远上不了车。当遇到这样的事儿多了以后，你再去等公交车，也会随波逐流，跟其他人一块儿去挤着上车了。"

　　小宁淡然一笑说："这是不是两方面原因，一是社会大环境，二是自身的文化素质？"

　　我说："社会大环境肯定是会影响人的，但是说到文化素质，我却有不同的看法。现在很多人看到不文明的行为，往往一言以蔽之，文化素质太低。好像文化素质是一个筐，什么都可以往里装。我倒觉得一些不文明的行为，跟文化素质没有直接关系。"

　　"为什么？"

　　"比如说话大嗓门、带脏字这一现象吧，有些大学教授，在情绪激昂的时候，也会说话大嗓门儿，并且也会蹦出几个脏字，即所谓的'粗口'。再比如随地吐痰，我当记者的时候，有一次跟一个级别很高的领导到农村搞调研，他在村口讲话时，连续在地上吐了几口痰。当年，纪晓岚编《四库全书》时，因为天太热，不也光起了膀子吗？你能说他们文化素质不高吗？"

"那是什么？"

"我认为这主要是个人生活习惯问题，要改变社会生活中的坏习惯，一方面需要营造文明的社会环境；另一方面，要讲老礼儿，克服自己身上的坏毛病。"

小宁说："我认为您说的这两个方面是相互关联的。因为营造文明的社会环境，应该从每个人的自身做起，个人也是社会的成员嘛。"

"也可以这么讲，但毕竟社会环境对人会有直接影响，比如一个人到一家五星级饭店出席宴会，我想当他们步入明亮整洁的大厅，即便嗓子眼儿再痒痒，也会不好意思随地吐痰。当然他也不会光着膀子，穿着拖鞋在大厅里晃悠。假如他去的是一家街头小摊儿，或并不干净的小饭馆，可能就会无所顾忌了，就像那位领导在村口讲话时吐痰似的。所以环境会直接影响到人的文明习惯。"

小宁问道："这倒也是。不过，照您说的，是不是在环境简陋的情况下，就可以不讲老礼儿，不讲那些文明的习惯了？"

我笑道："我说的不是这个意思，文明的习惯一旦养成，是不分场合和地点的。关于这个话题，咱们下回再聊吧。"

035
遵守公德别受罚

上回书说到小宁问我，好的习惯分不分场合地点。

我对她说："这得两说着，咱们拿随地吐痰来说，谁都知道这是中国人的恶习，这个恶习是怎么来的？是因为中华人民共和国成立前贫穷落后，衣食住行条件都非常简陋，别的城市不说，就说古都北京吧，大街和胡同几乎都是土路。皇帝出行，要'净水泼街，黄土垫道。'那会儿的北京人形容这座城市的街道是'刮风像风箱，下雨像墨盒'。由此可知，当时的环境状况。"

"您说的是清朝末年的时候吧？"

"差不多吧。在这样的卫生环境里，别说吐痰，就是扭脸儿找个背人的地方小便都没人管。中国人随地吐痰的坏习惯，就是在这种贫穷落后的年代形成的。"

"是的。"

"但是，那时候，中国人就知道随地吐痰的习惯不卫生、不文明，也不礼貌。在一些家庭，还有许多办公室和公共场所都备有痰盂。"

"什么叫痰盂？"

"这东西你没见过吗？"

"没有。"

"噢，你是'90后'，没赶上。痰盂是专门供人们吐痰用的，有瓷的和搪瓷的，后来人们发现痰盂虽然给人们吐痰提供了便利，但它摆在那儿很脏，而且痰迹在空气也能挥发，对空气形成污染，所以在20世纪80年代就逐步淘汰了。"

"那有了痰往哪儿吐？"

"卫生部门提倡，有了痰直接吐到纸巾上，或者吐到自己的手绢上，这种方法现在已经逐渐被人们所接受并养成习惯。"

"其实，国外也是这样的做法。"

"小宁，我考考你。你知道'渣斗'这个词吗？"

"'渣斗'？没听说过。"

"'渣斗'是古代的瓷器。一件官窑的'渣斗'能值几百万人民币。"

"它是干什么用的？"

我笑道："'渣斗'类似于痰盂。是皇帝吃饭时，放鱼刺和骨头等嚼剩下的东西用的。"

"现在已经见不到这些器物了。"

"是呀。你说中国人讲究不讲究，古代就知道不能随地乱扔杂物，专门有'渣斗'这样的器皿。"

小宁道："我感觉现在中国人抽烟的人越来越少，而且随着卫生条件的改善和健康水平的提高，随地吐痰的人少了。"

"没错儿，现在一些大城市的主要街道痰迹少多了，但个别人还是改不了随地吐痰的习惯。还需要提高他们的社会公德意识。"

小宁道："您说到社会公德，我觉得这里还有一个城市管理的问题。"

我说道："是的。让公民养成好的生活习惯，也是要付出代价的。现在中国人流行一个词儿叫'游戏规则'。你知道什么叫'游戏规则'吗？"

"就是指什么事都得讲究规则，游戏没有规则就没法玩了。"

"对。我认为排队，不能随地吐痰、乱扔杂物，不能横穿马路，不能喝酒驾车，不能在公共场所大声喧哗，不能在饭桌上掏耳朵等，看起来是文明习惯，其实说了归齐都属于社会生活规则，本来不应该如此，你却做了，就等于破坏了规则。"

"破坏规则，是不是就应当受到处罚？足球场上运动员犯规的话，还要被亮黄牌，严重犯规要吃红牌，被罚下场呢。"

"现在中国的城市管理和交通安全方面也有非常严格的规定。我认为对不守规则的人惩罚有两种：一种是隐性的，一种是明面儿上的。"

小宁问道："什么叫隐性的？"

我说："所谓隐性的，就是看不见摸不着，但随时有可能发生的，比如过马路不走人行道，路面上的车那么多，也许有人心存侥幸，但随时会被疾驶过来的车给撞着。你说这难道不是惩罚吗？再比如随地吐痰，痰里的传染病菌染上了您，可能当时看不出来，但过后您得了传染病，难道不是惩罚吗？"

"明面儿上的惩罚呢？"

我说："那就是您违反了交通规则有关管理条例，被执法人员抓了个现行，当场扣分开单子（指罚款单）。现在全国各大城市对随地吐痰、乱扔杂物等不文明行为，都制定了相关处罚规定，比如在北京的繁华大街上，随地吐痰是罚50元，上海是罚200元。这几年，由于交通事故发生率猛增，交管部门加大了对违反交规的处罚力度，而且各大城市都在主要街道的路口安装了摄像头。闯红灯啦、超速啦、压禁行线啦等，车牌子看得一清二楚。只要您违规，对不起，您每月上网一查，赶紧到银行缴罚款，否则年底扣驾驶证。"

"我觉得这一招儿确实挺灵的，现在北京这样的大城市，开车的司机见红灯就停，大多数人都很自觉。"

我笑了笑说："谁不怕罚款呀？罚款这招儿有时的确管事儿。我去过新加坡，那里的环境卫生可以说是世界一流。听当地的人介绍，最初新加坡人也有许多不文明的习惯，比如随地吐痰、乱扔杂物，不管到哪儿都可以吸烟，坐车购物乱挤等。后来新加坡政府采取了'重典治乱'的措施。谁随地吐痰、随地乱扔杂物，第一次发现进行教育罚款，并作为不良行为登记在案；第二次发现，那就对不起了，实行鞭刑，抽三鞭子；第三次发现，抽五鞭子。"

小宁说："天呀，那得多么疼呀！"

我说："据当地人讲鞭子是牛皮编成的，抽人的时候，要蘸上马尿，一鞭子下去就皮开肉绽。为吐口痰，受此刑，值得吗？"

"所以，这一招儿把新加坡人以前的一些陋习改了过来。"

"新加坡的孩子从小就受这方面的教育，谁也不敢以身试法。"

小宁道："不单是新加坡人，凡是到新加坡旅游观光的人，导游也会向你介绍当地的法规。所以去新加坡的人都很留神，有坏习惯的人，也不敢贸然行事了。"

我说道："当然，生活中一些不文明行为，是可以用法律法规制约的；有些则属于道德和文明礼仪的范畴，这些是不好用法律法规强制的。比如自觉排队，照顾老弱病残先行，坐公交车给老人和小孩让座，这些老礼儿老规矩。"

小宁说："对这些不懂礼或不懂事的人，还得进行教育。"

"对，教育非常重要，其实处罚，不管是罚钱还是鞭刑，也是一种教育手段。"

小宁道："宣传教育与处罚手段并重，才能形成良好的社会风气。北京搞城市文明教育，每年有'排队日'活动，您知道日本每年有个'厕所日'吗？"

"不清楚。"

"您听着新鲜吧？1986 年，日本举国上下推出了首届'厕所日'活动。"

"为什么要搞这么一个活动日呢？"

小宁道："当时，日本成立了一个厕所协会和一个现代厕所研究会，向全国 674 个地方政府发出问卷，进行调查，结果显示日本全国约有 3 万个公共厕所，平均 4000 多人一个，这些厕所 76% 设在公园，7% 设在了公路边和观光点，设在商场的只有 2%，而使用率高的多数是商场。于是他们利用'厕所日'，宣传厕所文明，鼓励各地方政府兴建公厕，鼓励建筑师设计舒适、美观、清新的公厕，倡导人们文明如厕等，把公厕当成了生活中的一件大事，使日本的公厕有了大的改观，也在国民中树立了文明如厕的良好风气。"

"这种发自民间的宣传教育活动力度不可小觑。北京开展的'文明排队日'活动，对市民树立良好的社会风气，就是一件功德无量的事儿。当然，在倡导文明排队的同时，也应该在公共设施上采取一些措施。"

小宁说："现在这方面已经有了很大改进，比如在地铁的进出口安装了铁栅栏、在城铁的站台上画上了黄线等。"

我说："一个人要养成文明的生活习惯，的确挺不容易，在这方面我们还得下大功夫。因为文明习惯是一种自觉的行动，是不需要监督的。"

小宁想了想说道："实际上当一个人意识到自己的行为是一种观赏、是一种文明的时候，也许会在内心感到一种自信和愉悦。就跟有些年轻人，根据自己的体形和气质，穿一件漂亮的衣服上街，招来人们惊羡的目光一样。"

我笑道："你的这个比喻倒是挺有意思。但不管穿什么衣服，您出门时也要留神汽车。"

"是呀，交通出行的老礼儿是不是也很多呀？"

我笑道："当然，有关这个话题，咱们下回再聊。"

036
出行看路要守规

书接上回，小宁说起了交通出行的老礼儿。

我对她说："关于出行的老礼儿不是很多。"

"为什么呢？"她问道。

我说道："因为过去中国的交通比较落后，早年间，出行的交通工具主要是马车，所以，现在的许多交通规则，那会儿是没有的，当然也不可能出现过马路不走人行道这样的问题。"

小宁笑道："所以，人们压根儿就没有这种意识。"

"那会儿也没有人行横道呀？由于中国城市的许多道路最早是走马车的，所以路面都不是很宽。比如北京的老街和胡同儿，最初按元大都时代的设计，大街宽 24 步，小街宽 12 步，胡同宽 6 步。元代的一步是 5 尺。按当时的计量，一尺合 0.308 米。那么一步就是 1.54 米，这么算起来，当时的胡同大约有 9 米宽，大街的宽度大约有 18 米，这是非常标准的大街和胡同。到了明、清时期，北京的胡同就多起来，有些小街和胡同比这还窄。"

小宁问道："为什么当初的胡同不设计得宽一些呢？"

我说道："那会儿人们的代步工具是轿子和马车，所以北京的街道和胡同，当初是按走轿子和马车的路面来建的。"

"那是不会太宽。"

"但现在城市的路况就不一样了，主要是走机动车，而且发展迅猛。20世纪80年代，北京的机动车只有几十万辆，但现在已经接近600万辆了。"

"这还是实行摇号限购的情况下，要是不受限制，估计得八九百万辆了。"

"那城市的交通就得瘫痪了。现在实行尾号限行，每天的路况还有拥堵现象呢，如果不受限制，任其发展，那还了得！"

"确实。"

"当然，中国大城市的机动车多了，路也越建越多、越建越宽了，所以人们出行，过马路如果不按规矩走人行横道，就容易出问题了。"

"不仅是行人过马路。"

"是呀，我只是举过马路的例子。小宁，你说为什么人们把一般的道路叫马路？"

"马路？走马车的路，就叫马路，对吧？"小宁想了想说。

我笑道："你这叫望文生义。你去查中国的古书，很难发现'马路'这个词儿。中国古代走马车的路不叫马路。"

"那叫什么？"

"叫'康衢'。有个成语'康庄大道'，就是从这儿来的。"

"康庄，我还以为是姓康的人住的村呢。"

"西周时代，路是按等级来命名的，同时并排走三辆马车的叫'路'，并排走两辆马车的叫'道'，能走一辆马车的叫'涂'。"

"走牛车叫什么？"

"叫'畛'。"

"嘿，还真有这名儿。"

"只能走马，不能走车的田间小路叫'径'。"

"噢，路径这个词儿，敢情是从这儿来的！"

"对。秦始皇统一中国以后，书同文、车同轨、治'驰道'，'驰道'也就是'官道'，秦汉以后历朝，路的名称通常叫'驰道'或'驿道'，元大都时代把路改叫'大道'了，清代称'官路'和'大路'。1913年后，各省市包括北京开始兴建现代公路，当时叫'汽车路'，以后统称'公路'。"

小宁问道："那'马路'这个词是怎么来的呢？"

"这个词儿，实际上是从国外来的。"

小宁诧异地问道："从国外来的？"

"对。"我说："它最早出自英格兰。18世纪，世界第一次工业革命在英国爆发，商品生产规模的不断扩大，使英国急需开拓新的市场，所以交通问题成了英国人非常挠头的事儿。这时，英格兰人约翰·马卡丹设计了一种新的筑路方法，就是用碎石铺路，路面的中部偏高，形成一定的坡度，路的两边开挖排水沟，这是世界道路史上的一大发明。"

"噢。"

"很快这种筑路法就传遍世界各国，人们为了纪念马卡丹，便把这种筑路方法修成的路称为'马路'。"

"原来如此。马路是从英国人的名字这儿来的。"

我说："人行横道也是欧洲人发明的。世界上第一条人行横道，出现在古罗马时代的意大利。"

小宁道："出现在意大利？"

"对，意大利有座古城叫庞贝，你知道吗？"

"知道，我见过《庞贝末日》这幅名画，庞贝是被火山爆发的岩浆吞没的一座意大利名城。"

"当时这座城市非常繁华热闹，街道上人、马、车混行，交通经常堵塞，也经常发生交通事故。为了解决这个问题，人们便出了个主意，把行人走的路加高，使人与马、车分离，后来又在接近路口的地方，横砌起一条凸出路面的通道，让行人横穿马路，因为是用石头砌的，所以又叫'跳石'。"

"'跳石'？这个名字有意思。"

"'跳石'正好在马车的两个轮子中间，马车可以安全通过。19 世纪出现了汽车，当然，汽车的速度和危险系数大大超过了马车，经过专家的多次试验，在 19 世纪 50 年代初，英国的伦敦街道上，首先采用横条状划线的人行横道。这就是第一条人行横道线的由来，由于这种白色的横线，很像斑马身上的条纹，所以，人们又称它为'斑马线'。"

"原来'斑马线'是这么来的？"

我说："从马路和人行横道演变的过程，我们可以看出城市交通的发展是循序渐进的。人们也是随着交通的发展变化，由不适应到适应、由不习惯到习惯的。"

"是的。"

"比如北京的人行横道上出现红绿灯，是在 20 世纪 80 年代，我记得当时人们觉得非常新鲜，有人说这是多此一举，过个马路用得着红绿灯吗？"

"那会儿是不是路上的车也少？"

"是，所以那会儿的人们，对过马路要看红绿灯非常不适应。有些人对它视而不见，看看两边没车，便大摇大摆地走过去。过马路闯红灯的事儿成了家常便饭。那会儿，北京的机动车并不太多，所以事故率也不高。后来，机动车发展越来越多，过马路再闯红灯就会出人命了。"

"事实上，因为过马路不看红绿灯，或直接横穿马路，丧身轮下的人也逐年增多。"

我接着说："人们从血的教训中，认识到遵守交通规则可不是马马虎虎的事了。但现在中国人过马路不守规则，不走人行横道，或不看红绿灯的现象依然很普遍。"

"可能有些人心存侥幸，觉得开机动车的不敢撞他。有一种特殊的过马路现象，几个人，或十几个人，明明是红灯，但一看两边没车，便集体违章过马路。外国人把这称之为'中国式过马路'。"

"这也是习惯问题，也许他压根就没有过马路等红绿灯的意识。所以，机动车司机怎么鸣笛，他依然不在乎。"

小宁说："我去过日本，发现日本人走路也好，开车也好，极规矩。开车的碰上红灯，即使道路上空空荡荡的没有任何人，他也要停车，等灯变了再走。行人过马路也是这样的，一定要看红绿灯，红灯一亮，即便是没车他们也不过。我问过一个日本朋友，为什么日本人这么自觉？他说这是用生命换来的。"

"肯定有血的教训。"

小宁说道："原来在 20 世纪五六十年代，日本也跟现在中国似的，经济急速发展，私人汽车拥有量急剧增加，国民对这种变化很不适应，尽管交通部门制定了许多规则，但是人们并不把它当回事，所以每年的交通事故成倍增加，一年死伤十几万人。正是这些活生生的血的教训，让日本国民觉醒，交通规则太重要了，出门在外不严格遵守交通规则，就要付出生命的代价。"

我说："其实，中国人这种代价也不小，我们每年因为交通事故死的人也很多。我觉得出行交通得从自身做起，命是自己的，您自己得当回事儿，出门走道千万要留神，要遵守交通规则。"

小宁说道："现在许多老人和青少年有一种心理，觉得交通规则是给开车的人制定的，我又不开车，跟我没多大关系。"

"其实，这是一种误解，交通规则跟每个人都有关，只要你出门，你在马路上走，都涉及交通规则。所以，您必须要知道出行都有哪些规矩？路该怎么走？哪些路是不能走的？"

小宁说道："除了遵守交通规则，我觉得出门在外，最好别去瞎凑热闹，这是不是也是老礼儿呢？"

我笑道："有关这个话题，咱们且听下回分解吧。"

037
别贪小利凑热闹

书接上回，一大早，小宁拿着头天的《北京晚报》来找我。她指着一篇报道对我说："这条消息您看了吗？"

我瞧了瞧报纸，说："看了。"

这篇报道的题目是《商场促销挤伤古稀老人，被判赔五万元》，说的是某商场为聚"人气儿"，早晨开门，向顾客白送一批小商品，结果一些顾客闻讯，蜂拥而至，在涌动的人流中，把一位年近古稀的老人挤倒在地，摔成八级伤残。家人告到法院，一审判决商场赔偿老太太五万元。

我对小宁说："这是两年前发生的事儿，昨儿刚做出一审判决。我琢磨着这是一次惨重教训，往后商家再搞聚'人气儿'之类的促销，得把'安全'俩字放头里了。"

小宁说："是呀，这又是人挤人惹出的祸端。"

我想了想说："这种事前几年也发生过，2004年2月，在北京密云城区的彩虹桥上，就发生过踩踏死人的事儿。跟这件事一样，都属于谁也不愿发生的突发事件。通常在这类事件中，人们是不会考虑'礼让'俩字的，所以上岁数的老人或身子骨儿不好的人，应该少往这种地方去凑热闹。"

这种促销太过了

　　小宁若有所思地说："我觉得这种'人祸'属于自找。有些人是为了贪便宜，才跑到那儿凑热闹，争着抢着为了那几个不要钱的东西去玩命的。"

　　我笑道："是呀，白给的东西谁不要呀？可是你别忘了俗话说'买的没有卖的精''世上没有免费的午餐'，你说商家能做白送礼的买卖吗？人还是别贪图蝇头小利为好。"

　　小宁用赞同的语气说："是呀，这位老奶奶真不该去这种地方凑热闹。"

　　我说："商家在促销时往往讲究让利。让利并不是没有利，它的意思已经告诉你了，卖东西有利，只是让了一些。原来能赚五百块钱，现在只赚两百块钱了。但这一让，他得到的回报可能更多。由此，我想到了礼儿的问题。"

"什么礼呢？"

"我们平常说礼让或让礼，其实包含着两个方面。一方面，'让'本身就是一种礼儿。比如，你坐公共汽车，看到老、弱、病、残、孕，你站起来把座位让给他们坐，这是礼让。因为你可以让，也可以不让。"

"嗯，这倒也是。"

"另一方面，'让'中也有得。比如，你开着车正要拐弯儿。对面有辆汽车也要拐弯儿，你让他先走，我想你这一'让'，会得到对方对你的敬重，同时让他先走了，你才能顺顺当当地过去。这就是有所得。"

小宁说："让就是舍。舍得舍得，有舍才有得，对吗？"

"你说得很对，有时，你得到的东西，比你舍掉的东西更多。因为你得到的东西，往往比物质上的更高级。"

小宁说："那就是精神上的了。"

我说："对。我就赶上过几次这样的事儿，上电梯或进宾馆饭店的转门，旁边有俩人。我让他们先走。人家回报我一声'谢谢'和一个灿烂的微笑，我心里一下找到了尊贵的感觉。"

小宁说："在国外，男士在公共场合，都讲究有绅士风度。比如，像您说的上电梯、上公共汽车、进出大门什么的，一般都让女士和上年纪的人先行，这也是一种文明礼让。"

我说："对。'让'不但是一种礼仪，也是人的美德。中国是文明古国，礼仪之邦。说到礼让，我们从小就接受这个方面的教育。"

小宁说：《三字经》里就有'融四岁，能让梨。弟于长，宜先知'

这样的教诲。"

"《弟子规》里还有'或饮食，或坐走，长者先，幼者后'这样的话。孔融让梨的故事家喻户晓，长者先、幼者后的道理世人尽知，这几乎是生活中的道德准则。只不过在利益面前，人们把这些抛在了脑后，出现了诸如乘公共汽车争抢座位、见了老人不让座儿、开车争道抢行等互不相让之类的事儿。"

小宁说："我觉得这些老礼儿应该多向人们做些宣传教育，让人们重视礼让，懂得有舍才有得的道理。"

我说："是呀，当今社会，各种矛盾交织在一起，方方面面的竞争很激烈。竞争与礼让就是一对矛盾。不过，说到底都是一种利益关系。前两天，我看到报上的报道，有位女教师跟自己的养父因为房产的事争吵起来。后来，这位养女还把养父告到了法院。"

小宁想了想说："我也看了这篇报道，这位养父是一个普通工人，为了把女儿养大，真是呕心沥血，后来还把她培养成大学生。其实女儿上学时，对父亲也很孝敬。后来她结了婚，有了孩子，而养母去世后，养父又找了一个女的组成了新的家庭。这时，父女俩一起住过的房子要拆迁，他们就是为这笔拆迁费红了脸的。"

我说："这几年在中国，为拆迁款而闹得不和睦的家庭很多，说来说去就是为了钱。都是血缘关系，让让自己的手足兄弟又有什么呢？"

小宁说："是呀，让就是舍，舍就是某种利益的'牺牲'，做起来很难呀。"

我说："是呀。其实很多时候，人们在'让'的问题上是有远近亲疏之分的。比如，你跟你的爷爷奶奶一起坐公共汽车，有个空位子，你肯定会让给他们。再比如，你跟你的领导一起出门，你肯定会让他先走。生活中经常能看到这种场面，许多人一块儿去吃饭，会为谁坐主座而让来让去。为什么一到公共场合，有些人却不讲礼让了呢？"

"您说为什么？"

"我认为这里有人情的因素，因为大家素不相识，我好不容易占了一个座位，凭什么要让给你呢？一到这种时候，有些人就把文明呀、美德呀，忘到脑后了。"

小宁点了点头说："这里是不是也有一个社会风气问题？"

我说："是的。不过，社会风气是靠每个人的行动来体现的，最主要的还是人的修养。人们应该养成一种文明礼让的意识，而且要把'让'作为一种美德。我曾经看过一个小学生写的作文。他坐公共汽车给一位老奶奶让座儿，老太太夸了他几句，同时他也赢得几位乘客赞许的目光。他写道，'自己做了这么一点好事儿，却得到大家的敬重。我觉得自己是世界上最幸福的人。'一个孩子能有这样的体会，说明他已经意识到让与得的关系，在他幼小的心灵里已种下了美德的种子。"

小宁说："是呀，我记得小时候在上学的路上，捡到五角钱交给老师，老师在全班同学面前表扬我。那种喜悦，十分难忘。人是有感情的，只要你给予了别人，肯定会从别人那里得到什么。哪怕是一声谢谢、一个笑意，这都是你留给人们的美好印象。"

我说："其实，很多时候，这些并不费事，只是举手之劳。比如，坐公共汽车给老人让座儿，你不就是多站一会儿吗？这又有什么呢？《爱的奉献》那首歌的歌词说得好，'只要人人都献出一点爱，世界将变成美好的人间。'"

小宁说："您说得很对，如果在公共场所人人都能文明礼让，那会让人多开心呀！可是偏偏有人不这样做。你礼让了，他不礼让，那怎么办呢？"

我说："这个话题咱们下回再聊吧。"

038
与人接触要宽容

书接上回，吃过晚饭，小宁到我们家来找我。我发觉她脑门子上带着"官司"，笑着问她："哟，找我有什么事儿吗？"

小宁轻挑了一下眉毛说："没事儿，我想请您到咖啡馆喝咖啡。"

我笑了笑道："今儿可透着新鲜，你怎么请我喝那洋玩意儿呢？"

"洋玩意儿？"

"难道不是吗？咖啡是洋词儿，也是洋饮料，我喝不惯。"

她淡然一笑："那我请您去泡酒吧怎么样？"

我猜出她有什么事儿要说，便打了个哈哈儿说："好吧，你请客我掏钱。"

我们来到什刹海边上的一家酒吧。

落座以后，我问道："说吧，找我有什么话荏儿？"

她笑道："您可真是眼里不揉沙子，怎么知道我有话要跟您说呢？"

我说："是你的眼神告诉我的。"

我们点了两扎生啤。小宁呷了一口，拿起手机，掀开自己的朋友圈，对我说："我今儿郁闷一天了。您看朋友圈上发的这条微信，等，我给您转发过去。"

她把朋友圈的微信转发给我，我一看，是一条"血案"的信息：一个小伙子在餐馆吃饭时，看了对面吃饭的人一眼，惹恼了对方。对方也是一个二十多岁的小伙子，当时就翻了脸，俩人骂了起来，对方接着掏出刀来，捅了看他一眼的那个小伙子两刀，小伙子当场毙命。捅人者逃之夭夭，警方重金悬赏举报人。

我放下手机，对小宁说："冲动是魔鬼，真是一点不假。"

小宁说："当然他跑得了和尚跑不了庙，等待他的也是死罪。您说现在的年轻人是怎么啦？就因为看了一眼，两条人命没了。人的生命难道就这么不值钱吗？"

我笑着对小宁说："你先别数落年轻人，你不也是年轻人嘛？这种事儿毕竟属于个别现象。其实，上年纪的人，也有因一时冲动发生过激行为的时候。"

小宁想了想说："您说这是不是不懂老礼儿惹出的祸？"

"当然。前几天我看报纸上报道，有位女士乘坐出租车，正赶上司机刚被警察罚款，肚里窝着火，下车结账时，女乘客觉得车上的里程表不准，多要了她两块钱，于是嘟囔了两句，没想到把司机惹恼了。俩人吵了起来，司机一怒之下，抄起扳手，照女乘客脑袋给了一下，当场把女乘客给打死了。两块钱，要了两条命，同时也毁了两个家庭。"

小宁叹了口气说："这些人怎么不想后果呢？"

我说："人在愤怒的时候，让一股火给拿的，往往不计后果。一旦冷静下来，为时已晚。你说这两起恶性事件，一个因为看了对方一眼，一个因为多说了几句话，结果把命搭进去了；另一方呢，也一个眼神一句话，就拿刀动杖要了人命，当然也要了自己的命，事后，他们能

为了一句话值吗

不后悔吗？"

"肯定会后悔的。"

"是呀，所以我们说，礼仪跟人的教养和修养有直接关系。古人说'一言丧邦，一言兴邦'，现在说'一言丧命，一言兴命'，不是没有道理。"

小宁说："照您这么说，礼仪问题涉及人的生活态度和人生观问题了。"

我说："对。有人说礼仪跟人的性格有关系，我认为不仅如此，它实质上是道德和修养问题。"

小宁说："现实生活中，不少人心浮气躁，动不动就发火儿，不讲礼仪，甚至不讲道理，这种缺乏理性的现象，是修养问题对吗？"

我点点头说："对。"

小宁接着问道："您觉得用什么办法，才能让心浮气躁的人冷静下来呢？"

我说："一个字——忍。"

小宁不解地问："忍？您说得是不是太简单了？"

我说："不简单。一个人能在生活中做到这个'忍'字，往往要经过几十年的修炼。'忍'跟'让'这俩字是相连的。'让'是人的美德，'忍'也是人的美德。可以说，'忍'是中华民族礼仪的重要文化内涵。"

小宁说："您把这个'忍'字看得这么重要吗？"

我说："儒学长期以来是中国的文化主流。儒家思想的核心是'中庸'之道，而所谓'中庸'，突出的就是一个'忍'字。我们从小就接受'知足者常乐，能忍者自安'的教育，忍辱负重被视为一种美德。中华传统文化里很重视'韬晦'，'韬晦'是很重要的谋略，而'忍'是'韬晦'的表现形式。事实上，能'忍'者不但能自安，而且也能成大事；不能'忍'者，动不动就发火儿，来不来就犯性子，成不了大器。你没看现在很多人找书法家讨墨宝，不要别的，就要这个'忍'字，裱好以后挂在墙上警示自己。"

小宁笑道："没错儿，我爸爸的书房就挂着一幅'忍'字，这是他求一位非常有名的书法家写的。"

我说："你爸挂这幅字，管不管用另说，我觉得他首先有这种意识。你知道林则徐吧？"

小宁道："当然知道。"

我说："这位林大人的脾气不好，为人刚直不阿，看见或听到贪官和庸吏的卑鄙之举，他就要大发雷霆。后来，他在自己办公的衙署墙上挂着一幅书法作品，就俩字——制怒，时时告诫自己要'忍'。"

小宁说："一个人能做到'忍'可不那么容易。"

我说："要做到个'忍'，首先要做到大度能容，也就是北京人说的能容事儿。你知道'宰相肚子能撑船'这句成语吧？"

小宁点点头说："知道。"

我又问："可你知道这句成语是怎么来的吗？"

小宁想了想说："您可把我给问住了，我还真不知道这句成语的典故。您给我讲讲吧。"

我说："好吧。"

我正要给小宁说典故，突然酒吧里人声大哗，只见两个年轻人，一个揪着脖领子，一个拎着酒瓶子，双方厮打起来。跟他们一块儿来的朋友，有的抱住冲动年轻人的身子，有的夺下酒瓶，奋力把这两位劝开。

心字头上一把刀，忍了

我忍一忍就可避免一场……

我和小宁急忙走过去，一问才知，双方因为争抢一个位子动了肝火。俩人都喝了不少酒，所以借着酒劲儿要玩儿命。酒吧老板慌了神儿，生怕出大娄子，赶紧要打"110"。我看双方的"战事"已平息，便把老板劝住了。

小宁倒是透着沉稳，跑过去劝架。她和声细语地劝了拎酒瓶子的青年几句，小伙子逐渐冷静下来。大概是觉得丢了面子，他冲小宁摆了摆手，结完账，跟几个朋友离开了酒吧。

我们又回到自己的座位上。

小宁苦笑道："您瞧，咱们刚说到'忍'字，他们就来了个当场表演。"

我说："算是让咱俩赶上了。不过，刚才那小伙子最后还是'忍'了。如果不'忍'，觉得咽不下这口气，可能双方就会打个头破血流。"

小宁说："这倒也是。但愿他能把这不愉快的事尽快化解掉。"

我说："你放心，他的酒劲儿过去，就什么都明白了。"

小宁说："我可还没明白呢。'宰相肚里能撑船'的典故您还没说呢。"

我笑着说："想听吗？咱们下回再聊吧。"

039
遇到怒容须忍让

上回说到一个"忍"字，让我联想到"宰相肚里能撑船"这句俗语。

小宁说："您讲讲它的典故。"

我说："这个典故说法不一，其中之一也许能为'忍'字找到注脚。宋朝有个大诗人叫王安石，你知道吧？"

小宁说："知道。'春风又绿江南岸，明月何时照我还'不就是他写的诗句吗？"

我说："对，王安石是一位大诗人，也是宋朝的宰相。他中年丧妻，后来续娶了一个妾叫娇娘。娇娘年方十八，出身名门，长得闭月羞花、沉鱼落雁，而且是个才女，琴棋书画无所不通。婚后，王安石身为宰相，整天忙于朝中之事，经常不回家。这娇娘正值妙龄，独居空房，难守春情，便跟府里的年轻仆人暗送秋波，私下偷情。"

小宁笑道："她耐不住寂寞了。"

我说："是呀，耐不住寂寞，自然会出幺蛾子。这事儿传到了王安石那儿。你想，当朝宰相戴了'绿帽子'，他能不搓火吗？可是捉贼要捉赃，捉奸要捉双。王安石苦于一时半会儿抓不住把柄，便使了一计。"

小宁问："什么计？"

我说："这天，宰相爷谎称上朝，让轿夫抬着空轿子走了，他却悄然藏在家中。入夜，他潜入卧室窗外窃听，果然听见娇娘与仆人在床上调情。他气得火冒三丈，举拳就要砸门捉奸。但是就在这节骨眼儿上，'忍'字给了他当头一棒，让他冷静了下来。"

小宁接过话茬儿说："到底是宰相爷，关键时刻能沉得住气。"

我说："是呀，他转念一想，自己是堂堂当朝宰相，为自己的爱妾如此动怒实在犯不上。常言道，家丑不可外扬。自己当场捉奸，后果会是什么？娇娘和仆人肯定无脸见人，寻死觅活，这不毁了两条人命？而且这种事儿传出去，我也会被人耻笑。这么一想，他把这口气咽了回去，一转身走了。不料，没留神撞上了院中的大树，一抬头，见树上有个老鸹窝。他灵机一动，随手抄起一根竹竿，捅了老鸹窝几下，老鸹惊叫而飞，屋里的仆人闻声慌忙跳后窗而逃。"

小宁笑道："弄得还挺惊险。后来呢？"

我说："事后，王安石装作若无其事。一晃儿到了中秋节，王安石想借饮酒赏月之机，劝娇娘改邪归正，便设家宴，邀她花前赏月。酒过三巡，王安石说，'今天是中秋节，饮空酒无趣，我吟一首诗你来应对，以助酒兴如何？'娇娘欣然答应。于是王安石即席吟诗一首，'日出东来还转东，乌鸦不叫竹竿捅。鲜花搂着棉蚕睡，撇下干姜门外听。'娇娘是个才女，不用细讲，已品出这首诗的寓意。她心里琢磨，这鲜花不是暗喻我吗？棉蚕是指那个仆人，宰相大人自喻干姜。我跟仆人偷情的事被老爷知道了。想到这儿，她顿感无地自容，可她抖了个机灵，扑通跪在王安石面前，也吟了一首诗：'日出东来转正南，你说这话够一年。大人莫见小人怪，宰相肚

宰相既有名，又有故事

里能撑船。'王安石本想借吟诗，逼娇娘吐出实情，羞辱她一番，哪知娇娘能言巧对，使他的气消了一半。他细细一想，自己年已花甲，娇娘正值豆蔻年华，偷情之事不能全怪她，还是来个两全其美吧。"

小宁听到这儿，随口问道："这位宰相爷可真够能忍的。后来呢？"

我接着说："过了中秋节，王安石把娇娘叫到身边，赠给她白银千两，让她跟那个仆人成了亲，远走他方，赴他们的温柔之乡去了。这事儿很快传了出去，人们对王安石的'忍'字当头、宽宏大量深感敬佩。'宰相肚里能撑船'这句话，也就成了宽宏大量的代名词和民间俗语。"

小宁说："这个故事好感动人哟。不过，在现实生活中，能像王安石这样大度的人很少。"

我笑道："要不他能当宰相呢。"

小宁说:"'忍',的确是一种修养,可是能做到遇事不慌,'忍'字当头实在太难了。"

我说:"你看这个'忍'字,它的造型是'心'字头上一把'刀'。不过,我们说的'忍'是有条件的,并不是让人忍气吞声、事事都忍,那不成了受气包?因为社会是非常复杂的,人在很多时候需要保持一种理性,要理智地看待问题,不能动不动就发火、较劲。我们在生活中常会看到有人为鸡毛蒜皮一点儿小事,大动肝火,没里没面儿,结果弄得双方心里都不痛快。"

"一点小事儿,闭闭眼就过去了。他骂你一句,你偏要睁开眼,甚至瞪起眼,那不是针尖对麦芒吗?我认为讲中国人的老礼儿,首先应该尊重人。"

小宁说:"可如果碰上浑主儿、愣主儿,您尊重他,他不尊重您,怎么办?"

我说:"这不就要用'忍'字了吗?你忍让一下,或委婉一下,再不然惹不起躲得起,回避一下,就不会找气儿了。"

小宁说:"还有没有别的方式呢?"

我说:"当然还有,不过咱们下回再聊吧。"

040
慎独修心可制怒

上回跟您说到社会礼仪中，"忍让"二字很重要。小宁问："碰上不懂老礼儿也不讲理的人怎么办？"

我笑道："他不讲礼儿，你讲礼儿不就好办了嘛。"

小宁反问道："你讲礼儿他不听，那不是对牛弹琴吗？"

我说："你的这种说法，恰恰是有些人对礼仪的误解。"

小宁不解地问："对那些野蛮愚昧粗俗的人，讲什么礼仪呀？跟他们讲这些等于白费唾沫。"

我说："其实恰好相反，礼仪本身是有教化作用的。他越不懂礼仪，你越得跟他讲礼仪，这样才能化解纠纷、解决矛盾。"

小宁说："您说这话听着有道理，可实际生活中却很难行得通。比如，在人很多的公共场合，一个人横冲直撞地挤了您一下，反倒张口骂您挤了他，您也跟他讲礼儿呀？"

我说："当然可以跟他讲礼儿。假如真像你说的碰到这种人，我可以不去理他，也可以反过来跟他道声对不起。假如我跟他说，'对不起，您瞧，我挡您道儿了。没把您挤着吧？让您着急了，抱歉啦，抱歉啦。'连说两声抱歉，会让他觉得愧得慌。往后，他再出门就得长记性了。相

反，假如他挤了我，还骂我。我气不打一处来，给他两句，'你长眼睛没有？前边有个大活人你没瞧见呀？往哪儿撞呢？'或者我也来混的，'孙子，你嘴干净点儿，怎么说话呢？是不是身上痒痒啦？'你想会有什么后果？"

小宁说："那肯定得打起来。"

我说："是呀。事实上，在公共场合发生的许多纠纷、许多不愉快的事儿，就是这么引起来的。跟他打一场架不说，他以后碰到这种事儿还会这么混。相反，他无礼，我却对他很客气，这会让他很难堪，比骂他一句还要刺激他。"

小宁问："这是为什么？"

我说："用东北话说这叫'伤自尊啦'。对不讲礼儿的人施之以礼，忍让一下，谦逊一点，往往能起到事半功倍的效果。这就是礼仪的教化作用。中国人有句老话：'宁跟明白人打场架，不跟糊涂人说句话。'这句话有道理也没道理。没道理在于你不跟糊涂人说话，他会永远糊涂。"

小宁说："您说的，我听着有点儿像《圣经》里的一句话，'当别人打你的右脸，你把左脸伸过去。'一个人要做到这种境界是不是太难了？"

我笑道："这是一种心态，也是一种修养。这几年，国内出现了'曾国藩热'，许多人开始研究曾国藩。市面上有关曾国藩的书很多，其中有一本书叫《挺经》，谈的就是容忍和忍让的道理。"

小宁说："嗯，我好像看过这本书。"

我说："曾国藩在中国近代史上是个有争议的人物。不过，他的治军治国治人之道，确实值得后人研究。他生前封侯拜相，尽享荣华，可是死后没给儿女留下什么财产田地和金银珠宝，留给子孙的是一楼的藏书和一份著名的遗嘱。他死前对儿子曾纪泽说，'我这辈子打了不少仗，打仗是最害人的事，造孽。我们曾家后世再也不要出带兵打仗的人了。'"

小宁说："这是一种反省后的顿悟吧？"

我说："也可以这么认为吧。他老年以后，认真思索很长时间，把自己一生所得归纳了四条，端端正正写下来，让儿子悬挂在中堂，每日诵读，恪遵不易，并一代一代传下去。"

"哪四条遗嘱呢？"

"'一曰慎独则心安。自修之道，莫难于养心，养心之难，又在慎独。能慎独，则内省不疚，可以对天地质鬼神……这一条跟孔子所说'吾日三省吾身'相近，人只有时时检讨自己，反省自己，才能心安心静。'"

"讲的是修心。"

"'二曰主敬则身强。内而专静纯一,外而整齐严肃,敬之工夫也;出门如见大宾,使民如承大祭,敬之气象也;修己以安百姓,笃恭而天下平,敬之效验也。聪明睿智,皆由此出。庄敬日强,安肆日偷。若人无众寡,事无大小,一一恭敬,不能懈慢,则身体之强健,又何疑乎?'"

"这一条实际上讲的就是文明礼仪。"

"内心要做到心平气和,身上要穿戴整齐,注意自己的仪表仪容,待人要谦恭,要尊敬人,这才是最聪明的人。"

"说得真好!"

"'三曰求仁则人悦。凡人之生,皆得天地之理以成性,得天地之气以成形,我与民物,其大本乃同出一源,若但知私己而不知仁民爱物,是于大本一源之道已悖而失之矣……'"

"这一条说的是人不能太自私,要仁义、要爱国家、爱人民、爱事业。"

"因为你生活在天地之间,是人民的一员,只有这样才能做到仁,人们才会跟你友好相处,施爱于你。这跟孔子说的'仁爱'一脉相承。"

"说得对呀!"

"'四曰习劳则神钦……'这一条讲的是人不能不劳而获,要勤奋工作,勤俭持家。曾国藩的这四条遗嘱,对他的子孙影响深远,曾家后人恪守老爷子遗言,没有一个带兵打仗的,而且个个知书达理,有出息有学问。儿子曾纪泽在他死后,才承荫出仕,是著名外交家;曾纪鸿一生没当官,是著名数学家;孙子曾广钧考中进士,但长守翰林;曾孙玄孙辈中大都出国留学,没一个涉足军界、政界,全都从事教育、科学、文化工作，不少人成为著名专家学者。"

小宁说："这位曾先生真是教子有方。"

我说："用老话说，人家这也是修出来的。"

"修是什么意思？"

"修炼和修养。修养什么？曾国藩认为甭管人多的时候，人少的时候，甭管大事小事，都要恭敬别人，敬人敬业，这样才会心安，当然也会身体强健。"

小宁问："修养跟身体也有关系吗？"

我说："当然。一个人要是对谁都谦恭有礼，自然会心态祥和。人要是有祥和的心态，整天快快乐乐的，各种疾病见了他，都得躲着走。

他还有什么病呀灾的？所以曾国藩说'主敬则身强'。相反，一天到晚气气囊囊的，见了谁都好像欠着你的钱似的，气人有笑人无，您想他能不得病吗？"

小宁说："是，人应该保持快乐心态。"

"中国人自古以来就有'拳头不打笑脸人'和'你敬我一尺，我敬你一丈'之说。尊敬别人，实际上也就是尊敬自己。人要是能保持这种心态，你说跟谁能打起架来呢。"

小宁说："架是打不起来，但有些时候，由于对方的失礼，让人心里会很别扭。"

我听出小宁的话外音，问道："你是不是碰到别人失礼，让你心里不痛快的事儿了？"

小宁说道："按中国人的老礼儿，我要到别人家做客，对方应该用什么礼节来迎接我？"

"当然是出门，笑脸相迎了。"

"他家里的人呢？"

"也要起身，出来迎接你们呀。"

"可是，我碰到了一个不懂这些老礼儿的人。您说让我怎么想？"

我笑道："你先别生气，有关这个话题，我们下回再聊吧。"

041
客人进门应施礼

上回书说到小宁说起她做客，遇到的失礼之事。

小宁对我说："前几天，我和我爸到一位老同事家串门儿，这位老同事，当年跟我爸在一个办公室，坐对桌儿，后来高升了，现在是一个副局级干部。他家的房子不小，进门以后，副局长和夫人热情接待，又是握手又是寒暄之后，局长夫人转过身去喊了一声：'小华，来见见客人，这是你爸的老同事'。这时，我才发现客厅的沙发上，正斜倚着一个二十来岁的小伙子，在玩手机，显然他是副局长的儿子。"

"那还用说？"

"母亲的招呼，儿子似乎没听见。副局长夫人对着他又喊了一声'过来呀，小华！'这位公子'嗯'了一声，依然无动于衷，只是拿眼看了我一下，又接着看手机。弄得副局长和夫人挺尴尬，我爸也觉得挺没面子。您说他是不是太不懂老礼儿了。"

我笑道："不但不懂老礼儿，新礼儿也没他这样的。我只能用四个字来评价他，'目中无人'。"

小宁说道："是不是他觉得我爸的社会地位低呀，要是来了一位部长，他可能就不这样了吧？"

我说:"来了国家主席,他也照样会这样。因为他压根儿就不懂得什么叫礼貌,他眼里只有他自己和手机。"

小宁道:"我看也是。"

"我觉得这种人,在现实生活中确实有,但还是少数。大多数年轻人虽然不懂老礼儿,但人际交往起码的礼数还是有的,比如现在年轻人见了人一般都能道'您好',告别时也会说声'再见',不小心碰了人,或者请求人让路,也会说声'对不起'等。这些礼貌用语,都属于新礼儿"。

小宁笑道:"其实,有些新礼儿,也是从老礼儿那儿继承和发扬的。"

我说:"没错儿,举个例子吧,过去的孩子在家里必须要'出必告,返必面'。"

小宁问道:"这是什么意思?"

我说:"这就是我要说的老礼儿。什么叫'出必告,返必面'呢?就是当晚辈的出门之前,必须得跟家里大人言语一声,'爸、妈我出一趟门儿',爸妈如果追问一句,'去哪儿呀?'你可以直接告诉他,'我去哪儿哪儿',也可以婉转地说一句,'我一会儿就回来'。总之,必须得跟父母打一声招呼。"

"'返必面'呢?"

"从外面回到家,甭管多晚,也要跟家里大人打一个照面儿,可以说一声,'爸、妈,我回来了。'也可以什么都不说,只是打个招呼。总之,要让父母知道你平安无事回家了,别让他们惦记着。"

"这个老礼儿,是晚辈对长辈的起码礼节。"

"可是现在当晚辈的,懂得这一老礼儿的不多了。有些孩子出门对长辈熟视无睹,懒得打招呼,晚上回家也如入无人之境,遇到长辈在家也不打个招呼，这就欠礼了。"

"嗯。"

"再比如老礼儿讲究'长者站，幼勿坐，长者坐，命乃坐'，'尊长前，声要低'，'问起对，视勿移'"。

小宁问道："这是什么意思呢？"

我解释道："这就是说，长辈或者客人到您家，他们要是站着，您不能先坐下，让他们先坐。他们坐下以后，如果不说'你也坐吧'，那么您就不能坐下，还得伺候他们上茶递烟。他们说，'坐下吧！'这时，您才能坐下跟他们说话。那位副局长的儿子要是懂这些老礼儿，就不会惹你生气了。"

送礼有讲究

"是呀。什么叫'尊长前，声要低'呢？"

"就是在长辈和尊贵的客人面前，说话不能大声，要轻声细语，否则就是失礼。'问起对，视勿移'的意思是，长辈或尊贵的客人在跟您说话的时候，您的脸必须要对着人家，眼睛的视线不能来回移动，不能东张西望，否则就是欠礼的表现。"

小宁笑道："其实这些老礼儿，现在也用得上。"

我说："当然了，现在我们人际交往的一些礼节、礼貌、礼仪，就是从这些老礼儿演变过来的。当然，有些老礼儿属于行里的，行外的人也就没有必要懂了。"

小宁问道："什么叫'行里'的老礼儿呢？"

我说："行，就是各行各业，三百六十行，每个行业都有自己的规矩和礼数，这些老礼儿往往只限于本行的人，对行外的人可以不行这种礼。比如梨园行早先有个老礼儿叫'跑海'。"

小宁问道："什么叫'跑海'呀？"

我说："这是一句行话，旧社会，艺人要是混得吃不上饭了，可以找同行'告帮'。'告帮'就是要求救助，说白了就是求人给点儿能吃碗面的钱。"

"噢，让人搭把手。"

"'跑海'这个老礼儿有个规矩，'告帮'，也就是求助的人，从舞台的下场门进后台，见人就要道辛苦，然后给后台供着的祖师爷，即唐明皇磕俩头，便开始数衣箱，大衣箱，二衣箱。一般唱老生的是大衣箱，唱老旦的是二衣箱。'告帮'的主儿是唱什么的角儿，就坐在什么衣箱上，这时，有人就会过来问您：'搭班呀？'您不回答，只说两字：'跑

铁蛋儿如今吃官司饭啦，真有出息

称呼要看场合

221

海'。大伙儿就都明白了，您是没饭辙了，或是家里遇到了什么灾祸，手头紧，揭不开锅了。自然会慷慨解囊。这就是行内的老礼儿。"

小宁说："这些行里的老礼儿，外人肯定不会懂的。"

我说："是呀，只有本行的人适用。行内的老礼儿，就是本行的规范礼仪。对于行里人来说，'外场'的一些老礼儿，您可以遵守，也可以不遵守，但本行的一些老礼儿则属于必须遵守的范畴。不遵守也可以，但你会遭到同行的嘲笑，当然东家也会毫不留情地砸你的饭碗。"

小宁笑道："有那么严重呢。"

我说："当然，因为职业上的老礼儿很多都是约定俗成的，尽管它有一定的灵活性，但行业内多年形成的规矩，已经相当规范了。谁要是破了这些老礼儿，就等于砸自己的买卖。"

小宁问："这些老礼儿也是通过培训，才能掌握的吗？"

我笑道："老事年间，可没有思想教育、业务培训这一说，这些老礼儿都是师傅带徒弟，在日常工作和生活中潜移默化熏陶出来的。"

小宁问道："老礼儿是怎么熏陶出来的呢？"

我笑道："有关这个话题，咱们且听下回分解吧。"

042
规矩要从儿时立

上回书说到小宁问我，中国人的老礼儿是怎么熏陶出来的。

我对她说："一个是从小受家庭潜移默化的影响，另一个是从学徒开始，受到师傅的熏陶。"

小宁问道："从小就要拜师吗？"

"在旧中国，劳动人民大多没文化，孩子在私塾念两年书就去学徒了。穷人的孩子早当家，老事年间有'小子不吃十年闲'一说。"

小宁问道："这是什么意思呢？"

我说："所谓'闲'，就是吃闲饭。换句话说，那年头，穷人家的孩子十多岁就得想主意到外面刨食，不能再让父母养活了。干什么呢？只有两条路，一是到店铺去学徒，或是到手工作坊学手艺；另一条路是出去卖力气，干那些搬搬扛扛的力气活儿。到店铺和作坊学徒，也不是想进就能进的，那会儿没有招聘一说。"

小宁问："那怎么才能进去呢？"

我说："得有人引荐，引荐的人叫'中人'，也叫'保人'，进店铺和作坊学徒首先要立契约，约定学徒期是三年零一节。这是各行各业的老规矩，在这三年的学徒期间，也许学不到什么技术，只是伺候东家的生活起居。"

"叫学徒而已。"

"这种学徒方式，过去曾被视为对学徒工的'盘剥'，其实，现在看来是对学徒正式上柜之前，如何做人的思想品质熏陶。"

小宁不解地问道："为什么要这么看呢？"

我说："通常学徒工只有十多岁，有的甚至不到十岁。在东家和掌柜的眼里，他们还是乳臭未干的孩子，这时候让他们直接学艺或上柜台接待顾客，肯定会出一些闪失，所以必须经过三年的学徒期。"

"算是热身对吧？"

"你这是现在的词，那会儿哪有'热身'一说？乳臭未干的孩子，在师傅和师兄们的眼皮子底子下耳濡目染，在这种潜移默化的影响下，知道一些老礼儿，懂得如何待人接物之后，这时再上柜台接待顾客，才有可能礼貌周全。"

"我觉得三年学徒期，像是岗前培训。"

"这是完全不同的概念。因为学徒入的行不同，师傅对学徒的要求也不一样。"

小宁问道："有什么不一样的地方呢？"

我说："举个例子吧，比如说药行跟别的行业区别就很大。中国老药铺的学徒，一要品貌端正，二要识文断字。品貌端正不见得长相出众，而是指五官长得规矩，不能口歪眼斜。识文断字不见得上过什么学，只是要求能认字儿。当然，上过几天私塾更好。"

"规矩这么多呢？"

"这不是规矩，是进药铺学徒的条件。通常药铺的规矩是：学徒一律不准留长发、留胡子，不准喝酒、吸烟，不准说话带脏字，不准在外住宿等。"

"在哪住宿都管？"

"当然，还有许多细节，比如有的要另起名字，如果姓名跟东家和掌柜的相同或相近，必须避讳，要改名儿。"

"嗨，连名字都管。"

"通常三年学徒期间，是不准回家探亲的，即便住家离药铺很近，也不能回家。对师傅、师兄要毕恭毕敬。学徒进'号'（药铺）以后，要听从师傅管教，照顾东家的生活起居。上柜之前，学习打算盘、练书法，熟读《药性赋》《汤头歌》等中药基础知识，逐渐地认药，通过眼观、手摸、鼻嗅、口尝，来辨别真伪，再学添斗、炒药、碾药，以及熬油、炼蜜、摊膏药、吊蜡皮等全套的技术，等到上柜，才能卖药、抓药，准确回答顾客的问病吃药问题。"

小宁笑道："得懂这么多知识和技能呢。"

我说："药铺的伙计一般都尊为'先生'。'先生'抓配方药，每味药都单独分包，包内附有印好的药名、图形及其药性说明。如果没有这类说明，'先生'必须在小包外面书写药名，然后按方核对。"

"快赶上中医大夫了。"

"药抓齐了，'先生'把一个个小包摆成'金字形'，包扎好，在上面附上原方，药价则用本铺暗码记在背面，交给顾客。"

"够烦琐的。"

"这些抓药的方法看上去比较烦琐，但必须如此，因为按方抓药，人命关天，来不得半点儿马虎。当然，这样做也是防止一旦出现顾客吃错了药的情况，回过头来找麻烦。可惜现在的中药铺已经把分包抓药的传统给丢了。"

小宁问："为什么呢？"

我说："怕麻烦呗。你想营业员如果分包抓药，一剂汤药得费多少工夫呀。"

"就是呀。"

"药铺'先生'除了要掌握这些技能，还要懂得老礼儿，首先药铺的伙计穿得要整洁、干净利落，不多说不少道，看上去挺斯文。'先生'嘛，要让人觉得您可信。其次要谦和，对人恭敬，比如顾客来抓药，一般都备上茶，让顾客静候。如果是大药方，可以让顾客撂下方子，先去忙别的事，把药抓齐，或者等顾客来拿，或者送到顾客家里。顾客来抓药，一般不多嘴，问这问那，尤其是不能问给谁抓药、病情如何。"

小宁问道："是保护人家的个人隐私吗？"

我说："也许是吧。不单单是药行，其他行业的营业员接待顾客时，也不轻易问人家的家务事。老礼儿当中是很在乎这个的。"

"这个老礼儿好。"

"当然，药行的客气话里也有不少忌讳，比如不能说'您又来了''欢迎光临''您几时走''您走好''您慢点儿走''欢迎下次光临''咱们回头再见'等。"

小宁不解地问："为什么这些客气话不能说呀？"

我对她笑道："你想知道吗？咱们且听下回分解吧。"

043
话语轻重须分人

书接上回，小宁问我为什么药铺的"先生"不能说"欢迎光临""回头见""您走好"这样的客气话。

"这里有什么忌讳吗？"小宁问道。

我说："是的。你想一般人谁进药铺呀？去药铺抓药，不是自己有病，就是亲朋好友身体出了毛病。俗话说，没什么别没钱，有什么别有病。人得了病，当然不是好事。所以，药铺的营业员说话办事都要谨言慎行，别给人家添堵。"

"这也算是一种老礼儿吧。"

我说道："'欢迎光临'要是由'勤行'（餐饮业）的人说出来，是句客气话，可要是由药铺的人嘴里说出来，就是一句骂人的话了。你琢磨呀，这不是盼人家得病吗？"

小宁笑道："是这么个礼儿，可是'来'不能说，为什么也不能说'走'呢？"

我说："中国人的语汇里，'走'就是死的意思。中国人忌讳说'死'，所以'死'的同义词有几十个，比如'走了''没了''挂了''作古了''归西了''下世了''弯回去了''去八宝山了''听蛐蛐

药铺不宜说『欢迎光临』

叫去了''到大烟筒胡同去了'等，所以'走了''没了'这些词儿，中国人比较忌讳。"

"对，现在悼念死人，都说'一路走好！'"

"有些迷信的中国人的家里，连梅花、梨花的画儿都不挂，就是因为忌讳'没''离'的字音。"

小宁笑道："我明白了。药店的营业员不能说'再见'，也是这个意思吧？"

"是呀，再见就是希望人家下次还得病，再在药铺见嘛。"

"人有病才去抓药，抓了药，说声'走了'，会不会有希望病'走'了的寓意？"

我说："这有点望文生义了。不过，你的这个解释，让我想起一件事儿。"

小宁问："什么事儿？"

我说："前两年，北京公交总公司请我去讲文明礼仪，一位职工给我出了一道题，把我给难住了。"

"出的是什么题？"

我说："北京的公交系统搞职业礼仪教育，有关职业礼仪，他们设计了售票员岗位七个字的规范文明用语，即'您好，谢谢，您走好。'前两个词儿没问题，乘客上了公交车，售票员客气地说一声：'您好'。乘客买了票，售票员道一声'谢谢'，透着礼貌大方，和蔼可亲。但末一句'您走好'，却惹出了麻烦。"

小宁问："惹出什么麻烦来了？"

我说："按公交系统的职业礼仪要求，乘客到站下车，售票员要说句礼貌周全的客气话，告别一下，所以设计了这句：'您走好'。那天，有位北京的老奶奶上了公交车，售票员非常客气地请一位小伙子给她让了座儿。她到站下车时，售票员搀扶了一把，随口说：'您老走好。'老奶奶已然下了车，一听这话急了，一把拽住了车门，瞪起眼睛对售票员说：'你骂谁呢？'"

"骂人？"

"售票员是个二十出头的姑娘，一听这话愣了，'我没骂您呀？'老奶奶生气地说：'没骂我？你让我'走好'？'售票员说，'我这不是跟您告别吗？'老奶奶一听'告别'俩字更急了，说，'你跟谁告别呢？回家跟你奶奶告别去吧！'售票员见老人家急赤白脸的样儿，一时被她给说

哭了。"

小宁说:"她可真够倒霉的,碰上了一位懂老礼儿的老奶奶。"

我说:"是呀,这位售票员也是没有经验。您见老奶奶这么较真儿,就别再解释了。你又不懂老礼儿,可不是越解释,越让她生气吗?告别?人咽了气才说告别呢。说这话,能不让老奶奶挑理吗?"

小宁说:"是呀,我都替她着急。"

我说:"那位公交职工问我,乘客到站下车,售票员跟他打招呼告别,如果不说'您走好',该说什么呢?"

小宁问道:"是呀,该说什么好呢?我也想请教您一下。"

我说:"'您走好',这仨字搁在广州说,没事儿;搁到上海说,也是一句礼貌话，偏偏在北京人面前不能说。'您走好'不能说，'您慢走'也不能说，干脆说吧，'走'这个词就不能用。"

小宁笑道："不能用就别用了呗，干吗非要用呢？"

我说："是呀，'走'要不能用，就换个词吧。"

小宁问道："换什么词儿好呢？"

我说："你觉得呢？这回我想听听你的意见。"

小宁想了想说："就直接说'再见'，这个用语不是挺好吗？'再见'是世界通用的分手告别用语。"

我说："那位公交职工告诉我，当初他们设计文明规范用语时，也想到了'再见'这个词，但总觉得有点平淡，体现不出北京人应有的礼貌劲儿，所以才挑了这句'您走好'。"

小宁说："'您走好'倒是有点儿京味儿，可是它犯了忌讳。看来中国人的传统礼仪确实太有学问了。"

我说："有一次，一个朋友问我，中国的老礼儿都有哪些讲究？我跟他说，要想懂得中国的老礼儿，先得学会说话。他听了非常不解，问我，说话谁不会呀？怎么还要学呢？我说对，不学会说话就会失礼，说话的礼儿实在太多了。"

小宁说道："说话都有什么礼儿呢？"

我笑了笑说："说话是一门艺术，也是一门学问，当然更是一种礼节。比如咱们刚才聊的'您走好'，为什么那位老奶奶急了？还不是因为售票员说的话，她觉得不受听。"

"就是呀！"

"说话的礼节讲究见不同的人，要说不同的话。不同的时间、地点和场合，要说不同的话。比如过去北京人见面打招呼，最爱说'吃了吗您？'这句话，就得分时间、地点和场合。"

小宁问道："为什么呢？"

我对她笑道："想知道吗？咱们且听下回分解。"

044
言语留神别犯忌

书接上回，小宁问我北京人为什么不能乱说"吃了吗"。

我对小宁说："过去北京人认为'民以食为天'，吃饭是生活中的头等大事，而且那时人们每天为吃饭犯愁，所以见面打招呼常说'吃了吗'。"

"原来如此。"

"这是一句客套话，两个北京人见了面，这个问'吃了吗您？'那个回答：'吃了。您吃了吗？'那个也回答：'吃了。'其实，那位没吃，但也得说吃了，因为这是客套嘛。他准知道即使说没吃，这位问的也不会请他到'全聚德'吃烤鸭。"

小宁点点头道："这纯是一种客气。"

"对。"我说："可是这句话要是在上午 10 点钟左右、下午 3 点钟左右问就不合适了。"

小宁笑道："那倒是，谁这钟点还没吃饭呀？"

"是呀，上午十点、下午三点，离饭口儿还早着呢，上下够不着。再比如这句话要是在厕所问，也不合适。"

小宁笑道："当然。"

我说："在其他庄重场合，问这个也不合适，您出席某个大会，领导接见您，跟您一握手，您来一句，'吃了吗您？'"

"那不是冒傻气吗？"

"所以，我刚才说，说话是有学问的。现实生活中，有的人是不会说话的，我曾听到这么一个笑话。"

"什么笑话？"

"一个老大爷的自行车没气了，到修车点打气，碰到一个熟人，是个年轻小伙子，见到他的自行车带瘪了，跟这位大爷打招呼：'怎么，您没气儿了？'"

小宁笑道："这小伙子可太不会说话了。"

我接着说："老大爷一听这话，急了，对小伙子说：'谁没气儿了？'小伙子说：'噢，您有气儿。有气儿干吗还来打气儿呀？'弄得这位大爷哭笑不得。"

"是挺可笑的。"

"还有一个笑话，一位大妈到北京的饭馆吃饭，点了一个炒肝。服务员端着炒肝，一时找不到是哪桌的了，于是他就吆喝：'这是谁的肝儿呀？'老大妈应声道：'这是我的肝儿！'两句话把吃饭的人都逗乐了。"

小宁说："真逗人。"

我说："现实生活中，这种例子很多，马三立说过一个相声段子叫《请客得罪人》，说的是一个人请客，一共请四位，先来了三位，等了半天，那一位还不来。请客的这位一看表，说了句：'都快七点半了，真是该来的不来。'这句话让那三位听见了，心里老大地不高兴。"

"是呀。"

"该来的不来，那我们三位就是不该来的了。一想，这饭还吃个什么劲儿，其中一位借上厕所的机会走了。这位请客的知道走了一位，说了一句：'嘿，真是不该走的倒走了。'那两位一听这话，心想，不该走的倒走了，合着我们早就该走呀！其中一位沉不住气了，以打电话为借口溜之乎也。"

"这下就剩下一位了。"

"请客的这位不高兴了，问没走的这位：'他们怎么走了？'这位告诉他：'你刚才那两句话把人家得罪了，'这位请客的不明白哪句话得罪了人，问这位。"

"他还问呢？"

"这位告诉他是怎么回事。这个请客的说：'咳！这是何必呢？我那两句不是冲他俩说的！'留下的这位一听这话，心说：'噢，闹半天是冲我说的，得了，我也走吧。'"

小宁扑哧乐了："您瞧，客没请成，把人都得罪了。"

我说："是呀！这不就是不会说话造成的失礼吗？"

小宁说："生活中这样的例子也不少，您说碰上左右为难的事儿，该怎么说话呢？"

我说："在这方面，中国的老人做得就很周全。"

小宁问道："怎么周全呢？"

我说："我给你讲一个笑话，有这么一天，一位姓张的大爷巷子口跟人聊'三国'，说到了诸葛亮用计草船借箭。旁边过来一位姓王的大爷对他说，您说错了，草船借箭那是孔明用的计。这位张大爷说，诸葛亮不就是孔明吗？这是一个人呀！王大爷笑道，'怎么是一个人呢？诸葛亮姓诸葛，孔明姓孔呀！'"

小宁笑道："这位够有学问的！"

我说："是呀，碰上这么有'学问'的人，您就别较劲了，偏偏这位张大爷爱抬杠，于是俩人争执起来，旁边有人劝也劝不开。后来这位张大爷说咱们打赌吧，如果诸葛亮和孔明是俩人，我输你五十块钱。那位王大爷也不示弱说，行，如果诸葛亮和孔明是一个人，我输你五十块钱。"

"这不是脑残吗？"

"巷子里住着一位教书的李先生，很有学问，德高望重，巷子里的人都很敬佩他。张大爷说，咱们找他断这件事，他说是就是，说不是，就不是。王大爷说，好，就这么定了。两位大爷来找李先生，李先生听完他们抬杠的因由，看了看张大爷，又看了看王大爷，这两位大爷都是老熟人老街坊，说'是'和'不是'都会得罪人，真是给他出了道难题。"

小宁笑道："确实够难为他的，那他是怎么回答他们的？"

我说："这位李先生想了想，对这两位大爷笑道：'谁说诸葛亮和孔明是一个人？他们是两个人呀！'张大爷听了目瞪口呆，王大爷听了面带得意之色。既然这么有学问的李先生说了，诸葛亮和孔明是两个人，那就意味着张大爷输了，王大爷赢了。没辙，张大爷给了王大爷50块钱。"

小宁说："这位李先生怎么这么糊涂呢？"

我说："是呀，王大爷走了以后，张大爷问李先生：您怎么违心说诸葛亮和孔明是一个人呢？李先生说：'我如果不说诸葛亮和孔明是两个人，他会不停地跟你纠缠下去，你说你们这种争论有意义吗？张大爷说，可是你这么一说，我的 50 块钱没了。李先生笑道：你这 50 块钱花得不冤，一者，你输的只是 50 块钱，他却要糊涂一辈子；二者，这钱你也该认罚。张大爷说：我凭什么要认罚呀？李先生说：他连诸葛亮和孔明是不是一个人都不懂，你还跟他争得急赤白脸的，你说你该不该认罚？张大爷听了这话，一拍脑门说，您说得对呀！"

小宁笑道："这位李先生可真会说话。"

我说："看起来这位李先生处世挺圆滑，能说会道的。但是你细琢磨，还就是这个理儿，所以我说，说话有时是一门艺术，这里头有学问。但是说话有时要分语气的轻重缓急，而且要看说话人的面部表情。"

小宁笑道："这里头是不是也包含礼仪的成分呀？"

我说："对。我们讲的是中国人的老礼儿，比如说待人要热情，这里包含的是殷勤周到、和蔼可亲，这跟阿谀奉承、吹吹拍拍不是一回事儿，风趣和幽默跟耍贫嘴、逗闷子不是一回事儿。这里有真诚与虚伪的区别。"

"在文明礼仪中，说话首先要真诚，这样才能显出亲切来。"

"是的，有关说话的礼仪还有许多忌讳，比如不能逗贫嘴的问题。"

小宁说："这倒是挺有意思的话题，您能不能聊聊？"

我笑道："这个话题，咱们下回分解。"

045
失礼多因嗓门高

书接上回，我跟小宁聊起了说话的学问，小宁问道："如果从文明礼仪的角度看，人们在日常说话的时候，有哪些忌讳。"

我说："要说忌讳，我认为首先说话要注意嗓门的高低。"

小宁笑道："说话忌讳大嗓门对不对？"

我说："是的，咱们中国人习惯于说话大嗓门，透着底气足。如果在自己家里，您的嗓门再大也没关系，但是在公共场合，就有失礼貌了。"

小宁笑着说:"没错儿,我在英国留学的时候,有一种感受,中国的游客走到哪儿都大声说笑,旁若无人。在国外,中国人和日本、韩国及东南亚地区的人长得都差不多,很难看出谁是哪国人,可是一说话就知道了。特别是三个以上的人在一起聊天儿,从远处就能分辨出哪几个是中国人,哪几个是日本人、韩国人和东南亚人,因为从他们说话的声音就能做出判断。"

我笑道:"是呀,咱们中国人喜欢热闹,说话喜欢绘声绘色,有说有笑,嗓门儿很大。"

小宁苦笑了一下,说道:"在国外,有时看到中国旅游团到饭店吃饭,那才有意思呢,游客坐下以后,便开始大声说笑,饭菜一上桌,你一筷子,我一筷子,争先恐后,一边吃饭,也一边说笑,而且那狼吞虎咽的吃相,还有喝汤吧唧吧唧的声音,真让人觉得这才叫大快朵颐、风卷残云呢。吃完喝完,便大呼小叫地走了。"

"瞧你形容的。"

"反观英国人却很斯文,喜欢静,吃饭也很安静。看咱们的同胞亮着大嗓门儿,往往感到不可思议。"

我说:"有些同胞可能没这种意识,您走出国门以后,可就成'老外'了。您的一言一行都代表着中国。老外不知道咱中国人什么风度,只能通过走出国门的人的言行,来品味中国的文化。"

小宁说道:"有时候看到有些不懂规矩、缺乏文明素质的中国人,在国外的一些不文明举止,比如在大庭广众之下高声说话、随地吐痰、乱扔杂物、站没站相儿、坐没坐相儿,让我脸上感到发烧,觉得他们的言行,不但有损自身形象,也有损中国人的形象。您说为什么在他们出国之前，不搞搞文明礼仪方面的培训呢？"

我笑道："以前，中国人想出国，是非常难的。出国之前，确实要集中几天进行培训，由外交部的工作人员，给大家讲要去的国家的国情，介绍那里的风土人情和民俗礼仪，同时也讲一讲注意事项和相关的纪律等。"

"我想经过这种培训，出国的同胞一定不会像在国内那样随随便便了。"

"但是改革开放以后，中国的国门彻底打开了，加上现在世界各国的经济朝着全球'一体化'的方向发展，民间的经济往来日益增多，尤其是近几年，随着国际旅游业的发展，现在出国已经不是什么了不起的事情了。换句话说，只要有钱，您就可以在世界各国随便溜达。"

"的确，现在出国旅游成了热门。"

"由于出国公干、出国留学或出国旅游的人，文化素质、个人修养和气质有很大差异，所以，难免会有人把在国内的一些坏习惯和臭毛病带出国门。"

"有些人的生活习惯，是很难改变的。比如大声说话，他已经习以为常了，你让他柔声细语，他会觉得这是受罪，心里憋得慌。"

"当然，现在出国的人也太多，外交部也好、旅行社也好，不可能再像过去那样，在出国之前，集中进行文明礼仪方面的培训了，这只能靠自身的修养和觉悟。"

小宁点了点头，说道："这倒也是，我出国留学前，就没经过培训。但是，既然出国了，您就得想到自己是中国人，不能给中国人丢脸，这应该是起码的道德水平。"

我沉了一下，对小宁说："有些问题还得客观公正地来看，比如不注意场合、大声说话这种现象，我认为还不能把它归到你说的道德和'国格'的层面上来，问题并没那么严重。"

　　"为什么呢？"

　　"这世界上，有人喜欢安静，有人喜欢热闹，你不能说谁好谁坏。每个国家、每个民族和地区的风俗习惯和传统文化也不尽相同，你不能把欧洲人喜欢安静作为文明的标志，把中国人喜欢热闹、爱说爱笑作为不文明的象征。当然那种咋咋呼呼另当别论。"

　　"说的是呢。"

　　"我记得台湾有位学者叫柏杨，曾经写过一本书叫《丑陋的中国人》。"

　　小宁说："这本书我看过。好像是根据柏杨先生在大学的讲演记录整理的。"

　　我说："柏杨的文笔比较犀利，在这本书里，他专门提到了中国人说话大嗓门，走到哪儿都哇啦哇啦。当然他是针对台湾和香港地区的人而言，自揭国人的短儿，把说话大嗓门、不分场合地点，归为'丑陋'的中国人的一种表现。我认为他说得比较苛刻，说话大嗓门谈不上'丑陋'，它只能说是一种不太好的习惯而已，当然它也是不文明的习惯。"

　　小宁说道："关键是要分场合和地点。"

　　我说："对，有些场合，说话大嗓门还透着热闹呢。就拿看体育比赛来说，看足球赛，需要的是一种热闹劲儿，别说大嗓门说话了，啦啦队还鼓动你大声欢呼呢。大鼓洋号都招呼上了。"

　　小宁笑道："还可以放焰火呢。"

我接着说道："可是看乒乓球比赛、看台球比赛、看射击比赛等，就不能大声说话了。因为您出声太大，会影响运动员的注意力和情绪，所以，正如你的说话声大声小、声重声轻，得分场合。"

小宁说："真是这样，比如您去剧场看话剧，就必须得闭嘴。话剧以说话为主，您说话声大了，大家是听台上的，还是听您的呀！"

我说道："中国人喜欢大声说笑是有传统的，你看中国古代，县衙门都戳着两块牌子，上面写着'肃静'俩字，禁止大声喧哗。县官审案子为什么要拍惊堂木呀？也是因为怕底下的人们大声说话。有皇上的时候，文官出门之前要敲锣、武官出门要放炮。"

小宁问道："这是什么意思？"

我说："就是怕人们高声喧哗，进行骚扰。皇上出门的讲究就更多了。那会儿叫'净水泼街，黄土垫道'，前边的仪仗队是打着'肃静'牌子的。"

小宁笑道："'文官敲锣，武官放炮'，'净水泼街，黄土垫道'这倒挺合辙押韵。"

我说："皇上怕有人'惊驾'不是。同时也是一种礼仪，老话说，'礼义廉耻，国之四维，四维不张，国乃灭亡。'它体现的是礼的威仪。当然，打着'肃静'牌，就是告诉老百姓，皇上来了，别大声喧哗了。再大声说话乱嚷嚷，惊了'驾'，可就有杀头之罪了。"

小宁笑道："我估计这时候，说话再大嗓门的人，也不敢吭声了。"

我说："从古到今，静都是一种文明礼仪，也反映出一个人的道德修养，你看我们评价一个人如何有修养，总会用到'文静'这个词儿。过去，大宅门出来的人，甭管男的女的，都以静为雅，女孩子说话都不敢出大气，低声细语，这在当时是一种美德。而咋咋呼呼，说话高音大

嗓，总会被认为此人缺乏教养。"

"确实如此。"

"当然，这与生活的环境和每个人不同的性格也有关系。从文明礼仪的角度说，说话还是应该分场合和地点，不能由着自己的性子，只图自己的嗓子眼痛快，甭管到哪儿都大声说话，不管不顾。您喜欢热闹，在家里可以由着性子嚷嚷，没人管你。"

小宁笑道："那也不行，您由着性大喊大叫，街坊四邻该不干了，这叫噪音扰民。"

我说："是呀，那只能一个人跑到河边嚷嚷去了。"

小宁笑道："这叫溜嗓子！"

我说："人们日常说话还有一忌，就是一惊一乍。"

小宁说："据我观察，有些中国人喜欢这样。"

我说："是呀，大家伙儿正在说事儿或看电视，突然有人来一嗓子'哎！快看呀！'把大家吓了一跳，赶到大家一问：看什么呀？这位指着墙面说：'那儿有一只苍蝇。'"

小宁笑道："真够气人的。"

我说："是呀，看到一只苍蝇，您过去把它打死不就得了，至于这么大惊小怪的吗？您说旁边要是有个心脏病患者，不得让您这一嗓子给惊出个好歹来。"

小宁说道："有一次，我坐公交车，一车人都在安安静静地坐着，一位30岁出头的女同胞的手机响了，'哎呀，是你呀！'她突然大声叫起来。喝，她这一嗓子把一车人都吓了一大跳。坐我旁边是一位老奶奶。我看她直捂胸口，可是这位女同胞，却旁若无人地大声用手机聊起来，什么七大姑八大姨的事儿，恨不得把她脸上长了几个褶子的事，都让一车人听到。"

"这就是不懂老礼儿了。"

"最可气的是她打电话是高低音儿，时不时来一嗓子，把大伙吓一跳。她坐的站还挺长，手机打了一路，我旁边那位老奶奶实在受不了这刺激，没到地方呢，就提前下车了。我也忍受不了这份'罪'了，也提前下了车。您说碰上这么一位，倒霉不倒霉？"

我说道："这就叫没有'公德'意识，犯了说话的文明礼仪之大忌。有关'话声'，还有一个忌讳就是没轻没重，喜欢接人话茬儿。"

小宁说道："您是指说话接下茬儿吧？我最烦的就是这个。"

我说："是呀，一屋子人正在听人讲什么事儿，人家刚说了个开头，他把话茬儿接过去了，大伙儿只好听他的，显得他知道的比谁都多似的。这是对人的不尊重，也没礼貌，你说是不是？"

小宁说："这种人往往喜欢表现自己，而且'表现欲'极强。有时别人说话他不但接下茬儿，还抢话呢。"

我笑道："抢人说话。"

"我发现现在电视台的谈话节目，常有这样的嘉宾，他不但抢别的嘉宾的话，连主持人的话都抢。人家的观点刚说了一半，他就把话抢过去了，好像只有他能说似的。"

我说："这也是一种失礼。谈话类节目允许观点交锋，但不能不让人把观点说完呀！关于说话的忌讳还有很多，比如'话密'问题。"

小宁问道："'话密'是什么？"

我笑道："有关这个话题，咱们且听下回分解。"

046
聊天不可话太密

书接上回，小宁问我什么叫"话密"。

我对她说："'话密'就是说话没结没完，只顾自己心里痛快了，不考虑对方是否愿意听。"

小宁笑道："嗯，生活中确实有这种人。"

我说："'话密'，还指到朋友家做客'屁股沉'，不管主人是否留他，他是一厢情愿地说。尤其是到老人家里做客，上岁数的老人跟年轻人不一样，他们一般喜欢早睡早起，您如果晚上到老人家里做客，最好是长话短说，把握着时间不能太长，一般别超过晚上九点。"

"哦。"

"包括看望有病的老人，千万别拖得时间太长，因为老人没有年轻人那么大的精力。"

"那倒是。"

"可是碰上'话密'的人，他就不管这些了。他东一榔头西一棒子，且跟您聊呢。其实，您把他这一晚上说的话作一记录，整理一下，没几句正经的。他这儿痛快了，但老人受得了吗？"

小宁笑道："我记得您在长篇小说《北京爷》里，描写过这种'话密'的人。"

我说："是呀，这个人物是有生活原型的，并非是我编造的。我最烦的就是这路人，有事儿就大大方方地说事儿，说完了，您就打道回府，别没完没了地说了。可是偏偏有这种没里没面儿、看不出眉眼高低的人，且跟你这儿磨叽呢。你说烦不烦吧？"

小宁说道："是挺招人厌烦的。"

"可都是朋友，您又不好对他下'逐客令'。"

"叫人家走，显得你没礼貌，也会伤着朋友。有时候弄得人真没辙。"

"是呀，我有一个挺不错的朋友，就属于这路人。有一次，他托我给朋友的孩子介绍一所学校，其实这是很简单的事儿，他把孩子的情况讲清楚，说明这孩子没能上学的原因，几分钟的事儿。"

"在电话里都能说明白。"

"但他非要上我家来当面说。他提出来了，我也不好意思拒之门外。吃过晚饭，他来了。这没完没了地聊呀。就这么一点事儿，他车轱辘话来回说，说得我耳朵眼快长茧子了。我抬头一看表，快十点了，对他说，我今天晚上还要赶一篇稿子。这不是提示他赶紧打住别说了吗？可是他却不以为然，接着聊。家里新烧的一壶水，都快让他喝干了，他也没有去意。"

"真是侃爷。"

"聊到十一点了，我实在忍不住了，对他说：'咱们改天再聊吧。天儿不早了，再聊下去，你回家该没电梯了。'他说：'没事儿，没电梯，我腿儿着爬楼梯，还锻炼身体呢，咱们再聊 10 分钟。'我一听他说这话，心里有谱儿了。"

"再忍 10 分钟吧。"

"可是他聊着聊着又刹不住车了。我再看表，半个小时都过去了。我跳起来说：'咱今儿就到这儿吧，再晚，可没公交车了。'"

"这回他该走了吧？"

"他依然没有走的意思，那劲头好像刚开始聊，还有好多话没说呢。他对我说，'没事儿，没公交车，我出门打的走。让我抽支烟，马上就走。'"

"这位可真能磨人。"

我说："是呀，到这份儿上都快把我磨荤菜了。我一见他说抽支烟就走，也不能不让他抽呀，心说一支烟能有多大工夫呀？再忍一忍吧。我看了看表已然夜里十二点半了。"

"都这会儿了？！"

"谁知他点着这支烟，又接着聊，聊着聊着把刚才说要走那茬儿又忘了，点着了第二支烟，继续聊。"

"妈呀！简直有点儿琢磨人了！"

"真是应了过去说书人的那句老话：'先说地后说天，说了大鼓说旗杆'，聊得我昏昏欲睡，哈欠不断，后来我索性也不轰他了，看他能聊到几点。"

小宁问道："他聊到几点才走的呀？"

我笑道："我也不知道他几点走的，因为我后来靠在沙发上睡着了。"

小宁忍不住哈哈笑了起来，说道："这位爷可真够得上'话密'的，要是搞聊天大赛，他肯定能拿冠军。难怪您把《北京爷》写得那么有意思，敢情您有生活呀！"

我说:"碰上这样'话密'的人,您有脾气吗?"

小宁笑道:"确实没办法。"

我说:"所以有些岁数大的文化名人家里,往往戳着个小告示牌,上面写着:'由于本人身体原因,恕请谈话别超过 20 分钟。'有的干脆在家门口戳个小牌:'本人身体不好,恕不待客。'"

小宁笑道:"因为他们是文化名人,找他们的人多,这是不是属于被逼无奈之举呀?"

我说:"是呀,要是这些上年纪的老先生碰上我刚才说的那位朋友,不得给'磨'出个好歹来。中国人说话的老礼儿还有一个大忌是'话痨'。"

小宁问道:"'话痨'?这个词挺有意思。什么叫'话痨'呀?"

我笑道:"这个话题,咱们且听下回分解吧。"

047

无端话痨生是非

书接上回，小宁问我"话痨"是什么意思。

我对她笑道："这是一个流行语，形容人爱唠叨，而且净说些废话闲话，唠叨起来还没完没了，成了一种病态。"

"从等级上超过了'话密'。"

我说："'痨'就是'痨病'的意思。过去，中国人管肺结核病叫'痨病'，当年肺结核病属不治之症，所以，'话痨'也有'没治'的意思。"

小宁说："碰上这路人也挺烦人的。"

我说："是呀，我有一个朋友大陈，刚结婚不久，夫人姓王，小两口儿常到一家餐馆吃饭，跟那儿的领班和服务员混得挺熟。领班三十多岁，是个女的，她就是个'话痨'。"

"有什么故事吗？"

"你听呀，'话痨'下了班，爱怎么说就怎么说，您'痨'去吧，没人管。可是上了班，就应该板着点儿自己，而且按一般服务人员的礼仪规范，也不能话太多。可是这位领班不跟顾客说话嘴痒痒，而且还挺爱逗贫嘴，说闲话。"

小宁说："这不麻烦了吗？"

我说："是呀。有一天，我的朋友大陈加班，夫人小王跟两个朋友来餐馆吃饭。领班凑过来，对小王说，'呦，大哥今儿没跟您一块来呀？'小王说，'他加班，不回来吃饭了。'领班说，'是真加班呀，还是外头有别的应酬？'小王一听这话，有点儿不爱听，但当着朋友的面儿没再吱声。"

"是呀，哪能这么说话呀？"

"谁知领班看不出眉眼高低，闲话又跟过来：'这年头，男人都花心，大姐可得多留神，别让男人的假象所迷惑。'小王本来是陪朋友吃饭的，没想到领班会说出这话。她绷起脸说：'您这是什么话？'领班大

告诉您个事儿

概是闲极无聊，没话找话，笑了笑说：'我没别的意思，是替你着想，你看大哥长得那么帅，女人不跟紧点儿，会被别的女人惦记上。'"

"说话太没深浅了。"

"是呀，小王越听越觉得莫名其妙，随口问道：'你看见有人惦记上他了是怎么着？'想不到那领班半开玩笑地说：'没看见，我会说这话吗？'小王是个办事儿有板有眼的人，一听这话，忙问：'你在哪儿看见他了？'领班咯咯笑了起来，说：'我在这儿看见他了，看见他跟一个女的一块儿来吃饭。'她本来是想逗句贫嘴，看见大陈跟小王一块儿来的。可是偏偏小王不懂幽默，以为领班真看见大陈跟一个女的来这儿幽会呢。"

"您说这不是给人添堵吗？"

我说："可不是吗？这顿饭让小王吃得心里很不痛快。回到家越琢磨越觉得心里不是味儿。大陈见她耷拉着脸，问她怎么回事？小王赌着气把领班的话说了出来。大陈一听，急了，想找那个领班算账，被小王劝住，不过心里却结了疙瘩。"

小宁叹了口气说："这不是无事生非吗？"

我说："什么事儿都无巧不成书，自打领班甩了几句闲话以后，小王心里别扭起来，不再去那家餐馆吃饭。可是偏偏有一天，大陈说他加班，跟一个客户谈业务，没回家吃晚饭。小王又约了两个朋友逛街。她们走进一家快餐店的时候，看到了大陈跟一个女的在吃饭。"

"真是巧了。"

"其实，那女的是大陈的一个客户，可是小王一下撞倒了醋坛子。当天晚上，小两口儿就大闹了一场。有过这次感情冲突，俩人的关系开始冷淡了，同床异梦，有时回到家，谁也不理谁了。"

"让'话痨'的几句话，弄得伤了感情。"

我说："可不是嘛，小两口儿闹了有半年多，末了儿，只好分道扬镳了。"

"就这么离婚了？"

我说："是呀，这事儿追究起来，还不是'话痨'领班那张嘴惹的祸吗？"

"就是呀！"

"小王离了婚，偶然又一次到那家餐馆吃饭，见了领班，领班听说小王跟大陈分手了，懊悔不及地一拍巴掌说，'你怎么把我开玩笑的话当真了。'小王诧异地问：'难道你当初没看见大陈有外遇吗？'领班说：'我看见了，那女的不就是你吗？'小王听了这话，差点儿没背过气去，抽这领班一顿的心都有。"

小宁说："这领班也太可气了。不过，小王和大陈的感情也忒脆弱了。怎么就因为几句闲话就闹离婚呢？"

我说："现在年轻人的情感世界都比较脆弱，经不住一点儿磕碰，所以待人接物，说话一定要慎重，别伤了人的自尊心。这应该是职业礼仪最起码的要求。"

小宁说："看来，在职业范围内，管好自己这张嘴确实挺重要。"

我说："尤其是'窗口'行业的人，要管住自己的嘴，千万别没话找话，有的说说没的道道，这样做很容易让人反感。"

小宁说："北京的出租车司机就比较典型，有些外地人来北京，印象最深的就是京城的'的哥'爱聊天。"

"其实，开出租车爱聊天也不是什么大毛病，但一定要分对象，要有分寸。有的外地人初来北京，很想了解一下首都的情况，跟司机聊几句天儿，可能会增加点对这座城市的感性认识。但有人坐出租车喜欢安静，不愿意说话，如果司机上赶着跟人逗话，那就显得失礼了。"

小宁说："确实如此，过去，我经常打'的'，发现北京的'的哥'有'话痨'毛病的不少。可能是开了一天车，总觉得憋得慌，所以便没话找话。"

我说："虽然这几年出租车司机经常进行文明礼仪培训，有'话痨'毛病的人已经不多了，但有那么一个两个的'话痨'，也会影响整个行业的形象。前两年，有位香港女士因为乘坐北京的出租车，向有关部门投诉，说司机没礼貌。"

小宁问："怎么回事呢？"

"原来那位司机也是'话痨'，人家一上车，就开始跟人家聊天，问人到北京干什么？多大岁数了？成家没有？来北京住在哪儿？像是在查户口，弄得人家心里很不痛快，末了儿向有关部门提了意见。"

小宁说："北京的'的哥'确实有时热情得过分了，人家是女士，你一上来就问人家多大岁数干吗？在西方国家，女士最忌讳别人问她的年龄，这是严重失礼。"

我说："从出租车司机的职业礼仪来说，应该规定一条，尽量不要跟乘客搭话，更不要聊闲篇儿。除非乘客问到你什么，你才回答。无关紧要的话更应该少说。有人曾建议出租车司机应该是活地图，活字典，活导游。我觉得当'活地图'还可以，因为能给乘客指指道儿，当'活字典''活导游'则有点儿过了。"

"是呀，出租车司机当'导游'，那旅游部门的导游上哪儿吃饭去？"

我说："司机就是司机，安全无误地把客人送到地方，就尽职尽责了，干吗要承担那么多事儿呢？"

小宁说："我觉得这些待人接物的说话礼仪，应该纳入窗口服务行业的职业道德规范。当然，作为礼仪常识，一般人也应该懂得。"

我说："对，有些既是礼仪，又是人之常情。其实，中国人的老礼儿不仅涉及窗口行业，它还体现在生活中的方方面面，包括观看体育比赛。"

小宁接过话茬说："说到体育比赛，明儿有场球赛，您看不看去？"

我说："好呀！不过，看球的事儿，咱们下回再聊吧。"

048

现场看球莫失礼

书接上回，小宁说到球赛的事儿，没想到她晚上就给我打电话，问我看不看球。她手里有两张"中超"联赛的门票。

"看球儿"这句话非常有意思。中国人对足球格外喜欢，把足球赛的称谓高度省略为"球"。"看球儿"就是看足球比赛。

其实，球赛有篮球、手球、乒乓球、羽毛球、水球、冰球等，特别是乒乓球，还是我们的"国球"。但中国人偏偏把足球赛称为"球"，可见对足球是多么当回事儿。

同样，中国人所说的球迷，通常也是指足球迷。说老实话，中国的男同胞们没有几个不爱看球的，包括一部分女同胞也是球迷，尤其是近些年，国内的"中超"联赛，各个俱乐部引进了一些国际知名的大牌球星，球迷们看球的热情格外高涨。

小宁约我看"中超"比赛，我当仁不让，虽然我算不上真正的球迷，但也想到现场感受一下球赛的气氛。同时，也利用这个机会，跟她聊聊赛场的礼儿。

"好吧，我陪你一块儿去。"我在电话里说。

没想到第二天下午，离球赛还有三四个小时，小宁就风风火火地来

抑制不住的狂热

找我了。

我一看她的装束，禁不住乐了。她换了一身运动装，足蹬运动鞋，脑门上缠着一条布条子，上面写着"××俱乐部，永远爱你"，手里还拿着一个塑料小喇叭。

我笑道："甭问了，你一定是这个队的铁杆球迷。"

小宁的语气像个假小子："那是，我从中学起就看这个队踢球。"

我跟她聊了一会儿这个俱乐部的近况，想不到她如数家珍，对每个主力队员都门儿清。

我笑着问道："既然你对足球这么痴迷，我问问你，你知道中国最早的球迷是谁吗？"

她想了想说:"您又考我,我哪儿知道这个呀?"

我说:"足球在中国古代叫蹴鞠,现今,人们通过考证,足球的故乡在中国。《汉书·艺文志》里说,'蹴鞠者,传言黄帝所作。'也就是说,华夏子孙的始祖黄帝,是中国的第一个球迷。"

小宁道:"黄帝是球迷,这我还是第一次听说。"

我说:"中国的战国时期,蹴鞠已经普及了。你知道吗,汉高祖刘邦的父亲太公,不但是球迷,还会踢球。"

"刘邦的老爸会踢球?"

"刘邦本人也是球迷。史书记载刘邦不但自己踢球,还特爱看比赛。他在宫苑专门营造了一个很大的'鞠域',类似现在的足球场,经常搞比赛。他还藏有《蹴鞠新书》,命令全国军队以蹴鞠来训练士兵。"

"嗬,了不得!"

"汉武帝刘彻除在长安城的宫苑内建造了大型足球场外,还在'三辅离宫'建造蹴鞠场地。唐代的中宗李显、玄宗李隆基、宣宗李忱、僖宗李儇等皇帝也是球迷。"

"唐朝的皇上也喜欢足球?"

"唐明皇和他的哥哥宁王还是足球健将。宋太祖赵匡胤、宋太宗赵光义也是球迷。宋代无名氏画的《宋太祖蹴鞠图》,画面就是他们俩跟赵普、石守信等六人踢球的场面。"

小宁笑道:"想不到中国历史上,有这么多皇上是球迷。"

我说:"这里说的足球,是中国古代的足球,跟现代足球还是有区别的。"

"中国古代也有球迷吧?"

"中国自古以来就是礼仪之邦。古人踢球也好，看球也好，都讲规矩和礼仪。蹴鞠既是一种竞技运动，也是一种礼仪。"

小宁不解地问道："怎么球赛还是一种礼仪？"

我说："对，古人把踢球当作一种体育运动，它有一种娱乐功能。比赛本身是为了让观众赏心悦目，所以赛前要举行仪式。双方运动员要相互行礼，赛后还要向观众行礼，有点儿像一场非常隆重的文艺演出。观众看球也有许多老礼儿，比如，看球要沐浴更衣，不能喝倒彩儿，不能乱喊乱叫，不能在观看时出现对比赛双方不敬之词，更不能污辱裁判等。"

小宁说："看来古代的球迷很文明。"

我说："对。现在的球迷观看一场精彩的足球比赛，像是过节，心情比较激动。就拿你来说吧，知道晚上要看'中超'联赛，老早就换上了行头，还备了个助威的小喇叭，离比赛还有几个小时，心已飞到了赛场。"

"那是！球迷嘛。"

"古代的球迷也是这样，把观看球赛当作一种盛大的节日。比如，宋徽宗赵佶就是这样。史书上说他特爱看球赛，规定每年在他过生日这天，文武百官给他祝寿，喝过寿酒之后，内廷的蹴鞠队，也就是足球队要进行一场比赛，以饱眼福。"

"赛前要有礼仪是吗？"

"比赛前后，都要举行盛大仪式，而且礼仪还非常烦琐。古人觉得唯有这样，才能体现足球比赛的雅兴和观赏价值。当然，中国古代的蹴鞠比赛跟现代足球赛并不是一回事儿。不过就比赛本身、球迷所应具备的文明礼仪和心态而言，还是一致的。"

小宁说："您的说法我同意。但有一点，您可能不理解我们球迷的心理。"

我问："你指的是什么心理？"

小宁说："观看球赛的心理。"

"什么心理呢？"

"我觉得中国古代的足球，跟现代足球最大的区别就是观赏性不同。您刚才说到了古人看球是一种雅兴。那会儿的球迷就像现在的戏迷一样，他既是观众，也是票友。他可以陶醉于比赛的技巧表演和兴致中。现在人们看足球赛，则是寻找一种比赛的刺激，或者说通过观看比赛，来宣泄一种激情，所以大伙不但观赏比赛的过程，而且更看重比赛的输赢，这恰恰是足球吸引人们眼球的地方。因此，球迷看球的心态，是唯

干吗这么较劲

恐赛场不热闹，唯恐比赛决不出输与赢。"

我说："照你这么说，现代人看球，可以完全把比赛的一些规矩和赛场的礼仪不当一回事儿，只要比赛的过程和结果就行了，是吗？"

小宁说："我说的不是这意思。"

我问："那是什么意思？"

小宁说："我是说看球就是看球，礼仪什么的并不重要。赛场如同战场，就是要争取多进球。讲礼仪，文质彬彬，怎么能踢好球呢？"

我笑道："你的这一观念很有代表性。现在有些球迷，正因为把文明礼仪丢到了脑后，一味地注重比赛的输赢，所以一旦本方的球队失了球，或者裁判做出一些使自己扫兴的判罚，便火冒三丈，不管不顾了。我认为这种做法，把体育运动的精神和比赛的魂给丢了。一个运动项目的真正意义是什么？我觉得不只是为了输赢，甚至于是赌输赢。如果真像你说的赛场如战场，每个球员一上场，就不顾一切地冲锋陷阵，摧营拔寨，充满火药味儿，那还叫体育比赛吗？"

小宁说："这看着多过瘾呀！足球比赛就得像战士上战场那样拼个你死我活，这才是比赛。像您说的那样以礼相处、礼貌待人，那球还怎么踢呀？"

我说："看来我这个准球迷，还一时难以说服你这个铁杆球迷。足球比赛当然不能讲温良恭谦让。我说的礼儿，也不是在比赛过程中的谦让和礼让，只要是竞技比赛，压根儿没有相让这一说。我强调的礼儿，是一种行为规范，或者说是文化素养。好了，咱们别抬杠了，关于这个话题，下回再争论吧。"

049
看球千万别较劲

书接上回，小宁就赛场礼仪问题跟我抬起杠来。

小宁说："我真不理解您怎么能把中国人的老礼儿跟球赛挂起钩来。人们在赛场上，主要欣赏的是球员的球技，重视的是比赛结果，谁去琢磨球员的文化素养之类的东西呀？"

我沉了一下说："小宁，不瞒你说，你说的这个观点，我琢磨了十多年。没错儿，甭管从事什么运动项目，每个运动员到了比赛的时候，都应该奋力拼搏，敢于玩儿命。运动员都是从小培养起来的，他们整天在运动场上摸爬滚打，跟自己个儿较劲，也跟别人较劲。因此，有人总持有这么一种观点，认为运动员本身就应该豪爽一些，粗鲁一点儿，不能太文气，这样才能体现体育之美，甚至有人认为男运动员说话不带脏字不算爷儿们。所以对运动员来说，尤其是对在赛场上允许合理冲撞的足球运动员来说，用不着有什么文化修养，这是运动员的职业特点决定的。"

"这有什么错儿吗？"

"长期以来，人们眼里的球星只要技术好、体能好就行了，至于说道德修养、文明礼仪对他们来说就那么回事儿。某某球员可以开车打人，某某球员可以在赛场上追打裁判，某某球员可以往对方运动员脸上唾唾沫，不但是中国运动员，国外的大牌球星也如此，马拉多纳可以吸毒，贝克汉姆可以喝醉酒打人，泰森可以玩女人，一些球星可以在生活中没德行不讲礼仪，但不能在运动场上不玩活儿。"

小宁说："哟，看来您对体育界的事儿还挺了解呀。"

我笑说："这些事儿，不但我知道，地球人都知道。不断有球星非礼失德的新闻，又不断有他们在赛场上一球定乾坤的报道，人们已经习以为常、见怪不怪了。"

"体育明星本来就是社会公众人物嘛。"

"不过，瑕不掩瑜，球迷们似乎总能原谅球星们在道德上的缺憾。久而久之，体育道德、体育精神以及足球运动的文化内涵渐渐地失去了它应有的意义。因为球星有他们的商业价值。大牌球星的身价，怎么能因为他们道德上的缺失而打折扣呢？商品和市场这只无形的巨手，左右

打球还是打架

264

着人们的喜怒哀乐。赌球之风在欧洲足坛司空见惯，在国内的赛场上也方兴未艾。因此，有人认为，足球赛场上球迷喊几声'京骂'，甚至发泄一下，闹点事儿也不必惊慌失措。这有什么呀？没有起哄的球迷，就没有火爆的球市；没有火爆的球市，如何刺激球员们去玩儿命；球员们在场上不玩命，这球儿还有什么看头？"

小宁说："可不是这么个理儿吗？"

我说："你不觉得这么做有什么缺失吗？我觉得这一切都背离了足球运动的文化价值，或者说远离了体育运动的精神。"

"有这么严重吗？"

"现在有些人也在喊体育文化，实际上他们所说的'文化'，不过是一种商业行为。比如，印个文化衫了，搞点儿纪念品了，弄几个球星唱唱歌了，而忽略了真正意义上的体育文化。"

小宁不解地说："您又把事儿说深了。我觉得您的观点太书生气了，或者说太文人化了。人们看球就是看球，哪有那么多文化？您当这是上文化课呢？我倒想听听您说的体育文化是什么？"

我说："你先别急。"

小宁咧着小嘴说："能不急吗？您刚才那番话，我看即便不是伤众，也伤了我们球迷的自尊。"

我笑道："哟，你开始讲自尊了。好，我就从自尊说起。文明礼仪的实质是讲尊重他人，同时也尊重自己，所以，自尊是建立在对别人尊重的前提下的。如果不尊重别人，一味地想让别人尊重你，那就不是自尊，而是自傲了。球星当然是让球迷给捧起来的。换句话说，没有众人相捧，他也成不了'星'。众人尊重你，你就应该尊重别人，这是最起

码的做人做事儿的准则吧？可有的球星却缺少这种素质，牛！连球迷请他签个名，都爱搭不理，架子哄哄，这是自尊吗？"

小宁插话说："人家是腕儿嘛，当然得有点架子。"

我说："再比如，客队到球迷所在的主场打比赛，主队在赛场上不能吃一点亏，似乎只能赢，不能输。客队一拿球，主队球迷就赠予一片嘘声。裁判稍有一眼照顾不到的地方，主队的球迷就起哄。"

"对呀。这不是很正常吗？"

"相反，主队球员犯了规，裁判秉公执法，必会招来一阵叫骂声。你说这是自尊吗？人与人之间讲究礼尚往来，球迷与球迷之间也讲这个。你就不想想：人家到你所在的城市打客场比赛，你哄人家；你到了人家的主场，就成了客队，人家将会怎么对待你？如此下去，岂不成了恶性循环，还讲什么赛场秩序呀？其实，在你哄人家的时候，你的尊严也就随之失去了。"

小宁说："我不这么看，主客场当然不一样。打比赛嘛，主队的球迷当然要向着自己的球队，要是为客队呐喊助威，那不成了叛徒？"

我说："这一点是没错的。关键问题是球迷应该明白如何看待比赛，球员应该明白为了什么踢球。我前面说的体育精神和体育文化的实质就在这儿。我可以不客气地说，现在有些运动员就是为了出名、为了金钱在踢球。"

小宁不服气地说："这有什么不对呢？现如今谁不是为了钱在奔命呢？咱说话别那么虚头巴脑行吗？一达老师，这不是您的风格呀？"

我笑道："我的风格是什么？为钱活着吗？"

小宁说："您的风格是讲实话，不玩虚的。您说现如今人离开钱行吗？"

我说："为钱踢球这没错儿。老百姓看球星成了大款并不眼红，人家那是踢出来的。但人不能只为钱活着，人还是要讲精神的，尤其是运动员。我虽然不是铁杆球迷，但也认识不少老运动员。"

小宁问："您都认识谁呀？"

我说："比如老北京队的李公一、李辉，国安队的名教头金志扬，现在的教练沈祥福等，跟我都挺熟。我跟他们聊球儿时，他们常回忆起20世纪七八十年代踢球的事儿。那会儿的球员，哪儿有现在的球员挣得这么多？"

"是呀？"

"他们踢球，真可以说不为名不为利，就是想为北京队争光。到了国家队，要为国家争光。当然，那会儿的球迷看球儿，也没有像现在有的球迷这样急功近利、这样冲动，来不来就发火儿，就高喊'牛×、傻×'，弄得恨不得全世界都知道中国的球迷有'国骂'。我不是厚古薄今，不是吹，甭看现在的球员一场比赛下来腰包都挺鼓，论球技和比赛作风，有一个算一个，跟当年容志行、古广明、沈祥福他们那拨儿球员真是没法比。"

小宁笑道："您又翻过去的那些老皇历。那会儿的人不是能端铁饭碗吗？"

我说："可是那会儿的人更讲精神。其实，有些东西靠金钱是无法得到的。远了不说，看看人家朝鲜足球队，你就明白了。人家吃的是什么，有多少奖金和报酬，可是再看看人家赛场上的作风和精神面貌？我所说的体育文化就在这儿呢。"

"我们的国家队跟他们踢，想赢还挺费劲呢。"

"人们看球是享受足球文化。这种文化体现着队员的整体精神面貌，团结协作的球风，娴熟的技术，充沛的体能和奋力拼搏、志在必得的气势上。球迷到球场上欣赏的也应是这些，而不是要技巧没技巧，要配合没配合，要精神没精神，只是乱踢一气、乱打一锅粥。为什么老球迷喜欢看巴西队踢球？为什么到今天，老球迷对贝利、贝肯鲍尔等世界级球星和容志行、古广明等中国球星依然津津乐道？"

"为什么？"

"因为在他们身上，不但能体现出足球的魅力，而且也体现出了体育的精神。这种精神才是我所说的体育文化。钱是好东西，但钱有时也毁人；单纯为了钱，就会把体育应有的精神给丢了，你说对不对？"

小宁对我说的这些还是不大认可。她说："您提到的比赛作风和精

这两条腿才能踢好球

神面貌是应该有，但现在毕竟不是容志行时代了，也不是金志扬时代了。那会儿的足球联赛还算业余，现在是职业化了。体制不一样了，球队已经俱乐部化。那会儿的球迷看球儿，门票才几毛钱；现在一张门票几百块，甚至上千块钱，而且现在讲究球员跟球迷互动。没有球迷的助威，球员踢球能提得起精神吗？"

我笑道："这正是我想说的，不过，咱们聊得工夫不短了，该找地儿吃点儿东西，准备奔体育场看球了。"

小宁说："好吧，咱们边看边聊。"

欲知我们聊什么，请看下回分解。

050
带气不能进赛场

书接上回，我和小宁找了家餐馆，匆匆吃了几口饭，便奔了体育场。

想不到那天入场的安检透着严，我背着的挎包不能带进场。没辙，我只好亮出了记者证，又说了半天好话，这才让我背进去。其实我的挎包里除了一些随身带的物品，并没什么"大件"。

"为什么查得这么紧？"小宁不停地向安检人员追问。

原来上一个"中超"比赛日，南方某城市，一位球迷的包里藏着一把菜刀进了赛场。比赛过程中，当裁判向球迷所"迷"的主队亮黄牌时，遭到队员围攻，这位球迷情绪激动，把身上带的菜刀亮了出来，要跟裁判玩儿命。这一举动虽然没酿成大祸，但是给各赛场敲了警钟。

我对小宁说："这哪儿是来看球呀？我瞧是憋着跟谁过不去。"

小宁叹了口气说："没办法，现在的球迷鱼龙混杂，什么人都有，还是以预防为主才是。"

我和小宁一边入场一边聊。我说："我小时候来这儿看球，连汽水瓶都可以带入场内，从来没听说哪个球迷敢拿汽水瓶往赛场上球员脑袋上嗨的。唉，那会儿的人多规矩呀！"

小宁笑道："您又提当年的老皇历。您怎么不说那会儿的人，看得着手机吗？时光不可能倒流，咱还说眼前的事儿吧。"

我笑道："我总觉得现在的球迷搂不住劲，动不动就失礼动粗，是跟外国球迷学的。欧美的足球赛场球迷就好冲动，赛场闹事几乎是家常便饭。英、德等国家的足球流氓走到哪儿，都让人揪着心，好在咱们国家还没有足球流氓。那年桑普多利亚球队访华，在这儿打比赛，随队来了百十来号他们的球迷。我到这儿现场采访，瞅着他们那种'满不论'的劲头儿，让人瘆得慌。"

小宁点了点头说："球迷到了癫狂的程度确实不招人待见。不过，人一到了比赛现场看球儿，很难控制自己的情绪。"

"也是，现场的气氛起来后，很难控制。"

"但赛场没气氛也不成呀。"

"营造赛场的气氛很重要，不过，我认为任何赛事，要想顺顺当当地进行，必须要有秩序，而秩序本身又包含着一些礼仪。"

小宁说："那么比赛的规则，算不算一种秩序呢？"

观赛之前

我说："当然算。俗话说，'没有规矩，不成方圆。'体育比赛是竞技运动，更得强调秩序。比如，任何比赛规则里都有一条——尊重对方队员，尊重裁判，尊重观众。而反过来对球迷来说，也要尊重对方队员，尊重裁判。这种互相尊重就体现了文明礼仪，而且这种礼仪世界通用。你看每场比赛前，双方运动员进场时，都要相互握手致意，交换队旗队服，向观众致意。"

"双方队长还要代表球队同裁判握手表示致敬呢。"

"这些都是赛场礼仪。足球比赛过程中，本方球员被对方球员绊倒，对方队员主动上前把倒地的球员拉起来，这时全场会响起掌声，这就是观众对这种老礼儿的致敬。有时，一方球员倒地造成死球，另一方球员看到后，会把球踢到场外，以便让队医进场。重新开球后，这方球员会把球还给对方，这也是一种礼儿。这些都体现了体育的道德精神。所以，我说礼儿是贯穿于整个比赛过程中的。"

小宁说："是呀，因为足球比赛是非常激烈的，有些时候会发生身

全场响起掌声

273

体的直接碰撞，没有规矩管束着，那不乱了套？"

我说："其实，很多比赛的规则和礼仪，是在这项运动的发展过程中不断完善的。比如，足球运动一开始没有这么多比赛规则。现在的一些规则，包括赛场的秩序，是用血的教训换来的。"

小宁说："那倒是。比如，现在欧美国家的一些足球场地都设有防护网，设这玩意儿干吗？就是防止球迷进场地滋事。"

我说："以前足球场可没这东西，因为要这个会挡住观众的视线。可是有的球迷来不来就热血沸腾，从看台冲到场地折腾，有打裁判的，有打球员的，还有一时兴起，玩裸奔的，接连闹出许多乱子，还出过人命。没辙，人们只好使出了安防护网这一招儿。"

小宁说："比起一些欧美国家的球迷，我们国家的球迷还算理智得多。"

我说："这分怎么看，现在有些球迷的做法也挺出圈儿。比如，前头说的那位揣着菜刀来看球的人。而且，近两年球迷围攻球员和打裁判的事儿时有发生，你说这是球迷应有的理智吗？"

"都闹事儿了，还能说有理智吗？这些人只能说是害群之马，大多数球迷还是守规矩的。"

"这倒是。不过，有很多时候，一粒耗子屎能坏一锅粥。我认为甭管足球篮球，看任何竞技比赛，首先要解决心态问题。运动员也好，观众也好，心态平和了，才能营造出良好的赛场氛围。"

小宁问："您认为作为观众，看球儿应该有什么样的心态呢？"

我看了看台上的观众陆续坐满，比赛马上就要开始了，对小宁说："这个话题咱们下回再聊，还是先看球儿吧。"

051
观赛要有平常心

上回书说到我和小宁在工人体育场，看了一场还算精彩的"中超"联赛，打主场的球队大比分战胜了客队。

小宁作为主场球队的球迷，兴奋得像个孩子。散场后，我们随着人流走向停车场。一路上，众球迷还陶醉在主队胜利的喜悦中，小喇叭声不断，耳朵里灌的都是球迷评球的声音。

小宁把脑门子上的布带子摘下来，意犹未尽地问我："怎么样？您看了今天这场球，感觉挺过瘾吧？"

我淡然一笑道："感觉不错，也有很多感慨。"

小宁说："有什么感慨？我想听听。"

我说："这儿离酒吧街不远，你看球时大喊大叫的，一定口干舌燥了。走吧，我请你喝啤酒去。"

小宁喜形于色地说："好哇，看完球喝啤酒，多爽的事儿呀！"

我和小宁往东溜达到酒吧街，进了一家酒吧。

落座后，我点了两扎鲜啤酒。小宁确实渴了，端起扎杯咕噜咕噜喝了两口。

我笑着对她说："今儿你这样儿倒真像个球迷，球场的喧闹劲儿，

275

把你平时的斯文都给赶跑了。"

小宁是个聪明的女孩儿，听出我的话里有话，脸腾地红了，不好意思地说："哟，对不起，一达老师，您别见怪，我今儿看球确实有点儿激动，把您平时告诉我的中国人的老礼儿给忘了。"

我笑道："忘什么了？"

她调皮地一笑说："忘了喝酒要先敬您呀。"

我说："嗨，我们之间就别这么客气了。我是说你今天显得特别激动，好像变了一个人，不知道你是不是每到看球的时候都这样？"

她又喝了一口啤酒，笑道："确实，看球的时候难以控制自己的情绪。我想不光是我，大多数球迷都是这种心态。"

我沉思了一下，对她说："嗯，在开赛前，你问我作为球迷，看球应该保持什么心态，我说看完球咱们再聊。刚才，我们已经亲身感受了赛场的氛围。说老实话，今天赛场的秩序出乎我的想象。"

"是好呢，还是不好？"

"当然是好了。我觉得球迷协会组织的啦啦队，不但烘托了赛场的气势，而且营造出赛场文明的氛围，让人感到这里的赛场与众不同。不过，你也看到了，还是有个别球迷出现了起哄架秧子的镜头，恼人的'国骂'也还时不时地能听到，主队进球时，个别球迷控制不住情绪，把报纸撕成碎片向看台上飞撒。这些不文明之举成了赛场不和谐的音符。"

小宁说："我觉得球迷的这些举止，是可以理解的。谁都如此，在情绪激动时，会做出种种不可思议的举动。"

我接过她的话说道："所以我说讲赛场文明，首先要摆正看球的心态。"

这可是钱买的呀

小宁问道："您为什么把心态看得这么重？"

我说："从心理学的角度来分析，人如果对任何事儿痴迷到忘我的状态，往往会失去理智，失去理智当然也会失礼儿。电视台转播世界杯的时候，有的球迷因自己崇拜的球队失败而失声痛哭、捶胸顿足。有的甚至一怒之下，把电视机给砸了。有的还把电视机扔到楼下。我认识一个朋友，头年告诉我，他弟弟去世了。他弟弟刚30出头。我问得什么病'没'的，他说他弟弟是看球时死的。"

小宁不解地问："看球儿还会死人？"

我说："这一点不新鲜。他弟弟本来就有心脏病，但他自己并不知道。他是个超级球迷，那天看球过分激动，从沙发上跳了起来。跳起来是跳起来了，但是再也没有站起来——猝死。他弟弟人生的路刚刚开始，孩子刚上小学，'咣唧'一个大活人没了。如果为了事业、为了国家、为了人民而'光荣'了，倒也值得，为看一场球赛死了，你说冤不冤呀？"

小宁说："是够冤的。"

我说："所以，看体育比赛必须要有一种平常心。体育本身是什么？是活动身子骨儿。虽说体育比赛是竞技角力，但它带有一种娱乐功能。我们观看体育比赛，应该保持一种完全放松的心态。运动员在赛场上较劲，你也跟着较劲，这就没摆正自己的心态。"

小宁点了点头，说道："有的时候，一到了赛场，便身不由己了。"

我说："是呀，你干吗非要身不由己呢？老北京人干什么事儿都讲究玩儿。'玩儿'这个词很有学问，它的含义并不只是游戏，而是一种心态。所以，我认为玩儿是人生的一种境界。"

小宁说："那玩物丧志又该怎么解释呢？"

我说："玩儿，不能简单地理解为玩世不恭或玩物丧志。踢足球、打乒乓球、打篮球，在北京话里叫玩儿球。打得怎么样、踢得如何，北京人说玩儿得好不好。既然是玩儿，就不能跟它太较劲，你跟它较劲，实际上就是跟自己过不去。医生专门测量过球迷看球时的血压和血流量。球迷在激动时血压会比平时高出许多，如果你心血管或脑血管有毛病，就很容易出问题。所以说，看球不能对输赢太计较。看球就是欣赏球，你觉得好玩儿、好看，就沉下心来欣赏；您觉得这球儿踢得臭，不值得一看，就不去花钱买票，或者拿着电视遥控器，换个台看别的节目不就结了？干吗非要跟它较劲呢？"

小宁说："您说得也是。不过，现在球迷和俱乐部已基本形成一体，球迷很难摆脱某种情结。球迷的这种痴迷跟戏迷、棋迷一样。您看北京马路边上那些看别人下棋的棋迷，有时下棋的坐在那儿稳稳当当，看下棋的却急赤白脸，不停地替人家支招儿，看自己支持的一方要被人将死，心情比下棋的还急，经常有看人下棋的棋迷之间打起来的事儿。"

静观也是老礼儿

我说："是呀，这也是一种不懂规矩、失礼儿的表现，你知道吗，从前中国人下棋的棋摊儿上，常挂着一副对联'观棋不语真君子，量小无度是小人'，告诉人别乱给人支招儿。其实，看球也好，看下棋听戏也好，您得明白一条，人家那儿可是在集中精力玩儿呢。您呢，是看人家玩儿。您在旁边看，急有什么用呀？"

"那倒是。"小宁笑了。

"一点儿用也没有。球员在足球场上踢球，您一个劲儿在边上喊，'走边，喂球，传呀快传呀！'他听得见吗？再者说他听见了，能听你的吗？所以，您嚷嚷半天，也是瞎耽误工夫。"

小宁说："您总用老人的眼光来看这个问题，而且一个劲儿强调踢球是玩儿。这我不大同意，体育竞赛怎么能说是玩儿呢？"

我笑道："玩，听着不顺耳是不是？"

"起码不严肃。"

"其实，很多体育运动项目就是玩出来的，可以说没有玩，或者说没有最初的游戏，就没有体育运动项目。"

小宁不解地问："这话怎么讲？"

我端起酒杯说："咱们先喝啤酒，下回再细聊吧。"

052

玩的心态看比赛

书接上回，我和小宁说到了中国人看体育比赛，应持有一种玩儿的心态。

小宁对我说："您把体育赛事看成了一种玩儿，是不是有些太随意了？"

我笑道："不是随意，是事实。"

我给她举几个例子，比如说篮球，有人考证，篮球运动的出现，与模仿传递西瓜有关。近代篮球是加拿大人詹姆斯·奈史密斯在1891年，于美国马萨诸塞州斯普林费尔德基督教青年会训练学校发明的。当时这种运动是少数人的一种游戏。

小宁问道："游戏？什么游戏？"

我说："玩儿的游戏。大伙儿用桃枝编成篮子挂在墙上，然后把一个足球投到篮子里，所以管它叫'篮球'。"

"原来篮球的'篮'是这么来的。"

"对呀，最初篮子有底儿，谁投中了，还得找人爬上去，从筐里把球取出来。到了1906年，篮筐才改成空心圈儿。第一次篮球公开赛，是在1892年3月11日。之后，大概在1901年左右，篮球这一运动传到了中国。"

小宁说："足球最初也是游戏，对不对？"

我说："对呀！几乎所有球类运动都是玩儿出来的。乒乓球是中国的'国球'，据说它是19世纪末两个英国青年闹着玩儿，给玩儿起来的。"

小宁不解地问："闹着玩儿？"

我说："对。话说有一天，有两个英国青年到一家饭馆吃饭，在等菜上桌时觉得无聊，便信手将酒瓶上的软木塞拔了下来，用装雪茄的盒子盖当拍子，在餐桌上，你来我往地将软木塞打来打去，玩儿着玩儿着竟然上了瘾，把吃饭这茬儿给忘了。"

"这就是乒乓球的由来？"

"对。很快，这项在餐桌上玩出来的游戏，就演变成乒乓球运动，并席卷伦敦。所谓'乒'是指球拍碰击球的声音，'乓'是指球碰击桌面的声音。"

小宁笑道："这倒是很有意思。"

我说："现代体育运动项目，也大都是玩出来的。比如欧美盛行的橄榄球，是一百多年前，有个英国小学足球队的队员在参加比赛时，入球心切，不顾比赛规则，抓起足球使劲扔进了对方大门。大家觉得这种扔法也挺好玩儿，便玩儿了起来。因为这位小队员是在一所名叫橄榄的小学校读书，加上后来玩儿的球两头尖、肚子大，形状像橄榄，所以人们把这项运动叫橄榄球运动。"

"真是太好玩了。"

"还有呢，相传在14世纪末，日本出现了把樱桃核插上羽毛当球，两人用木板来回对打的游戏，这便是羽毛球的由来。高尔夫球是以球杆击球入穴的球类运动，也被称为贵族运动，但最初发明高尔夫球运动的却是苏格兰的牧羊人。"

"这我知道，'高尔夫'的原意，是'在绿地和新鲜空气中的美好生活'。"

"牧羊人在绿地和新鲜空气里，用赶羊的棍子击石子玩儿，看谁击得准打得远。据说这就是早期的高尔夫球运动。"

小宁笑了笑说："这项运动多有诗意呀！"

我说："铅球比赛的来历更有意思。你知道铅球的重量为什么有整有零儿，是七点二五七千克吗？"

最初的羽毛球

小宁摇了摇头说："不知道。"

我说："火药是中国人发明的，但世界上最早的炮兵是 1340 年在欧洲出现的。当时他们用的是火药炮。炮弹是用铁铸的，样子像个圆球，一枚炮弹重十六磅，合七点二五七千克。当时炮兵们在打歇的时候，待着无聊，便想出了一个主意，用炮弹当玩意儿推来推去地解闷儿，同时也活动一下筋骨。后来大家觉得这种玩法挺有意思，便把它作为了一项田径赛事。"

"原来铅球运动是炮兵发明的呀！"

"是呀，开始是扔圆球，后来，人们觉得铁铸的圆球体积太大，扔起来使不上劲儿，就琢磨着在铁壳里灌铅，于是成了铅球，重量仍然是七点二五七千克。由于铅比铁沉，重量还是那么多，但球的个头儿却小多了，扔起来也方便自如了。以后有了女子铅球的比赛项目，重量是五千克。你看，这些现在已是奥运会的比赛项目，当初是不是玩儿出来的？"

小宁说："是玩儿出来的。可是这种玩儿，跟正式比赛还是有区别呀！"

我问道："什么区别？"

小宁说："您说平时玩儿跟参加正式比赛，运动员的心态能一样吗？"

我说："想让它一样就能一样，这是心理素质问题。不过，这个话题，咱们下回再聊吧。"

053
不可喧宾声夺主

上回书说到我跟小宁聊起体育项目和玩儿的关系，我说："许多运动项目，当初都是玩儿出来的。"

小宁说："没错儿，是玩儿出来的。可是玩儿跟玩儿可不一样，到了奥运会这样的大型比赛场上，它可就不是玩儿了吧？"

我说："是的，平时运动跟参加正式比赛是两回事儿，尤其是参加国际比赛，它的意义不同一般。参赛运动员代表的不仅仅是个人的实力，而且是国家的荣誉。所以，我们观看运动员比赛，为他们呐喊助威，也包含着激励他们为国争光的因素。他们拿了金牌，我们每个人的脸上也有光呀。"

小宁笑道："这倒是，我觉得现代体育，除了表现体育运动自身的魅力以外，也是一个国家和地区政治、经济综合力量的象征。"

我说："确实有这种意义，尤其是中国人对体育比赛有一种特殊的情结。要知道在上个世纪初，中国人是被西方人看不起的，很长时间，他们把我们视为'东亚病夫'。新中国成立以前，中国贫穷落后，饱受战乱的苦难，老百姓缺医少药，连吃饱肚子都发愁，哪儿有心思去搞体育运动呀？"

"这倒是。"

"从 1896 年 4 月 6 日，第一届现代奥运会在希腊首都雅典举办以来，中国人也参加过这项世界体育运动的盛大赛事，但是直到中国改革开放之前，我们的运动员在奥运会上都很少能拿到金牌，这反映了那些年我国的综合国力还不强大。"

小宁说："是呀，老百姓温饱还是一个问题，国家哪有经济实力去培养运动员呢？"

我说："可不是嘛。改革开放以后，我们国家的经济发展了，老百姓的日子过好了，开始注重生活质量和体育锻炼了。"

"现在也叫健身活动。"

"正是在这样的基础上，我们的运动员在各种国际体育赛事中频频摘金夺银，在 2000 年悉尼奥运会、2004 年雅典奥运会上名列金牌榜前三位，特别是我们国家成功举办了 2008 年北京奥运会，我们的运动员威震世界体坛，大壮国威，让世界上每一个华人都欢欣鼓舞，感到扬眉吐气。"

小宁说："是呀，我们的运动员在乒乓球、羽毛球、女排、体操、跳水、射击等运动项目中充分展现出自己的实力。"

我说："运动员在赛场上拼搏，为国争光，为炎黄子孙争脸，我们观看比赛也应该充分展示'礼仪之邦'的文明素质，这样才能相映生辉。中国在国际体坛已经是体育大国，大国就应该有大国的风范。这种风范体现在赛场上，用一句中国的老话说，'要拿得起来，放得下去'。"

小宁问道："这是什么意思呀？"

我说："用文词儿说，就是胜不骄，败不馁。用再俗一点儿的话说，就是赢得起也输得起。别让胜利冲昏头脑，也别让失败伤了元气。体育比赛终归是一项体育比赛。胜了，能证明自己的实力；输了，但只要打

拿得起，放得下，是大国风范

为国争光

出气势，体现出体育运动应有的精神，也能证明自己的气度。作为观看比赛的人，应该本着这种心态进赛场。"

小宁点点头说："我明白您所说的玩儿的心态了。"

我说："是的，美国有位著名的体育家叫吉利克，曾任美国体育协会会长。他曾经说过，体育是人类进化所必需的一种心灵与精神教育。体育比赛既是体能和技能的较量，又是心灵美的展现。"

"我觉得他说得非常好。"

"国际奥委会对体育比赛精神的诠解，也是重在参与。现在的体育赛场上，观众与运动员的互动性越来越强。尤其是足球，球员在赛场上的一举一动，都牵动着球迷的心。所以，赛场上观众的情绪对运动员的比赛心理影响是很大的。"

"没错儿。"

"如果观众能以一种平和的心态来观看比赛，情绪平稳，不急不躁，自然会营造出一种宽松和谐的比赛气氛。运动员在这种气氛下，才能充分发挥出自己的水平，否则很容易在比赛中发挥失常，这样的事例太多了。我认为要体现大国的体育道德风范，观众在赛场上就应该大度一些，这才是有里有面儿呢。"

小宁说："正常的比赛要做到这一点比较容易，如果遇到裁判不公正、错判或误判，要让观众保持平常心可就难了。再说，观众看体育比赛，不就是为了放松一下吗？您让观众老老实实，像看电影、看话剧似的不说不道地看比赛，那多没劲呀？也失去了赛场的气氛了呀。"

我说："你的这种想法很有代表性，关于赛场礼仪的话题，咱们下回再聊吧。"

054
看球听戏别"叫板"

书接上回，小宁跟我聊起了观看体育比赛的心态问题。

小宁说："其实，中国的球迷挺文明，也挺理智的，假如不碰到裁判不公，或者比赛掺水的情况，球场的秩序不会出问题。"

"怎么会有问题呢？"

"我认为得是遇到裁判员偏向、吹黑哨或者球员踢假球的时候，球迷最容易搓火。您想，我们花钱来看球儿，怎么能心甘情愿挨蒙呢？瞅着不顺眼的事儿，一言不吭，这不是中国人的性格呀？"

我笑道："是呀，中国人骨子里有一种正义感，路见不平，拔刀相助，哪儿受得了这个呢？"

"球迷跟戏迷一样，都是懂球儿的。你如果坐在体育场看球，竖着耳朵听吧，坐在你身边的那些球迷，一个个都是解说员和评论员。他们似乎比教练还懂得排兵布阵。"

"是呀，内行看门道，外行看热闹。是球迷，都懂球。"

"这种懂还不是假懂，是真懂。球员在场上的一举一动，球迷们看得清清楚楚。进球也好，丢球也罢，是谁的功劳或是谁的过错，他们心知肚明，想蒙他们很难。"

"是这话，球迷眼里不揉沙子。这就跟老事年间，到戏园子看戏不叫看戏。"

"叫什么？"

"叫听戏。戏迷不但熟悉剧情，也熟悉一些名角的唱功，所以他往往闭着眼睛听，边听，边随着唱腔的板眼，嘴里哼哼着，手也不闲着，在腿上轻轻地打着拍子。"

小宁说："这才是把听戏当享受，而且唯有这样听戏才过瘾。球迷看球也如此。他最想看的并不只是进球的那一瞬间，而是比赛过程中娴熟的技术动作、默契的传切配合，以及在赛场上展现的精气神儿。这才是看球的享受。"

"这叫欣赏比赛。"

"如果是相反，一方的球门像无人看守的空门，另一方如入无人之境，'咣咣咣'地一个劲儿地往门里灌球，您是不是会觉得这种球踢着没劲。"

我说："正因为如此，球迷的眼光是非常挑剔的。球员脚下有活儿，踢出的好球儿，他会拍巴掌叫好儿。球员脚底下拌蒜，踢出的是臭球儿，他会说出几句片儿汤话或者叫倒好儿。这些往往都是情不自禁的举动，您想拦也拦不住，因为球迷看球往往会入境。也就是说，他的心正跟着球员在场上跑呢。这个时候，谁想把他的心往回拽，确实有点儿难。"

小宁说："没错儿，球迷在赛场看球往往是跟着感觉走。"

我说："所以这里就有叫好儿和叫倒好儿的问题。过去中国的戏迷在老戏园子听戏是很讲风度的。甭管是什么角儿，只要扮相上有什么差错，唱腔上哪句跑了味儿，或者演员为了'赶场'，唱得不卖力气，戏

叫『好』有讲究

迷往往会叫'倒好儿'，甚至还会出现哄场的现象。"

"这一点跟看球有点类似。"

"但一般中国人能容人，演员在台上被观众叫了'倒好儿'，面子肯定丢了，可是这时他如果知错改错，在唱下一段时，抖擞精神，把吃奶的劲儿拿出来，唱得格外卖力气，观众又会击掌叫好儿。这叫一好儿碰俩好儿，演员把丢的面子找回来了，观众也不计前嫌，透着对角儿的理解。"

小宁说："假如演员不买观众的账呢？"

我说："这种情况很少。演员都知道观众是自己的衣食父母，得罪了观众，往后还吃不吃这碗饭了？退一步说，假如被观众叫倒好儿的演员，在台上依然打不起精神来，任凭观众怎么议论，我就这样，破罐子破摔，爱谁谁了，那观众也会不买他的账。但不买账，也不会像现在往台上扔汽水瓶或软包装，大不了这出戏不听了，犯不上跟他叫板。老话管这叫'拉抽屉'，也就是大爷这出戏听着不耐烦了，咱们回头见了您哪。他站起来，找地儿喝茶去了。这大概就是老戏迷的风度。"

小宁说："这算不算是中国的老礼儿呀？"

我说："也可以这么说吧。"

小宁问："我觉得这种老礼儿挺有意思。您能不能再讲讲？"

我说："好呀，不过，这个话题咱们下回再聊吧。"

055
理智看待赢与输

书接上回，我跟小宁聊起了中国的老戏园子。

小宁说："我从一些怀旧的文章上看到，老戏园子的秩序并不太好，是吗？"

我说："是。用现代人的眼光看，老戏园子是比较简陋的，虽说有的戏园子设着包厢雅座儿，但那会儿听戏可以嗑瓜子、聊天儿、带小孩儿，外加上茶房来回扔手巾把儿。在这种闹哄哄的环境里，台上的演员要叫座儿，确实得要功夫。"

"真是的。"

"虽说戏园子的条件差一点儿，但观众听戏有起码的礼仪，比如说，您可以'捧角儿'，可以叫'倒好儿'，可以'拉抽屉'，但绝对不能对演员做出一些污辱人格的动作，换句话说不能出格儿。我觉得现在赛场上的一些不文明之举，就有点儿出格儿了。"

小宁问："您觉得哪儿出格儿了？"

我说："干吗？还让我扎针儿呀？你不觉得眼下赛场上出格儿的事儿很多吗？比如，球员动不动就骂裁判，甚至打裁判；观众来不来就起哄架秧子，齐声叫喊，污辱教练和裁判，甚至往场地扔东西砸人，堵着大门砸汽车。说心里话，这不是来看比赛，而是发泄某种邪火来了。你说这样做的后果是什么？"

小宁说："您肯定会认为，它损害的是一个城市的形象。"

我说："对。这种一时的冲动、丧失理性的做法，会直接影响城市形象。比如，一个或几个球迷有过激的不理智行为，外地的观众不会知道这几个人是谁、叫什么，也没必要知道，但他知道他们是哪儿的人，而且会认为这座城市的人怎么是这样呀。"

小宁说："这就叫一粒老鼠屎坏了一锅粥。"

我说："其实，球赛就是一场球赛而已，比赛完了就完了，您实在没必要跟球员或裁判较这个劲。我记得前几年，荷兰球星古利特代表桑普多利亚球队来北京'工体'，跟国安队比赛，结果国安队大胜，球迷们欣喜若狂。国安队的球员也好像个个成了英雄，而桑普多利亚的球员却神态自若。这时有个电视台的记者采访古利特，问他输球后的感受。古利特对着电视镜头说了一句话，'我没有什么特殊的感受，这种比赛，赢了怎么样，输了又怎么样？'"

小宁说："没错儿，他就是这么说的。"

我说："这就是一种风度。的确，一场商业性比赛，输了怎么样，赢了又怎么样？观众看比赛就是为了一个乐儿。"

小宁说："我觉得北京的观众，在赛场上也应该有这种风度。"

我说："是啊，不要把输赢看得那么重。用中国老人的话说，球队赢了，我该喝粥还得喝粥；球队输了，我该睡木板床，还照样睡木板床。我说这话的意思，不是不让球迷关心自己喜欢的球队，而是要对输赢保持一种平和的心态，对观看比赛有一种大将风度。"

不过是个乐儿

小宁说："是呀，赛场有时像一面镜子，它能折射出一座城市市民的精神面貌和整体素质，也能反映出这座城市人的性格。说到这儿，我想到了赛场上的'国骂'，您对这个问题怎么看？"

我说："这个话题，咱们下回再聊吧。"

赢了，我喝二锅头！

输了，我有救心丸；

056
宣泄不能使脏口

书接上回，小宁跟我聊起赛场的"国骂"问题。

我笑道："'国骂'这个词儿，最早我是在鲁迅先生的作品里看到的，不知什么时候被搬到了赛场上？"

小宁说："现在也有人把这种'国骂'说成了'京骂'。"

我说道："最初我真没搞懂什么叫'京骂'。后来，我到北京工体看了一场球赛，才明白原来人们把北京人比较忌讳的那个脏字，视为'京骂'。"

"就是呀！"

"不过，说老实话，这个脏字，并不是北京人的'专利'，出了北京，你也能听到有人一不留神会从嘴里蹦出这个脏字来。所以，把'牛×''傻×'或'×你妈'说成'京骂'有点儿冤枉北京人。"

小宁想了想说："也许是因为在北京的赛场上，一些球迷为表达某种情绪，齐声高喊这俩字，所以人们才把这俩字'注册'成'京骂'了吧。"

我笑道："这大概是有人从鲁迅把'他妈的'视为'国骂'那儿引申出来的。其实，'牛×''傻×'或'我×'等脏字，并不是典型的'京骂'。你在老北京的'京片子'词库里找不到这样的脏话。我小时候到工体看球儿压根儿也听不到所谓的'京骂'。"

小宁问道:"那时候,球迷在赛场上叫好儿或发泄不满喊什么呀?"

我笑道:"叫好儿就是叫好儿呗。球员带球过人漂亮,或者一脚直接进球,大伙儿会高喊'好球''真棒''真够意思'之类的赞语。"

小宁说:"这些话多文明呀!"

我说:"印象中,'牛×''傻×'这样的脏话进了赛场,是20世纪九十年代以后的事儿。那以后,'牛×'居然成了赞语,说起来这非常可笑。实际上,这两句脏话,是过去北京胡同里的小痞子打架时叫横儿的话,不知道怎么给转移到了比赛的球场上了。"

小宁说:"我觉得赛场上的所谓'国骂'或'京骂',只是一种宣泄,人在情绪激动的时候,总得有个词儿来感叹一下,比如您被什么东西砸了一下,会随口说'哎呦妈呀!'您看到什么惊险的镜头,会情不自禁地说一句,'我的天呀!'就是这么回事。体育比赛有激动人心的时候,人们总要用什么语言来表达一下。也许有些年轻的球迷,在表达某种情绪时找不到更好的词儿了吧?"

我说:"找不到词儿也不能用脏口儿呀。你也许不知道,中国人说话最忌脏口儿。"

"当然,脏口,脏呀!"

"中国是文明古国,过去,中国的男人们别说平时说话,就是被逼急了骂大街,都很少带脏字。老舍先生曾在一篇文章里说,北京的老太太骂人都讲'文明',她能站在那儿骂一个小时,但你却找不出一个脏字;把人损得无地自容,你却听不到脏口儿,这种'智慧'也许只有中国人才会有。"

再也不带你去看球赛了

脏话

小宁笑道："要不怎么说中国是'礼仪之邦'呢。"

我说："中国人说话以委婉、幽默、含蓄著称。尤其是各地的一些土话和方言，一个字含义很多。早年间，外地人都知道老北京人骂人不带脏字，所以跟北京人说话，常有跟不上趟儿、费琢磨的感觉。"

小宁说："没错儿。现在也是。有时您跟一些老北京人说话，他踩咕（讽刺、挖苦）您几句，您往往不知道怎么回事儿，还以为是夸您呢。"

我说："是这么回事儿。北京人的骂人，往往带有讥讽的意味。比如开大会，你在台上讲话。散了会，朋友见了你，'夸'你，'行呀，今儿讲得够精彩的，我听得眼儿都直了。'你马上会给他一句，'干吗？骂人呢。'"

小宁听了，笑道："真是这样。北京人骂人不说骂人，叫踩咕人，或者叫损人。"

我说："损人，就是寒碜人，说出话来，让你回家琢磨去。老北京人也管这叫'臊你一下'。比如，一个小伙子跟一位老北京人说话，一不留神带出个脏字来。老北京人听了不急也不恼，他会说，'小伙子，早晨没刷牙就出门了吧。'你瞧，北京人说话的口儿有多净。再比如，一个浑小子跟老北京人递葛（挑逗），老北京人会说，'小伙子，跟谁耍骨头呢？往外泼脏水得瞅准了地方，别溅自己一身。'"

"哈哈，这话让你能琢磨一天。"

"琢磨一天，未准能咂摸出味儿来。"

小宁笑道："看来北京人骂人都有学问。"

我说："中国古人造字是很有讲究的，你看骂人的'骂'字，上边是两个口，为什么？"

小宁想了想说："是不是形容厉害呀，一张嘴顶两张嘴？"

我说："你这有点儿附会了。实际上它表达的是一种含蓄的意思，也就是骂人的话，往往有话外音，不直接表达。你大概看过《金瓶梅》吧，这部古典文学名著称得上是中国民俗学的百科全书，里面的俗语被后人编成了《词典》，但没有一句脏话，尽管书中人物经常开骂，这就叫语言的艺术。你听说过'春点'这个词吗？"

小宁摇了摇头说："没听过。什么叫'春点'呀？"

我说："所谓'春点'，说白了就是隐语，或者说是暗语。早年间，有这么一句话，'宁给一锭金，不授一句'春'。千金难买一'春'。说的就是'春点'一般不轻易让外人知道。"

"为什么？"

"因为'春点'里，有许多骂人的脏口儿，但它却是用文雅词表达的，外人往往听不出来是什么意思。这有点儿像四川球迷在赛场上喊的'雄起'。实际上，'雄起'就是一句隐语。"

"这个我懂。"

"我跟你聊这个，主要是想说，眼下中国的一些球迷在赛场上喊的'傻×''牛×'之类的所谓'国骂''京骂'，不但听着粗俗、很脏、不入耳，跟赛场的文明礼仪格格不入，而且也跟中国的传统文化不搭调，实在是有损中国人的形象。"

小宁说："的确如此。不过，您说了半天，还没告诉我什么是'春点'呢。"

我说："这个话题，留作下回再聊吧。"

057
隐语不能随意用

上回书说到了"春点"。小宁问:"什么叫'春点'?"

我笑道:"这是旧中国江湖上的隐语,也可以说是各门儿里的术语。从前,人们把社会视为'江湖',也有人把'江湖'叫'地面儿'。'江湖'分为各'门'各'道'。"

小宁问道:"这是不是人们常说的'门道'呀?"

我说:"你可以这么理解,但意思不一样。所谓'道',就是现在咱们常说的'黑道'和'白道'。'门',指的是行当,也就是靠什么吃饭。"

"听着还挺深奥。"

"'江湖'上有风、马、雁、雀'四大门',还有巾、皮、彩、挂、评、团、调、柳'八小门'等说法,你知道'五花八门'这个成语吧?"

"当然知道。"

"'五花'是隐语,指的是金菊花,即卖茶的女人;木棉花,即给人看病的郎中;水仙花,即妓女;火棘花,即杂耍艺人;还有土中花,就是挑担子的挑夫。"

"'八门'也是隐语吧?"

"对,就是前边说的'小八门'。巾,是算命的;皮,是卖野药的;

303

彩，变戏法的；挂，江湖卖艺的艺人；评，是说书评弹的；团，街头卖唱的；调，搭棚扎纸的匠人；柳，唱高台戏的。"

"这就是所谓的江湖吗？"

"不，江湖包括的行当和门道多了，除了'五花八门'，还有修脚的、看牙的、卖刀剪的、保媒的、拉纤的、出殡的、要饭的等，行业多了。"

小宁笑道："这些是不是人们常说的'三教九流'呀？"

我说："也可以这么说。实际上，'三教九流'另有说法。'三教'指的是儒教、道教、佛教，'九流'指的是儒家、道家、阴阳家、法家、名家、墨家、纵横家、杂家、农家。后来人们用'三教九流'来泛称江湖上各种各样的人。过去，江湖上的各个门都有暗语，用他们的话说也叫'春'。"

小宁问："为什么叫'春'呢？"

我说："'春'字有男女情欲的意思。过去皇上的太子居住的宫室叫'春宫'，后来'春宫'引申为淫秽的图画。因为这类事儿摆不到明面儿上，比较隐晦，所以江湖上把一些隐语，称之为'春'。"

"原来如此。"

"'春'，说白喽，就是'黑话'。比如，'春'话把当官的叫'冷点子'，把有钱的人叫'火点'，把穷人叫'水码子'，把傻子叫'念攒子'，把疯子叫'丢子点'，把葛人叫'朗不正'，把好人叫'忠样点'，把小偷叫'老荣'，把当兵的叫'海冷'，把妓女叫'库果'，把打架叫'鞭托'，把吃饭叫'安根'，把手枪叫'喷子'，把害怕叫'擂稀'，把乡下人叫'科郎玛'，把外国人叫'色唐点'等。"

"这些'黑话'，不是'门'里的人，谁知道呀？"

我说:"是呀,这种隐语,不单是北京,可以说各地都有。比如,现代京剧《智取威虎山》里,杨子荣深入到'坐山雕'的土匪窝里,一见面这样对话,'天王盖地虎'对'宝塔镇河妖'等。再比如,湖北的江湖上把厕所叫'一步楼',浙江的隐语里把一两黄金叫'一条黄花鱼',上海的隐语把一万块钱叫'一只台面',港台的隐语把骂人的话叫'三字经',四川和重庆的隐语把土里土气的人叫'土耳其'或'土啄棒'等。"

小宁笑道:"这些隐语倒是挺有意思,可是一般人谁听得懂呀?"

我说:"要不怎么说这是'门'里的话呢,但实际上有些隐语逐渐变成了俗语。比如,我小时候生活在北京的胡同里,有些'黑话',在我们一般大小的孩子中也流行,如把人的长相叫'盘儿',管体形叫'条儿',把模样儿长得好叫'盘儿靓',身材苗条的叫'条儿顺',管小偷叫'佛爷',管便衣警察叫'雷子',管乡下人叫'老赶',管女流氓叫'圈子'等。说起来,这些'黑话'都属江湖上的隐语,但一般孩子也这么说。"

小宁笑道:"是不是这些'黑话'变成俗语了?"

我说:"'黑话'跟俗语是两回事儿。我为什么要说到隐语的话题呢?主要是想说明,在旧中国,即使是土匪流氓在说话时,也很少用脏口儿。当然,他们也骂人,可是骂人不带脏字。"

小宁问道:"那'京骂'是怎么来的呢?"

我说:"所谓'京骂',只是近几年的一种说法。反正我在20世纪九十年代以前没听谁说过这个词儿。"

小宁问道:"您是说没听说过'京骂'这个概念吗?"

我说："对，那时候我真不知道什么叫'京骂'。早年间，北京人在气急败坏的当口，也有张嘴骂人的时候，但很少带脏字。"

"那说什么呀？"

"我记得小的时候，胡同里的人骂人往往说'小妹妹的'，以后，又说'你大爷的'或'你姥姥的'，总之，转着弯儿就是不直接点父母。过去北京人打架，在动手之前先动嘴。动嘴叫横儿的时候，往往会说'打你老妹妹的'，或者'打你小妹妹的'，很少能听到什么'牛×''傻×'之类的不堪入耳的脏口儿。"

小宁问道："这是北京人最爱说的一句'脏话'吗？"

我说："'小妹妹的'也属于'隐语'演变过来的。如果说，北京人真有所谓的'京骂'，我认为应该属现在北京的爷儿们常挂在嘴边上的一个词——丫的。"

小宁笑道："嗯，这个词是常听一些男生说，可我始终不明白它是什么意思？"

我说："你想知道吗？"

小宁说："想。"

我说："那咱们且听下回分解吧。"

058
说话最忌爆粗口

书接上回，小宁问我北京话里的脏口儿。我跟她说到北京的男人们常挂在嘴边儿的一个词——丫的。

我问小宁："你不是想知道北京话里的'丫的'是什么意思吗？"

"您不是要给我细说端详嘛。"

"要论北京人的脏口儿，这个词儿可以说最脏。"

"是吗？"

"记得我上小学的时候，听过一个故事：有两个学生在当街闹着玩，嘴里骂骂咧咧。一位老先生看着不顺眼，便过去数落了他们几句。等老先生转过身的时候，一个学生骂了一句'你个老丫的！'正好让老先生听到。"

"嘿，那不麻烦了吗？"

"是呀，老先生是南方人，没听过这个词，但他知道这不是好词儿，便回过身，抓住了那个骂人的学生的胳膊，让他说什么叫老丫的。学生吭吭唧唧说不上来。老先生不依不饶，拉着这个学生来到学校找老师。"

"遇到爱较真儿的人了。"

"老师一听这个碴口儿，也说不上来。后来又找校长，校长想了半天，也没解释清楚。最后来了一个上年纪的工友，对老先生说，'老丫的是好词儿，丫是丫头的意思，学生是说您虽然老了，却像年轻姑娘似的那么水灵，这是老来俏的意思。'老先生一听这话，才转怒为喜，宽恕了那个学生。"

小宁笑道："这个词儿是这意思吗？"

我说："要是这意思，这事儿还会成为故事吗？"

小宁笑道："噢，原来那个工友在蒙老先生，打圆场呀！"

我说："是这样。我原来也不知道这词儿是什么意思，后来请教了几位老北京，才知道'丫'是指丫头。什么是丫头呢？就是老北京妓院里的妓女。还有一种说法，是指没结婚，但怀了孕，有了孩子的姑娘。北京人说话的语速快，'丫头养的'说快了，就成了'丫的'。"

"老丫的"是好词儿，是老来俏的意思。

巧打圆场

小宁问："'丫头养的'是什么意思？"

我说："这你还不明白吗？丫头是妓女或没正式结婚的姑娘，她养的孩子不就是私生子吗？私生子，还不知道自己的亲爹是谁。你说这个词够恶心人的吧？"

小宁道："的确够恶毒的。"

我说："有些年轻人不知道这词儿的意思，把它说成了'鸭庭的'或'烟的'，更可笑的是现在不少来北京打工的年轻人，也学北京人，把'丫的'当成了口头禅，甚至还说'我丫的'如何如何，这不是滑稽吗？"

小宁道："照您这么一说，确实挺可笑的。"

我对小宁说：'丫的'这个词儿算是'京骂'，但是它有'春'的意思，也就是说它很像是隐语，表面上听并不太脏。由此可以看出，老

309

北京人即便是损人骂人挤对人，也是说'片儿汤话'，很少有直接带脏口儿的情况。返回头说，现在一些赛场上的球迷齐声狂呼'牛 ×''傻 ×'，不但不雅欠文明，而且也不是中国人的风度，跟中国的传统文化格格不入。这个脏口儿真得改改了。"

小宁点点头说："的确是这样。前一段时间，京城的媒体曾开展过抵制赛场上的'国骂''京骂'的大讨论。"

我说："要抵制赛场上的'京骂'，首先得弄明白什么是'京骂'？说老实话，'牛 ×''傻 ×'压根儿就算不上'京骂'，只能说是流氓话，或者说是'国骂'。这种话不但脏口，也脏心，最主要的是有损中国人的形象。我觉得中国的球迷如果真弄明白'京骂'是怎么回事，也许就不会再说那些牙碜的话了。"

小宁说："也许会吧。您认为看体育比赛比较忌讳的是什么？"

我说："有关这个话题，咱们下回再聊吧。"

059
遇事切忌乱起哄

书接上回，我跟小宁聊到了看体育比赛的忌讳。

我说："这个话题不能笼统来说，因为体育赛事有近百种，项目有动有静，有室内有室外，有的拼技巧比智慧，也有的角耐力赛体能。观看不同的体育比赛，有不同的规矩和忌讳。比如，看赛马、赛车或者马拉松这样的运动项目，需要观众有激情，为参赛选手呐喊助威，可是您要看棋类比赛，则需要安静，别说在比赛现场大声嚷嚷，就是小声嘀咕都犯忌。"

小宁说："这些我都懂。我想问您，就一般的体育比赛而言，人们到现场观赛最忌讳的是什么？"

我说："用中国的一句老话说，最忌讳的是'起哄架秧子。'"

小宁问道："'架秧子'是不是北京土话？"

我说："没错儿。'秧子'是个形容词。它一是指游手好闲、没有正形的纨绔子弟；二是指没什么阅历、不知深浅的毛头小子；三是指有钱有势的子弟，也就是阔少，北京人也管这类人叫'少爷秧子'。"

小宁说："'秧子'肯定不是好词儿。为什么叫'秧子'呢？"

我说："你去过农村吧？在田里，你会看到很多庄稼都有秧子。

比如白薯、土豆、黄瓜、豆角等，秧子绿盈盈的，长得挺好看，也爬得很快，但是它并没有什么用，中看不中吃。黄瓜架上的秧子再多，但谁吃它呀，人们吃的是黄瓜。用秧子来形容那些游手好闲的阔少和纨绔子弟，这反映了北京话的智慧和幽默。'架'就是撺掇的意思，'架秧子'就是大伙儿撺掇着哄事儿，它往往跟'起哄'这个词连用。"

小宁笑道："这个词真够形象的，它是不是有聚众闹事的意思啊？"

我说："嗯。中国人干什么事儿往往爱起哄。头些年，北京胡同里的孩子聚到一块，瞅见什么不顺眼或可笑的事儿，一个孩子挑头儿喊一声'给他一大哄哦'，紧接着其他孩子会齐声高喊'哦哄！哦哄'！"

小宁笑道："这就是'起哄架秧子'吧？"

我说："有点儿这意思。咱们前两回说的'京骂'，其实也是一种'起哄架秧子'。在赛场上，看到什么不顺眼的镜头，一个人高喊'傻×'，随后一群人跟着喊，你说是不是'架秧子'？"

小宁说："的确，这种'起哄架秧子'挺可怕的。我觉得它跟啦啦队的助威声是两回事儿。"

我说："这是现代文明中的不和谐'音符'。在比赛场地，成千上万人聚到一块儿，最怕的就是'起哄架秧子'。当然还忌讳一样儿，那就是一惊一乍，也就是北京人所说的'不论秧子'。"

小宁笑道："怎么这么多'秧子'呀？什么叫'不论秧子'呢？"

我说："如果你想听，咱们下回再聊。"

060
一惊一乍要不得

书接上回，我跟小宁说到赛场的礼仪问题。我说："观看体育比赛，就怕有人起哄和'嗨'起来失去理智。"

小宁笑道："是的，'嗨'可以，但就怕失去理智。"

我说："对。咱们前头说了，有些体育比赛需要安静的环境，这样才能让运动员集中精力投入比赛。可是，有人看比赛却不管不顾，由着自己的性子来，想喊就喊，想叫就叫，使赛场乱气哄哄。如果从始至终一直嚷嚷叫好儿，运动员倒也有个心理准备，怕的是有的观众抽不冷子来那么一嗓子，这就叫一惊一乍，让比赛的运动员不知道怎么回事，很容易分散精力，影响水平的正常发挥。"

小宁说："是呀，不但运动员的心理受影响，也影响其他观众的情绪呀。"

我说："我认识一个挺有前途的乒乓球运动员，他从五六岁就开始练球，后来进了北京少年队，以后又进了北京队，跟张怡宁是一拨儿的。其实论他的实力，很有可能会成为世界冠军的，但是就因为有一次，碰上了一惊一乍的主儿，把他的前程给毁了。"

小宁问道："怎么回事儿呢？"

我说："说来让人哭笑不得。几年前，这位乒乓球选手参加一次全国比赛。这场比赛非常关键，他只要能拿冠军，进国家队可以说板儿上钉钉儿。他一路过关斩将，打到了男单决赛。"

"不容易。"

"是呀，得知他进入决赛，他当年的几个'发小儿'都来助威。决赛打得挺苦。他跟对手的比分咬得很紧，最后才进入决胜局。就在他神经绷得很紧、全场观众的心都提拉到嗓子眼儿的时候，他的一个'发小儿'情绪激昂起来，抽冷子喊了一声'抽呀！有我在呢，扣球呀！扣死他！'这一惊一乍的助威，让他的注意力一下分散了。扣球失误，丢了一分。'发小儿'的情绪似乎比他还激动，接着又来了个一惊一乍，站起来大叫了几声'压他的反手，压呀，你倒是压呀！'"

适得其反

"真够闹的！"

"就是这几嗓子，让他乱了方寸，对手乘胜反击，连扣几板，最后把他打败了。"

小宁叹了一口气说："这不是倒霉催的吗？他的那个'发小儿'怎么这么不懂事儿呢？"

我说："是呀。他对我说，临下场，自己的脑子还是一片空白。事后，那个'发小儿'还给他点拨呢。"

"还当参谋呢？"

"他说，'当时抽他一顿的心都有。'这位'发小儿'哪知道他这几嗓子，把人家的前途毁了。由打那次比赛失利以后，他失去了进国家队的机会，以后再没起来。"

小宁叹息说："真是怪让人惋惜的。"

我说："比赛场上千变万化，那些就要到手的奖杯，也许会在瞬间化为乌有，而这一切很大程度上取决于运动员的心理因素。当然，作为一个优秀运动员，应该具备处事不惊、遇乱不慌的心理素质，可是谁也怕冷不防呀，就跟您走着走着道儿，突然背后有人来一嗓子，再胆儿大的人，也得吓一跳，受一惊。"

小宁笑道："这倒是。"

我说："本来有些中国人说话就大嗓门，您再来一惊一乍的，胆儿小的还不得吓出毛病来。所以，我说比赛场上最忌讳的是一惊一乍。我们观看比赛，千万别只图自己痛快了，不管不顾，影响运动员的情绪。"

小宁点点头说："看来观看体育比赛，也应该具备良好的心理素质，要控制自己的情绪。"

吓一跳

　　我说："对。说了归齐，这又涉及观看体育比赛的心态问题。其实，我们讲赛场上的文明礼仪，主要是得把握住自己的心态。"

　　小宁笑道："您说得太对了。我这个球迷听您掰开了揉碎了这么一说，的确很受启发。生活中的许多老礼儿是中华民族传统文化的组成部分，从这些老礼儿可以看出中国人的生活观念和民俗风情。"

　　我说道："当然，一个人要做到有头有脸，必须要在日常生活中，一点一点儿地修炼自己。"

　　小宁问道："您说得对。什么叫有头有脸呀？"

　　我笑道："这是一句成语，有关这个话题，咱们且听下回分解吧。"

061
有头有脸看细节

上回说到小宁问我有头有脸是怎么回事儿?

我对她说:"有头有脸儿嘛,这是中国的一句老话。通常是指一个人有出息,有名气,有一定的地位和身份,或者说扬名立万了。你知道呀,中国人好面子,头脸其实就是面子。"

"嗯。"小宁想了想问道:"人只有出息了,才算有头有脸是吗?"

"也可以这样理解吧。"

"那么,您说人的出息,或者说一个人的地位、身份和名望,体现在什么地方?"

我笑道:"干吗?你又要刨根儿问底儿是不是?"

"讨教讨教。"

我说:"有头有脸,不只是看一个人有钱有权、有地位有身份,更是要看他的精神和文化层面。"

"这怎么看呢?"小宁用疑惑的目光看着我问道。

我沉了一下,对她说:"你知道中国话里有一个词儿叫'体面'吧?我认为所谓有头有脸,是看这个人体面不体面。"

小宁反问道:"什么叫体面呢?"

我说:"体面,你从字面上就可以琢磨出它的意思了,'体'就是身体,指的是穿衣戴帽要整洁,干净利落,符合您的身份。'面'呢,就是脸面。脸面并不是说您长得有多么漂亮和精神、您抹了多少化妆品,主要是看您的精神面貌,内在气质。体面这个词儿合起来的意思,就是穿得干干净净,利利索索,举止言谈有礼貌,懂规矩,透着文明,知书达礼。"

小宁道:"照您这么说,一个人是不是有头有脸,要看他身上是不是体现着文明礼仪。"

我笑道:"还是小宁聪明,心有灵犀一点通。你说得没错儿,礼貌和仪容仪表就这么重要,但是你得弄清楚,仪容和仪表不是有意做出来的,换句话说,不是包装出来的,而是一种自然流露,或者说是习惯成自然的表现。"

小宁问道:"您这句话是什么意思?"

我说:"你听过这个故事吗?有位企业家,当然,他也算是有头有脸的人了。他的企业想跟美国的一家跨国公司合资一个大的项目。双方洽谈了好长时间,合资项目的基地都选好了,眼看就要签订双方承诺的合同了。这天,这位企业家应美方谈判代表的要求,到他集团旗下的一个企业参观。"

"那他得穿得体面一点儿。"小宁笑道。

我说:"是呀,那天这位企业家西服革履,打着领带,分头倍儿亮,身上还洒了香水,派头十足,处处透着潇洒而自信的风度。"

"您别说了,我能想象出他的形象。"

"在参观过程中,他侃侃而谈,不卑不亢,举止言谈倒也不失应有的礼仪。但是谁也没想到，参观快要结束了，他的嗓子眼痒痒，'咳'地撖出一口痰，'噗'，他坦然自若，一扭脸，啐在了地上，然后又用鞋蹭了蹭。"

"啊！"

"他的动作十分随意，或者说漫不经心，非常自然。也许是他说了半天话，嗓子眼儿卡着的那口痰憋得实在难受，也许是他完全出于一种习惯，习惯成自然嘛，他并没想到这口痰吐在地上有什么不好的影响。总之，他大大方方地把嗓子眼里的那块黏合物'奉献'给了大地。"

"奉献？您可真有词儿。"

"但是就是这口痰，把他的形象，不管是故意做出来的，还是装出来的形象给'毁'了。看到他往地上吐痰的一刹那，几个'老外'不约而同地咧了咧嘴，其中有一位还用鄙夷的目光瞪了他一眼。"

"要是我也会瞪他的，怎么能这样呢？"小宁也忍不住说。

我接着说："是呀，本来定好参观结束后，要在一家五星级饭店举行宴会的，酒席都事先安排好了，但这口痰让'老外'扫了兴，他们找了个借口，愣把宴会给推了。接下来的事你就可想而知了。"

小宁想了想道："这么说这个合资项目吹了。"

"那还用说吗？外国人从这口痰看出了这位企业家的素质。你忘了那句话了吗：一滴水可以折射出太阳的光辉。同样一口痰也可以折射出一个人的文明程度，甚至能看出一个人的心灵世界。"

"这倒是。"

"外国人肯定会琢磨，跟这样不文明的企业家合作，会是什么结果呢？人家是来投资的，把钱拿给这样的人，心里会踏实吗？"

小宁沉了一下说道："可是他们也太敏感了吧。哪儿能因为一口痰就把一个人的整个形象给否了？这么做是不是有点儿以偏概全，一叶障目呀？"

我笑了笑道："你说得没错儿，因为一口痰，就把人给看低了，确实有点儿片面化。也许他们并不了解，这位企业家还有许多优点和长处，他的道德修养还是很不错的。但是在社交场合，第一印象是非常非常重要的，人与人之间的相互了解，往往先入为主。"

"是这么回事儿。"

"您的一举一动，甚至一个表情、一个眼神，都会进入别人的视线。也许你本人是无意识的、漫不经心的，但是别人却很在乎，而且当你的某一个粗俗的举动，在别人的视线中定了格，就会影响到你的整个形象。"

"这是毫无办法的事儿，因为别人并不了解你。"

"是呀，人家不知道你到底是一个什么样的人，不清楚你的内心世界是什么样的，只能从你的每个细微的动作和言谈来观察、来判断，而且一旦你做出来以后，再做什么解释也没用，就像你把挺好看的瓷器摔了一样，这种损失是无法弥补的。"

"确实如此。"小宁点了点头说："那怎么才能给人以好的第一印象呢？这是不是又涉及中国人的老礼儿呀？"

我笑道："当然，有头有脸说了归齐就是老礼儿问题。关于这个话题，咱们下回再细聊。"

062
首次见面须端庄

书接上回，小宁问我，怎么做才能给人以第一眼好印象。

我对她说："谁都知道第一眼的印象很重要。但第一眼的形象不是装出来的。"

小宁说道："其实也很难装出来。"

我笑道："不过，人在求职或求婚之前，知情人会反复告诫他，要注意这个，留神那个，面谈时别紧张，要自然大方，举止言谈要得体，别多说也别不说，要把握住分寸等，有点儿演戏出镜的味道。"

"可是越这样，越砸锅，在面试或相对象时，不会给人留下好的印象。因为谁都忌讳做人'装着玩儿'，就是这个道理。"

我说："你要想在别人看你的第一眼有好的印象，只能先包装好自己，穿着得体，举止言谈落落大方。其实，了解一个人，第一印象是靠不住的。"

"没错。第一印象挺能迷惑人的。假如这个人是个伪君子，表面上看道貌岸然、温良恭俭让，内心却狡诈阴险，那不是把人给骗了吗？"

我说："是的，生活中确实有这种情况，比如骗子往往把自己装扮得很有风度，用各种各样的伪装来取悦于人。但这个话题的前提是他是一个骗子，这跟我们说的是两回事儿。"

小宁点了点头说："那倒也是。"

我说："在现实生活中，当你面对陌生人时，人家怎么来了解你呢？还不是全凭感觉和印象吗？我给你讲一个亲身经历的故事吧。"

"好，我就爱听您讲故事。"小宁笑道。

"我有一个非常好的朋友，我们是一起长大的，算是'发小儿'吧。他们家生活条件比较好，他爸是工程师，母亲是教音乐的老师，他从小就受到良好的教育，而且五岁开始练小提琴，拉得非常棒。"

"有音乐才华。"

"嗯，但他的性格比较内向，平时不爱说话，但长得很帅，个子也高，很是有才。我们年轻那会儿，各个单位都有宣传队，当时政治色彩比较浓，宣传队都叫'毛泽东思想文艺宣传队'。因为他拉小提琴非常棒，所以他成了宣传队的骨干。单位领导对他也很重视，让他干厂里最舒服的工种——电工。那时的工厂，有句顺口溜儿：'车工紧，钳工松，蹓蹓跶跶是电工'。应该说他的各方面条件都挺不错，但是一直耗到28岁了，还没找到合适的对象。"

小宁笑道："是不是他的条件好，自视清高，挑剔呀？"

我说道："不是这么回事儿，是姑娘看不上他。"

小宁诧异地问道："难道那会儿的女孩择偶条件都很高，是吗？"

我笑道："也不是，主要是他太不注意自己的形象了。他平时散漫惯了，对什么事儿都觉得无所谓，大大咧咧的。搞对象算是一个人一生中的大事儿，他却拿这不当一回事儿。"

"怎么呢？"

端庄是张靓丽的名片

"那会儿找对象，主要有两种方式，一种是自由恋爱，另一种是亲戚朋友介绍。当然这种介绍跟旧中国的'保媒'不一样，老事年间说媒是保媒拉纤，见一面不成，媒人还管双方来回说合。那会儿，介绍对象一般是介绍人让俩人见了面，接下来成与不成就是男女双方自己的事儿了，所以这头一面非常重要。"

小宁笑道："您是不是又要说到第一印象了？"

"没错儿，当时工厂里的热心人挺多，厂里的师傅和同事没少给我的这位'发小儿'张罗着介绍对象，但见一个，一个不成，就因为他不修边幅，待人接物太随便了。"

"他怎么能这样呢？"

"是呀，年轻小伙子平时再随意，跟女朋友见第一面，也应该穿得利落和庄重一些，一来显得您体面，二来也显得您把搞对象当回事儿，对女方也是一种尊重，这是老礼儿呀！"

"是呀。"

"可是他却对这些并不上心，跟女方见面时，也不换身干净衣服，穿着工作服就去了。有一次甚至穿着拖鞋，就去相亲。本来他的汗毛就重，胡子拉碴，脸也不洗，蓬蓬着头发，邋里邋遢。您说这不是寒碜人吗？"

小宁忍不住笑了，说道："他也太不注意自己的形象了。"

我说："是呀，假如你搞对象，碰上这样的男生，你会怎么想？再加上他又不会顺情说好话，不会打圆场，所以女方见了他，没说两句话，就跟他道'拜拜'了。"

小宁道："按说他那么喜欢音乐，又会拉小提琴，应该有修养呀，怎么能这样呢？"

我说："是呀，这跟他的生活环境有很大关系。他上小学的时候，父母都去了干校，家里只留下他和一个姐姐。后来姐姐又去内蒙古插队，得，家里就他一个人了。他从小就自由散漫，不拘小节，有些坏毛病已经成习惯了。"

"无拘无束惯了。"

"有一次，他跟同事喝着半截酒，突然想起约好要跟女朋友在公园门口见面，于是撂下酒杯，穿着大背心，骑着自行车就奔了公园。您想女朋友见他酒气醺醺的，能喜欢他吗？"

"这位确实够可以的。"

我说："没辙，就这样，一直耗到快 30 岁了，他还耍着单儿。到这会儿，我们这一拨'发小儿'大都结了婚，只剩下他了。他跟我走得比较近，有什么心里话，愿意跟我唠叨。我看他这样，也替他着急，正好我认识一个女的，二十五岁，长得挺秀气，也很文静，在一家商业公司的办公室当打字员，是个喜欢写诗的文学青年。我琢磨着一个会拉小提琴，一个会写诗，年龄又合适，这不是挺般配吗？于是，我便把这个姑娘介绍给他了。"

小宁笑道："想不到您还当过'月下老儿'呢。"

我笑道："成人之美嘛。在跟这个女的见面之前，我特意陪他到商场买了一身新衣服，还把他叫到家里，给他上了一课。我告诉他待人接物的一些老礼儿，嘱咐他见了女方怎么打招呼，怎么说话，怎么做到有里有面儿，如何给女方留下好印象。"

小宁笑道："您的工作可真够细的。"

"就是这样，他还是出了错儿。"

"怎么回事儿呢？"

我说："他们俩人见完面以后，我给女方打了个电话，问她印象如何？没想到她在电话里说，不行，她觉得这个人挺粗野的。这话让我有些意外，这位'发小儿'身上毛病挺多，不拘小节，不修边幅，但是他毕竟从小喜欢音乐，有一定的教养，怎么会给人留下粗野的印象呢？"

"是呀？"

"我在电话里不便深问，事后，一打听才知道，敢情我的这位'发小儿'，平时说话爱带脏字，比如'丫的''他×的''我×'等。我在工厂当过工人，知道男人一起聊天时，谁也免不了这些脏字从嘴边蹦出来。"

小宁道："可是说话得分场合，您不能把脏字当成口头语，走到哪儿说话都把它带出来呀。"

"是呀，偏偏我的这位'发小儿'平时大大咧咧惯了，尽管那天跟这位姑娘见面时，他紧小心慢小心，还是没留神在说话时，让脏字从舌头根儿底下蹦了出来。我刚才不是说第一印象很重要吗，偏偏赶上这位姑娘非常心细，人家给他数着呢，第一次见面，这位在说话时，一共带出6个脏字，难怪给她留下'粗野'的印象。"

小宁笑道："这个女的也挺有个性。"

"之前，我跟她把这个'发小儿'说得非常好。让她这么一说，心里挺别扭，即便不能成为两口子，也别给人留下粗野的印象呀。我扭脸去问我的'发小儿'，对这个女的印象如何？他说印象还行。看得出来，他对这位女士很满意。俗话说：帮人帮到底，送人送到家。我想这个'发小儿'耗到这岁数，碰上一位可心的姑娘不容易，怎么着也得想

结婚登记

亲爱的，是弓长张，还是立早章？

结婚登记

办法促成这件事。"

"瞧您这红娘当的，还真给力。"

"我又跟女方聊了一次，感觉她对我的'发小儿'总体印象也不错，只是他身上的一些小毛病，让她觉着不如意，尤其是待人接物时缺乏礼貌，她看着别扭。我赶紧替'发小儿'打圆场，说了他一堆优点和长处，希望她给我的'发小儿'一次机会，再接触一下。她被我的诚意所打动，点头答应了。"

小宁道："您真行，这就叫打圆场吗？"

我笑道："哈哈，什么圆场？是'救场'。"

"'救场'？有意思。您是怎么'救'的场？"

我说："有了第一面的教训，第二面就不能马马虎虎了，这次我亲自出马。"

"怎么？您都出面了？"

"我想让那位女士看看这位'发小儿'的另一面。20世纪80年代初，社会上正时兴跳交谊舞，各单位的工会、共青团组织青年学跳舞，每到周末（那会儿还是六天工作制），大一点的单位都在礼堂或食堂举办舞会，跳舞得有伴奏的，这位'发小儿'不是会拉小提琴吗？他的这门艺术派上了用场。我知道女方喜欢跳舞，而且跳得正经不错。那天，我把这二位约到有舞会的礼堂。"

"您可真下功夫。"

"我让'发小儿'理了发，刮了胡子，穿上西装，嗯，看上去蛮帅气，我还让他把小提琴带上了。女方知道我约她出来跳舞，有跟男方约会的目的，穿得也挺时尚。"

"节目就要开始了。"

"嗯，也许是事先做了准备，我的'发小儿'那天表现得非常好，对女方彬彬有礼，落落大方，跟以前判若两人。他陪着女方跳了两圈儿舞，一曲终了，我对伴舞的乐队提议，请我的'发小儿'拉两段小提琴曲，他上台以后，拉了两段莫扎特的曲子，娴熟的弓法，征服了现场所有的人，当然也征服了那位女士。"

"后来呢？"

"那天晚上女士非常开心。我发觉她再看那位'发小儿'的时候，眼神跟以前不一样了，满是惊艳的光彩。"

小宁笑道："这是不是'秋波'呀？"

"别管什么波了，他俩算是对上眼了。"

"这可是您的功劳。"

我说："你看同样是一个人，用老礼儿改变待人接物的方式，效果是不是就不一样了？"

"这就是文明礼貌的作用。他们后来成了吗？"

我嘿然一笑道："这门婚事当然成了。不成，哪会有你呀？"

小宁惊诧地瞪大了眼睛说："什么，您说什么？我？您怎么把他们跟我联系起来了？"

我笑道："他们就是你的父母呀！"

"啊？"小宁哑然失笑道："您的那个'发小儿'原来是我爸呀！"

我说："你回去可以问问他，是不是这么回事？"

小宁笑道："那我得问问他，当时怎么那么冒傻气，那么不懂礼貌、不拘小节呢？"

我说："这都是过去的事了，自打你爸认识你妈以后，他的变化很大，说话文雅了，也注意修饰边幅了，结婚以后，俩人相处很融洽，还

『礼』为幸福人生打下基础

相互鼓励，好学上进，后来你爸考上了夜大，你妈更棒，怀着你考上了正规大学。以后，他们挺有出息，都当了干部。"

小宁说："我听我妈说过，她是怀着孕读的大学，她说我还没出生就上大学了。"

我说："要不然你怎么这么有出息呢，从小就有良好的家教。"

小宁笑道："您真逗，这是家教吗？"

我说道："中国人非常重视家教，一个人是不是有修养、知书达礼，跟家教有很大关系。"

小宁道："您能不能说说家教跟老礼儿的关系？"

我笑道："这个问题，咱们改天再聊，且听下回分解吧。"

063
德行礼数看家教

上回书说到小宁问我，家教跟中国人老礼儿的关系。

我对小宁问道："你知道什么叫家教吗？"

小宁卖了个关子说："当然知道了，但还是想听听您是怎么说的。"

我说道："家教这个词儿，现在用得比较多，看报纸，常有这样的广告：'家教，每小时 150 元。随叫随到。'这儿说的家教，是指家庭教师。您的小孩英语不好，找个人辅导一下，这就叫家教。其实，家教最初的意思可不是这个。它是指家庭的教育，或者说家庭的教养。"

小宁笑道："还是您说得好。"

"一个人的成长，家教非常重要。您忘了那句话：家庭是人生的第一课堂，父母是人生的第一个老师。为啥这么说呢？因为人一出生，就生活在母亲的怀抱里，呼吸的是家庭空气，直到两三岁才去幼儿园，到了六七岁才上小学，以后才上中学，上大学。但在念大学之前，您一直生活在父母身边，家庭对您的影响最直接，尽管学校的教育也很重要，但终归离不开家庭，离不开父母的耳濡目染。"

"对呀。"

"中国人非常重视家教，比如一个孩子很淘气、说话没礼貌、不懂规矩，通常人们不说这个孩子怎么样，而是数落孩子的父母，这孩子怎么一点儿没家教呀！爹妈是怎么教育你的？"

"没错儿，我小时候常听大人这么说。"

"您看，人们一下子把它跟家教挂起钩来。可见，家教在人们眼里是多么重要。中国人的老礼儿多，许多老礼儿不是走上社会以后才学到的，而是靠家教耳濡目染熏陶出来的。"

小宁笑道："您这么反复说到家教，是不是对这个话题深有体会呀？"

"没错儿，家教对我们这一代人的影响实在太大了。其实，从古至今，中国人都很看重对孩子的家教。你也许知道，现在的学校和学制，小学、中学也好，大学也罢，很多是从国外传到中国的，对吧？"

"对，大约只有一百多年的历史。"

"刚传到中国的时候，人们把这种由初小到高小，由初中到高中，及至大学学制的学校称为'洋学堂'。"

"咱们中国古代的学校，是以私塾为主的。"

"私塾跟学校的教学方式和内容也完全不同。你知道'学校'这个词儿是怎么来的吗？"

小宁想了想说："是不是上学的地方，都叫学校呀？"

我说："根据甲骨文的发现，人们知道咱们中国有文字的历史，大概有五千年左右。有文字就得有专门传授和学习的地方，当时叫'成均'。它可以说是学校的萌芽。"

"萌芽？"

"对，到了夏代，才有正式以教学为主的学校，这种说法是从《孟子》一书中来的。孟子说，'夏曰校，教也。'孟子说的'校'，照现在的说法是大学，分为'东序'和'西序'，在国都王宫东边的叫'东序'，这是专门为贵族和他们的子弟办的学校。在王宫西部开的学校叫'西序'，这是专门给平民子弟开的学校。"

"那时候就有名校和普通学校之分了。"

"到了商代，学校又分为'学'与'瞽宗'。'学'又分为'左学'和'右学'。'左学'是专为'国老'而创，'右学'是为'庶老'而设，所谓'庶'就是平民百姓，'学'以明人伦为主，'瞽宗'以学音乐为宗。"

"跟夏代区别不是很大。"

"到了西周，学校的组织就比较完善了，当时分为'国学'和'乡学'两类。'国学'是专门为贵族子弟开的，按学生入学年龄与教育程度分为大学、小学两级；'乡学'是按照当时地方行政区域来定的，因各地方区域大小不同，分为塾、庠、序、校这四个级别。'塾'是基础的学校，类似现在的小学。'塾'的优秀者，可以升入'乡学'，也就是'庠''序''校'。'庠''序''校'的优秀者可以升入'国学'和'大学'，'国学'是中央直属学校，'乡学'属于地方学校。"

"私塾这个词，是不是就是从这来的？"

"没错儿。人们把'塾'，称为私人设立的学校，所以叫'私塾'。'庠''序'成了乡学的代名词，'学'和'校'合并，成为教育机构的通称，一直沿用到现在。"

"原来'学校'一词是这么来的。听您这么一说，古代的学校倒是比较简单。"

我说："的确，古代的学校不像现在的学校，现在的学校有学制和课目，语文、算术、历史、地理、政治等，分得这么细。当时的学校有点儿像现在的专科学院。"

"基础教育是不是从私塾开始的？"

"对。私塾主要是教小孩认字，当时，人们认识到德育的教化作用，所以把仁、义、礼、智、信等做人做事的道理，都编入到教材当中，比如《三字经》《百家姓》《千字文》《弟子规》《名贤集》等，都是私塾的教材，能把这些记下来、认下来，才去学《论语》《大学》《中庸》《孟子》等儒学经典。当然这些经典也是教人如何做人做事的，你看过《三字经》《百家姓》《名贤集》吧？"

小宁点点头道："看过，但背不下来。"

我说："我们现在看这类有关伦理道德的启蒙性读本，实际上是古人把语文、历史、地理、伦理、道德等揉合到一起的教材。比如《三字经》，不但让你能认字，还叫你知道许多历史、地理、道德、伦理和生活知识，如'为人子，方少时；亲师友，习礼仪；香九龄，能温席；孝于亲，所当执；融四岁，能让梨……'这些知识容易记，也容易懂。"

小宁道："古代的人重礼讲礼，守规矩，讲诚信，跟从小就受这类教育是不是有很大关系？"

我说："当然有关系，但我认为还是家教对孩子的影响最大。我所说的家教，很多时候并不是父母的说教，脸对脸、手把手地教你应该怎么做，不应该怎么做。它是一种教化的过程。"

小宁问道："什么叫教化呢？"

我笑道："想知道这个话题吗？咱们且听下回分解。"

师者，所以传道、授业、解惑也

064
品行教化守家训

书接上回，小宁问我，什么是教化？

我对她说："教化就是教育和点化。教化是'润物细无声'的，它不是一朝一夕的说教，而是长时间的潜移默化、耳濡目染。"

"不是直截了当地告诉你怎么做，而是用其他方法，让你明白怎么做。对吗？"

"就是这个意思，比如，我从小就知道见了长辈要主动打招呼。老辈人管这叫'这孩子会叫人'。客人到家里串门儿，我会主动给客人让座儿，给客人沏茶，其实这就是我们通常说的礼貌礼仪。为什么我能做到这一点？这并不是我们父母专门教给我的，而是在他们的眼皮底下生活，长时间耳濡目染的结果。"

"看出来的。"

"对。因为我从小就看家里的长辈怎么待人接物的，看邻居大妈大爷是怎么接触人的，这些自然对我有影响，这就是教化的结果。"

"也可以说是一种熏陶。"

我说："对。旧中国的老辈人，90%以上的劳动者是没上过学的，许多人甚至连私塾也没念过，目不识丁。可是您跟他们聊天，就会发现他们的知识面很广，说一些历史掌故、古代传说、民间礼俗等，头头是道，透着有文化。"

"这是为什么呢？"

"因为老辈人从小就受传统家教，听老人们说古，到茶馆听书，到戏园子听戏，到庙会听相声、大鼓、琴书等。这些戏文或评书、鼓词里讲的都是历史故事，而这些历史故事大都有道德伦理这方面的内容。再加上日常生活中老一辈人在举止言谈、待人接物过程的示范。所以，他们懂得很多书本里学不到的知识。"

"这些知识，其实也是文化呀！"

"过去，在平房大院生活的小孩儿，可以说是在大人们的老礼儿熏陶下长起来的，许多规矩和礼数，也是在大人的教化中懂得的，比如到邻居家串门儿，不能乱摸乱拿人家的东西。人家给你的东西，也不能随意就接。坐要有坐相儿，站要有站相儿。大人说话，孩子不能搭话、插言等老礼儿，都是教化出来的。"

小宁问道："这就是您说的家教吗？"

我笑道："不，家教主要是指家里长辈对子女的教化，这种教化主要有三种方式，我给归纳为：写出来，说出来，做出来。"

"什么叫'写出来'呢？"

"过去中国人的家庭，尤其是一些老式家庭，在礼数上都是有规矩的。老话说：国有国法，家有家规。这种规矩，有的是用文字写出来的，也可以称为'家训'。"

"什么叫'家训'？"

我说："所谓'家训'就是长辈给后代立言。'家训'是一代一代相传的，所以又叫'祖训'，如《弟子规》《颜氏家训》《朱子治家格言》《曾国藩家训》等。"

"它能起什么作用呢？"

"'家训'一般是告诫子女生活起居的常识和应该做到的要点，如《朱子治家格言》里有：'黎明即起，洒扫庭除，要内外整治；既昏便息，关锁门户，必亲自检点。一粥一饭，当思来之不易，半丝半缕，恒念物力维艰。宜未雨而绸缪，毋临渴而掘井。自奉必须俭约，宴客切勿流连。器具质而洁，瓦缶胜金玉；饮食约而精，园蔬愈珍馐。勿营华屋，勿谋良田。'"

"真够细致的。"

"还有告诫子女如何做人、如何做事、人要有美德、不能损人利己等，带有立身言命的警示作用的格言。如《朱子治家格言》中：'施惠勿念，受恩莫忘。凡事当留余地，得意不宜再往。人有喜庆，不可生妒嫉心；人有祸患，不可生喜幸心。善欲人见，不是真善；恶恐人知，便是大恶。见色而起淫心，报在妻女，匿怨而用暗箭，祸延子孙。'"

"这都是什么意思呢？"

"这些话的意思是，当你给别人一些好处时，你不要念念不忘，老是念叨；当别人给你什么好处时，你一定要知恩图报，不要忘了人家对你的好儿。做任何事儿都要留有余地，不能把事做绝。当你领会了别人的意思，不要再去给人家添麻烦。别人有喜庆高兴的事，你不能妒嫉在心。别人有了灾有了祸，你也不要有侥幸的心理。做了善事是为了给别人看，这不是真正的做善事；犯了什么错儿，怕别人知道，这是错上加错。见到美女而起淫乱之心，要想到会报应到自己的妻子女儿身上。对别人有怨有仇，明里不说，暗中报复，到头来这种祸要延及到自己的子孙。"

"说得真好！"

"你看，朱子讲的都是让儿孙有美好的德行，不要做缺德的事儿。这些都属于写出来的规矩。"

"写在纸上的。"

"老事年间，有文化的人往往把'家训'工工整整抄下来，然后装裱，挂在墙上，让晚辈人天天看。他死了之后，再往下传。"

小宁问道："您说的第二种方式呢？"

我说："这第二种方式，咱们且听下回分解吧。"

065
舐犊千万别护犊

书接上回，小宁问教化作用的第二种方式"说出来"，是什么意思。

我对她说："所谓'说出来'，就是口头立规矩。有文化的长辈可以把家训写出来，那么，没有文化的长辈呢？他们只有把一些'家训'说给后辈人听。比如爷爷对晚辈立下规矩，家里人谁也不准抽烟喝酒，外人送的礼一定要记住，将来想办法回报等。"

"是临终时说吗？"

"不见得。这种'说'，是一种经常性的调教，父母看到孩子身上有什么毛病，要及时纠正，说明利弊，指教他该如何做。这里涉及家教的严厉与放任、护短与自责的问题。"

小宁问道："这是什么意思呢？"

我说："一般当父母的都疼爱自己的孩子。当看到孩子不守规矩，办了不该办的事以后，有的年轻家长会认为孩子还小，正是淘气的时候，身上有点儿小毛病，或犯点儿小错误是正常现象，所以就睁一只眼闭一只眼，不说他了，这就是护短儿。中国人也把这叫'护犊子'。"

小宁问道："什么叫'护犊子'呀？"

我说："犊，就是小牛，也叫牛犊子。老牛对小牛十分疼爱，经常

『护犊子』

拿舌头舔它，所以人们把疼爱子女称为老牛舐犊，或称之为‘舐犊之情’。所说的‘护犊子’就是这么来的，但它是贬义。”

“其实，也可以叫溺爱。”

“是的，对孩子过分地宠爱。平时对子女疼爱体贴，这无可挑剔，但是当子女有了错误也袒护他，甚至替他辩解开脱，这就不对了。比如一个孩子在学校把别的孩子打了，挨打的孩子回家告状，父母肯定不干，找打人的孩子家长说理，你说打人的孩子家长，该怎么处理这事儿？”

“打人的孩子家长首先得给人家赔礼道歉，然后严格管教自己的孩子，不能欺负同学。应该这么做吧？”

“但打人的孩子家长如果不说自己的孩子，反而替他辩解，找他打人的理由，这就叫‘护犊子’。这种教育孩子的方法，属于溺爱和娇宠，必然会对孩子的成长产生不利的影响。"

小宁道："中国这一代孩子的长辈，几乎都是独生子女的家长，他们对孩子从小就娇生惯养，现在当了爷爷奶奶，依然对晚辈宠爱有加。前两天，我看到一则社会见闻。"

"什么见闻？"

"一位满头白发的老奶奶，领着四五岁的孙子乘坐公交车。一个小伙子给老奶奶让了个座儿，老奶奶刚要坐下，孙子不干了，非要坐。老奶奶疼孙子，便把座位让给了孙子，自己却颤颤巍巍地拽着扶手站着。引来乘客一阵唏嘘。"

"现在这种事儿已经司空见惯了。"

"您说对那个小孩儿来说，老奶奶的做法，是不是也是教化呀？"

"当然是。"

小宁道："这位老人是不是太娇惯自己的孙子了？这样惯出来的孩子，将来长大以后，对别人能有礼貌吗？您不是说过吗，三岁看大，七岁看老。"

我笑了笑说："这哪儿是我说的？这是古人的话。我小的时候，我妈教育我时，总爱说这句老话。一个人在三岁的时候，就能看出他长大了是什么样儿。在七岁的时候，就知道他老了会怎么样。不过，这句话太绝对了。"

"为什么呢？"

"其实一个人受客观环境的影响，思想、思维方式，包括性格、气质，总会发生一些变化的。当然人跟人也不一样，有的人早熟，从小就聪明伶俐，神童的例子很多。有的人成熟比较晚，十多岁才知道发奋读书，争胜要强。你知道爱因斯坦吧？"

"当然知道。"

"他十岁的时候，上学还逃学呢，淘气得没边儿，气得他爸他妈了不得。谁能想到他会成为20世纪最伟大的科学家！但是，'三岁看大，七岁看老'，这句话也说明一个问题，那就是家教的重要。换句话说，它强调的是从小就培养孩子做人做事的美德，是多么的重要。因为一个人的许多生活习惯，包括性格、气质、意识、礼貌等，是从小就培养起来的。"

"是的。"

我对小宁说："我小时候，长辈常说，孩子是一棵树苗，家长要不断地给他培土、浇水、剪枝，这样才能健康成长。如果只培土、浇水，不剪枝，树苗就会长歪了，或者疯长。所以，对孩子要经常地进行敲打，不能惯着宠着，任其发展。"

"您说得太对了。"

"因此，教化的第三种方式非常重要。"

小宁问道："您说说这第三种方式。"

我笑道："这个话题，咱们且听下回分解吧。"

066
言传关键在身教

上回书说到小宁问我，教化的第三种方式"做出来"是什么意思。

我对她说："'做出来'的做，就是身教，换句话说，就是用自己的行动，来感化和教化自己的孩子。"

"以身作则是吧？"

"对。中国有句老话：'上梁不正，下梁歪'，指的就是这个道理。父母要以行动给子女做出表率，让子女不做的事，您首先得自己别做。比如有的家长，教育孩子说话别带脏字，别随地吐痰、乱扔东西，夏天，不管天多热，也别光膀子出门。可他自己却说话脏字不离口，夏天光着膀子在院子里晃悠，而且嗓子眼有痰，呸——一扭脸就吐在地上了。您想他教育子女有说服力吗？"

"这不叫自己抽自己嘴巴吗？"

我笑道："其实，父母对孩子的影响是潜移默化的。做出来，比说出来更重要。"

"没错，记得我小时候吃饭特爱剩东西，我妈给我盛到碗里的饭菜，我吃了一多半就不想吃了。我妈为这事说过我两次，但是我已经成毛病了，总也改不了。有一次，我爸在家里的饭桌上，端着饭碗讲他小时候，遇到国家'三年自然灾害'，吃不饱饭、饿得天天喝凉水的故事，给我的印象很深。而且我爸我妈在家吃饭，从来碗里都不剩饭菜。有时我们出去吃饭，吃不了也要打包拿回家。这些对我的影响很大，后来，我也养成了吃饭不剩东西的习惯。"

我说："是呀，言传和身教应该是一致的，这才有说服力，你看过《傅雷家书》吗？"

小宁说："没看过，但傅雷翻译的巴尔扎克小说我读过，文笔非常流畅，看得出来，他治学非常严谨。"

我说："是的，但是《傅雷家书》你没看过有些遗憾。我建议你有时间读读这本书，我想会对你如何面对生活有所启迪。"

"好的。"

"傅雷是中国有名的翻译家，属于老一辈知识分子，他的家教非常严格，对儿子傅聪事无巨细，都一一指点。这部家书的字里行间，充满了一个父亲对儿子的关爱，但这种关爱不是溺爱，而是关心他的成长，比如傅聪从小喜欢音乐，傅雷让他学弹钢琴，找最好的老师教他。"

"像现在有的家长一样。"

"但孩子学琴，往往会从兴趣出发，学到一定程度以后，便会失去耐性，加上在学琴时，还要上学校学文化课，所以很多孩子便半途而废了。傅聪也有过这种经历，但是父亲傅雷无时无刻在鼓励他、教育他，做什么事要想成功，都要坚持不懈，如同登山，不能爬到半截，就打退堂鼓，这样会一事无成。"

"真是一位有责任感的父亲。"

"他给儿子买来许多伟人的传记和励志的书，教育儿子对自己严格要求。正是在傅雷一点一滴、无微不至的关怀和教育下，后来傅聪成为名扬中外的钢琴家。"

"有志者，事竟成。"

"看《傅雷家书》非常有意思，你可以体会到父亲对儿子的关爱是多么细致入微。尽显一个父亲'望子成龙'的心态，他极力希望儿子按自己的意志行事，却忘了他是个孩子，这种复杂的心态，让人感到'可怜天下父母心'。比如傅聪做错了一件事，傅雷一时恼怒，狠狠地批评了他，但事后一想孩子办的错事又情有可原，自己这么批评他，会伤他的自尊心，于是又产生悔意，便向儿子承认错误。"

"我觉得这种与儿子谈心、交心、知心的教育方式，是值得人们借鉴的。"

"是的。给我印象最深的是傅聪讲他小时候，吃饭的时候爱说话，还爱吧唧嘴。"

"其实，很多孩子，包括大人都有这种毛病。"

"傅雷很看不惯这些，在家里立了一条规矩，谁吃饭也别说话，喝汤不能出声。可是儿子已经养成习惯了，一时半会改不过来。一次儿子吃饭又出声了，傅雷便敲了敲桌子，儿子见状，赶紧纠正。过了一段时间，儿子的老毛病又犯了，傅雷没有说他，把脸一沉看着他，半晌，他放下饭碗不说话，儿子马上意识到自己的错误。"

"表面看是吃饭出声，其实是不听父亲的话，也就意味着对他的不敬。"

"是呀，从那儿起，傅聪甭管到哪儿吃饭，再也不出声了。他说几十年以后，还记得父亲肃然的目光。你看，傅雷教育儿子严不严？"

小宁道："确实够严的。"

"但严师出高徒，严父出孝子呀！《三字经》里有两句话：'养不教，父之过，教不严，师之惰。''玉不琢，不成器，人不学，不知义'。这几句话说的是当父亲的，教育好自己的子女是天职。养活孩子，不去教育他们，是天大的过错。"

小宁说道："我觉得现在当家长的对自己子女的教育都很重视，虽然国家放开'二孩'政策，但一般的家庭都是独生子女，哪个家长不想让自己的孩子成才呀？望子成龙是一种普遍的愿望，关键问题怎么教育。"

我笑道："没错儿，这个话题，咱们下回再聊吧。"

067
德教当先明孝道

书接上回，小宁说到当家长的对子女"望子成龙"的话题。

我说："如果说现在的中国人不重视家教，那是太不了解中国的国情了。我感觉在中国的历史上，没有哪个时期像现在这样，当父母的这么重视子女的教育。"

小宁说："现在有句流行语：不能让孩子输在起跑线上。"

"是呀。所以年轻的父母拼命让自己的孩子上这个培训班，上那个补习班，几乎把孩子所有的课余时间都给填满了。"

"这是相互比着来的结果。谁都怕自己的孩子输在起跑线上，所以看到班里别的孩子补英语，我的孩子也不能落在后头，自然也得报个英语班。看到别的孩子学绘画，将来能当'特长生'，我的孩子也得学书法或学钢琴。所以，现在培训学校是热门。"

我说："当家长的都望子成龙。"

小宁笑道："谁也不希望自己的孩子成虫。"

"但是现在的教育偏重于文化了。由于我们国家实行的是应试教育，孩子从小就要应付各种各样的考试，'分儿分儿，学生的命根儿'。从家长到学校把考试成绩看得过分地重要，所以就忽视了对孩子伦理道德、文明礼仪方面的教育，当然最主要的问题是，对子女的过分宠爱。"

"这的确是个社会问题。"

"娇惯出来的孩子，不但没有社会责任感，而且对长辈也不会有孝心的。我当记者的时候，曾报道过一桩孙子打爷爷的事儿。"

"怎么回事。孙子敢打爷爷？"

"孙子从小跟着爷爷一起生活。爷爷奶奶非常疼爱他，要星星不给月亮，自己舍不得吃舍不得喝，都紧着孙子。想不到孙子长大以后，经常对八十多岁的爷爷无礼，爷爷说了他几句，他跟爷爷翻了脸，不但对骂，还拿起铁锹把爷爷打得头破血流，送到医院，头部缝了二十多针，差点儿要了老命。"

"真够浑的。"

"是呀，孙子固然是浑，但是谁酿出了这场悲剧？刨根儿的话，还是老爷子自己。假如当初他对孙子严加管教，不过分溺爱，使孙子养成了唯我独尊的个性，能有后来的结果吗？"

小宁道："这就是溺爱酿出的苦果。"

"而对子女的溺爱，现在已成为一种普遍的现象了。咱们前头聊过，一个人能不能知书达礼、守规矩、懂老礼儿、本本分分做人，是从小受家庭熏陶和长辈教化形成的。中国是'礼仪之邦，'礼，说白了就是人们在社会交往中的行为规范。礼的核心是对人的尊重和尊敬。"

"嗯，这也是礼的价值观吧？"

"对，你会背《弟子规》吧？"

"不会，但大概其内容知道。"

"《弟子规》就是古人给学生们立下的规矩。里面首先讲的就是'孝

溺爱要不得

悌'。你知道什么叫'孝悌'吗？"

"孝，就是孝道，也就是子女对父母的礼数和敬重。悌，讲的是兄弟之间的礼数。"

"对。什么叫'孝'呢？《弟子规》，有'父母呼，应勿缓；父母命，行勿懒；父母教，须敬听；父母责，须顺承。'这几句话的意思是：父母叫你的时候，你要赶紧答应，不能喊你半天了，你才吭气。父母让你干什么，你就赶紧去干，别慢慢腾腾的，或找个借口不干。父母说你什么，你都应该恭恭敬敬地听着，不能顶嘴。父母批评你的时候，即便他们说得不对，你也应顺从地听着。"

"百善孝为先。这也是中国人的老礼儿吧？"

"这些都是我们小时候长辈们常教育我们的。再比如《弟子规》还写着：'亲有疾，药先尝；昼夜侍，不离床；丧三年，常悲咽：居处变，酒肉绝。'"

"说的是什么意思？"

"这几句话讲的是：'父母有病了，你要尽孝，给他们煎的药，你要先尝，而且要日夜在床前伺候他们。当父母去世以后，要守丧三年。这三年，要谢绝各种娱乐活动，经常感念父母的恩德，同时要戒酒吃素。'这些也是长辈常向我们说的孝道和老礼儿。可是现在年轻的家长还跟子女讲这些老礼儿和孝道吗？"

小宁摇了摇头道："我觉得很少有人说这些了，有些家庭甚至倒过来了，子女反倒成了主角。比如前边咱们聊的奶奶给孙子让座的事。所以我说家庭伦理的混乱，必然带来'孝悌'的丧失，表面看是不懂礼，其实是把德给丢了。很可悲，也很可怜。"

我说："当然这是个别现象，大多数家长在对子女溺爱的同时，还是能对子女施以品德的教化的。确如你所说，礼跟德是分不开的，在我看来，一个人对父母失礼，就是最大的失德。中国人把'缺德'当作一句比较狠的骂人话，但有些孩子做出来的事儿，实在不敢让人说他有德。"

小宁笑道："照您这么说，没有德，不就是缺德吗？"

我说："你别这么说呀，这么说不就是骂人了吗？咱们聊了半天家教，家教的核心就是德育的教化，说白了就是教育孩子如何做人。说实在话，学校的教育，也应该把德育放在首位，不能只教文化知识。中国人有句老话：'未曾做事，先学做人'。'未曾学艺先学礼'。只有懂得如何做人了，才懂得如何做事，也才能把事做好，在事业上取得成功。过去有一种提法叫培养'又红又专'的接班人，其实说的是一个道理。"

小宁还想说什么，手机突然响了，原来她姨的孩子后天就要参加高考，她姨让她到家里来一趟，帮着孩子减减压，轻松应考，顺便带她的孩子去'踩点'。

"这我得去呀。"小宁不好意思地笑了笑说。

我说："这叫情急抱佛腿。不过，让孩子减轻点儿心理负担还是有必要的。你参加过高考，属于过来人，给孩子当一回'军师'，支支招儿吧。"

小宁意犹未尽地说："好吧。不过，我觉得有关家教的问题，好像还没跟您谈透。"

我笑道："这真是'老礼话题在家教，家教话题有分教。'欲知详情，咱们且听下回分解吧。"

068
孩子大了要放手

　　上回书说到小宁的表弟要参加高考，她姨火急搬兵，让她给孩子心理减压。

　　却说全国高考，现如今已成了全国各个城市兴师动众的大事儿。以前高考是在每年的七月，由于正赶上在伏天，酷热难耐，教育部门经过反复考虑，几年前，把考试的时间提前了一个多月，改在每年的六月七日、八日这两天。

　　六月属于初夏，本该气候凉爽，谁知这两年，天气一年比一年热，老天爷似乎并不照顾众考生，高考这两天北方的气温依然很高。从媒体报道得知，某市的高温热倒了几位学生家长。

　　看到这儿，您也许会纳闷，高考是考生的事儿，怎么高温没让考生热着，倒让家长中了暑呢？

　　原来现如今中国的高考，简直不是在考学生，而是在考家长呢。从媒体报道得知，高考这两天，有些地方还给高考学生的家长放了假。考场更是壮观，里头是考生在考试，考场外却云集着成百上千的家长，有的甚至一家人前来坐阵，而且还有维持秩序的警察和有备无患的救护车，难怪有家长会中暑。

小宁把考场外面的情景，给我形容了一番："好家伙，全社会都为高考让路，除了考点周边实行交通管制、出租车'爱心送考'以外，民警还在考点和周边巡逻，警车配备防暑药品，用来及时救助中暑的考生。商家也跟着凑热闹，宾馆饭店推出高考客房、钟点屋；餐馆推出状元宴、金榜题名餐、状元饼；家政公司还推出高考保姆。有的城市为确保考生高考不受交通影响，除特别紧急公务外，所有公车一律停开。有的城市做出决定，高考期间，机关和事业单位的作息时间向后推延半小时，午休时间不变等，各地为高考让路，都有不少临时性的管制措施。"

　　我笑道："当年在北京的贡院考进士的时候，也没这么大动静和场面呀！那会儿（指明、清两代），全国各地的举人都来北京参加考试，哪有父母随行的？撑死了，有钱有势的人家带个书童跟着。你也陪考去了，感觉怎么样？"

　　小宁微微蹙起眉头，淡然一笑道："感觉很累。真的，挺累心。我姨夫是驻外使馆的武官，长年在外国。我姨的身体不好，刚刚做了一个小手术，从医院出来，她家里就这么一个宝贝儿子，高考成了家里的头等大事，只好搬我这个救兵。我劝我姨，孩子平常功课不错，又是在重点中学，'一模'和'二模'在班里排名前五位，考大学应该不成问题，可是她仍然心里不踏实，非让我全程'陪驾'。我看她身体不好，只能临危受命了。"

　　我笑道："这么说你陪表弟，在考场外头站了两天？"

　　"可不是吗？您应该知道现在的学生家长都相互攀比，别的孩子家长陪孩子去高考，您当家长的不去，孩子会觉得脸上没面子。我姨也怕影响孩子的情绪，她自己又出不了门，只能让我陪着了。"

我感叹道："真是可怜天下父母心呀！这两天的天儿这么热，也怪难为你的。你没'高烤'得中了暑吧？"

小宁笑道："没中暑，也快'烤煳'了。您没觉得我晒黑了吗？"

我笑道："不至于吧，两天就能让你这么好的皮肤上了色？"

小宁道："也好，我也体验了一下高考家长的心情。我发觉这些当家长的，比那些考生心里还紧张。我在外面一边等我的表弟，一边心里想，还不如让我进去替他考呢。"

"孩子考试，你紧张什么呀？"

小宁说："怕他考砸了呀！我觉得社会对高考这么的重视，反映了家长望子成龙的迫切愿望。"

"也许不当家不知柴米贵，不当父母不知儿女重。这其中的酸甜苦辣，只有考生家长心里清楚。但是，我认为对高考如此重视，掩盖着一个不争的事实，那就是家长对自己孩子的过分宠爱。"

"您怎么这么看呢？"

我说："一个高考的考生，就说从6岁开始上小学算起吧，小学六年，初中三年，高中三年，算起来也该18岁了，当然要是从7岁上学算起，那就是19岁了，如果有复读重考的，那就小二十岁或二十多岁了。这是什么概念呢？按我国的现行法律规定，18岁，就是成人了。一个成年人，要参加考试，还得让父母陪着，这又说明什么问题呢？我想只能用'溺爱'俩字来解释了。"

小宁说道："您说一个考试至于这样吗？我在考点跟一些考生家长聊天儿，这些家长各自道出苦衷。由于高考的社会气氛越来越浓，反倒给考生带来沉重的压力，有的学生甚至用吸氧来减压，有的一听'考'

字就心烦，甚至连烤羊肉串、烤馒头都不吃了。有的心理脆弱的学生，晚上睡觉让妈妈抱着，还有不少考生家长带着学生去寺庙烧香，甚至在网上出现了团购兴奋剂的现象。您说现如今怎么把高考给弄得这么'热'呀？我觉得已经打乱人们正常的生活秩序了。"

我说道："其实，根本没有必要这样兴师动众。高考学生都已经是成年人了，当家长对自己的孩子该放手了。"

"是呀，当家长的总觉得这是一种关爱，其实是一种溺爱。"

我笑道："看来这次陪考，你体验了一把民情。你是参加过高考的，你们那时候也这样吗？"

小宁苦笑了一下，说道："我可没享受到这种待遇。我参加高考那天，我爸我妈该上班上班，该会朋友会朋友。我记得唯一与平时不一样的地方，就是我奶奶早晨给我煮了两个鸡蛋，中午我爸我妈分别给我打了个电话，慰问了一下，就这些，没别的了。"

"你感觉如何？"

"我觉得这种平常心，让我考试的时候一点压力都没有，因为高考之前，已经有过几次模拟考试了，包括'一模'和'二模'。真正高考的时候，只要你临场发挥得好，就能考出好成绩。我记得我参加高考那年，也没有那么多家长在考点门口'陪考'。"

我笑道："结果你不是考得也蛮好嘛！"

小宁道："我可是完全靠自己学出来的。您也许知道，从小学到中学，我爸我妈基本上不怎么管我。现在的高中生都讲究让父母给请家教，我爸我妈可没给我找过家教。"

我笑道："要不说你是个出息孩子呢。"

"给孩子请家教，也是当父母的一种无奈之举，或者说不得已而为之。要是他们的孩子能勤奋好学，功课好，还用请家教吗？"

我对小宁说："我的观点跟您不一样，孩子功课跟不上就请家教，实际上是把孩子给害了。"

"请家教，怎么能说把孩子给害了呢？"

我笑道："关于这个话题，咱们下回再聊吧。"

069
从小熏陶要自立

上回书说到孩子学习成绩不好，请家教的问题。

我对小宁说："有的家长请家教，是主动放弃自己的责任和义务，没有担当的表现。"

"您为什么这么看呢？找家教不是为了帮助孩子学习吗？"

我说："孩子学习成绩不好，动不动就找家教，那学校和家长干什么去呀？《三字经》里有句话：'养不教，父之过，教不严，师之惰'。当老师和当父母的，看到孩子学习成绩不好，为什么不静下心来，仔细地帮孩子分析一下，找出功课跟不上的原因，对症下药，教给他好的学习方法，知难而上，激励他努力奋斗。相反，一上来就给他找家教，开小灶，找'拐棍'，是不是放弃了自己的职责？"

小宁道："您以为请家教白请呀？那是钱呀！"

我说道："有的孩子语文成绩不好，父母给他找家教；英语成绩上不去，父母给他找家教；物理成绩不行，给他找家教，一个学期恨不得请五六个家教。我真不明白他上学还有什么意义？当然，请家教，也许确实能提高孩子的学习成绩，但这只能是一时的，或者说是一种实用主义。这样做的后果是什么？能培养出孩子刻苦学习的精神吗？能培养出他面对困难知难而上、奋发向上的勇气和毅力吗？"

"不能！真的不能！"

"要知道学习本身就是克服困难，培养自己毅力的过程呀！我觉得这恰恰可以看出父母对子女的娇惯，对孩子放弃自己的责任。孩子学习有问题，家教管了，他可以大松心了。您说这不是害了孩子又是什么？"

小宁说："您干吗这么激动？也许您体会不到当家长的，看到自己孩子学习成绩不好的心情。"

"什么心情？"

小宁道："您上学那会儿，您的父母给您请过家教吗？"

我笑道："我们上学的那个年代，哪儿有家教呀？我有时想，那些贫困地区的孩子，家里连上大学的学费都缴不起，得靠助学金和贷款，他们的父母哪有钱给他们请家教呀？可是他们当中，有的学生学习非常刻苦，不但考上了大学，而且上了大学以后，成绩也非常好。这说明了什么？"

"说明一个人的成长是要靠个人奋斗的。"

"我觉得现在中国大城市的年轻父母，太娇惯自己的孩子了，不肯让他们受一点儿委屈，不让他们吃任何苦头，所以培养出来的孩子缺乏自信，缺乏一种奋发向上的精神，自立能力很差，心理上也十分脆弱。当然，在道德、伦理、礼貌、礼仪上也有很多缺失。"

"您说得没错儿。您看现在城里的孩子，从上幼儿园开始，就每天父母或爷爷奶奶外公外婆接送，上小学也是如此，有的都上初中了，每天还接送呢。"

我说道："这成了中国城市的一道景观，每天上学和放学的时候，

爷孙俩

北京的中学、小学门前都围着许多接孩子的人群，有孩子的父母，也有
孩子的爷爷奶奶。北京在讨论交通拥堵问题时，有的政协委员就提出，
开车接送孩子上学放学是造成城市交通堵塞的原因之一。的确，我有一
个朋友的老婆，为了接送孩子上学放学，专门学会了开车，也买了一辆
车。现在城市人都有钱了，买车接送孩子上学，已经是很普遍的事了。"

　　小宁感慨道："问题是有这种必要吗？孩子上幼儿园接送，属于正
常现象。我觉得孩子上小学甚至上中学了，还每天接送，就属于不正常
现象了。更可笑的是，有的孩子都上中学了，还要母亲给她穿衣服，甚
至还跟母亲一起睡呢。"

　　我对小宁笑道："要不怎么现在有的年轻人，已经三十岁了，还叫
男孩儿和女孩儿呢。"

小宁道："在这种环境下成长起来的孩子，您让他们像《弟子规》里讲的那些老礼儿做，他们能做到吗？"

我笑道："他们哪懂《弟子规》呀？也许会背，但让他们照着去做，怎么可能呢？"

"那倒也是。"

我对小宁说："我曾经看到过中国记者写的《日本让孩子培养自立》的报道。这篇报道说，日本的孩子不论年龄大小，跟随父母旅游的，每人身上都无一例外地背着一个背包。背包里装的是水杯、餐具、毛巾、玩具等自己的生活用品。其实，携带这些生活用品，父母完全可以代劳。可是，当记者问他们的父母，为什么要让孩子自己背时，他们的父母说，这是孩子自己的东西，应当由他们自己来背，为的是从小就让他们懂得'自己的事要自己做'。其实，不仅是旅游的时候，就是在平时，如马路上，公园里，都会看到孩子们，即使是正在蹒跚学步的孩子，都会自己背着小包，哪怕背包是空的。但对孩子来说，背起它，背负的就是一份对自己的责任。"

"说得真好。"

"这位记者说，反观国内，情况就大不一样了，一家人外出旅游，孩子的生活用品经常是由父母拿着。上学以后，不少孩子的书包，甚至也由年迈的爷爷奶奶给背着。"

小宁插了一句："嗯，这位记者说的问题很突出。"

我说："这篇报道还写道，'在国内，孩子上下学由家长接送的现象已十分普遍，但是在日本，学校门口见不到家长，只有学生们三五成群地背着大书包在人行横道上行走。'对此，神奈川县立横滨平沼高中的教师杉本静夫这样解释,'接送孩子上下学不利于培养孩子的吃苦精神和自立能力。更重要的是,如果家长来接送,学校周围的车流量就会加大,反而增加了发生交通事故的隐患。'"

"就是嘛。"

"这位记者认为,随着日本经济的高度发展,国民生活条件日益优越,同时也减少了下一代磨炼意志的机会,日本教育界为了弥补这方面的缺陷,有意识地创造机会,培养孩子们的责任感。杉本老师说:'现在日本的独生子女也多了起来,家长比从前更娇惯自己的孩子,但是自己的事情自己做和不给他人添麻烦依然是基本的教育准则。'日本的经济比中国发达得多,他们对下一代的教育,是以'自己的事情自己做'和'不给他人添麻烦'为准则,这一点是值得我们借鉴的。"

小宁说:"我估计日本也不会有家长陪孩子高考这种事。他们提出的'自己的事情自己做'和'不给他人添麻烦',其实就是一种自立精神。"

"培养孩子的自立精神太重要了。就拿家长陪考生参加高考这件事来说,我觉得既有家长的问题,也有考生的问题。参加高考的考生都十八九岁了,已经是成人了,难道他们就没想到,给别人添麻烦的问题吗?您想想,那么多人为高考操心、费神;那么多家长请假在考点'陪绑',这不是麻烦吗?"

小宁说道:"确实是'麻烦'。"

我说:"话又说回来,假如考生自己对家长提出来,您不必陪着我,高考是我自己的事,我要通过高考来证明自己的自立能力,家长还会顶着太阳,在门口去'高烤'吗?"

小宁说:"您说得对。但是家长的心情是可以理解的,谁都希望自己的孩子成龙。不过，如果我们冷静地分析现在人们对高考这么重视的原因，除了对孩子过于溺爱以外，主要还是对高考本身存在一种偏见，把它看得过于神圣了。"

"这倒也是，中国恢复高考40多年了。高考已经从原来的精英理念，转变到大众教育理念了。1977年是恢复高考的第一年，据统计资料显示，那一年全国参加高考的人数是570万，最后录取了27万人，录取率仅为4.7%，也就是说100人里考上大学的不到5个人。"

"这27万人算是精英了。"

"而2018年全国参加高考的人数是900多万，普通高校计划招生的人数是670多万，录取率是多少呢？10个人里大约有七八个人能上大学，你看比例有多大。"

小宁笑道："我估计再过10年或20年，用不着像现在似的全国统一高考，高中生就可以直接上大学了。那中国就没有高考'陪烤'的城市景观了。"

我说道："据有关报道，自2010年以后，北京已经将课改后的科目纳入高考，近两年的北京高考考题已经在渗透课改的思路，结合实际，用知识解决具体问题的活跃考题，成为命题的趋势，高考已经由过去的考知识在向考能力转变。换句话说，你能不能上大学，要看你平时的学习成绩，看你的'德智体美'的综合素质，而不是像现在似的一考定终生、'一锤定音'。所以当家长的，也没必要把孩子是否成才的'宝'押在高考上。"

小宁说："您说得有一定道理，但是我认为取消高考毕竟是很遥远的事情。就社会的公平竞争而言，高考无疑是相对公平公正合理的一种选拔人才的方式，不管你有钱还是有权、没钱还是没权，想上大学吗？对不起，一律以分数说话。所以我不赞成取消高考。"

我笑道："我也没说取消和反对高考呀？"

小宁道："其实上大学，只是一种学历，或者说是一种就业的资本。很多人没上过大学，也成人才了。"

"你说得对，自学成才的例子很多。"

小宁沉思道："不过现在的社会条件，跟您年轻那会儿不一样了，您也许体会不到现在年轻人的就业压力。实际上，上大学并不难，难的是将来能找到一份可心的工作。您刚才说现在的高考入学率是56%，那么还有44%的考生上不了大学呢。而考上大学的也有竞争压力，是考上了全国重点大学，还是考上了普通高校，也有区别。这种竞争压力来自就业。"

"是，压力山大。"

"您知道吗？现在用人单位招聘，已经不看你是不是大学生了，而看你是哪所大学毕业的，有的用人单位甚至把招聘的条件定位在硕士、博士研究生上。"

"这叫水涨船高。其实，人的真才实学，并非完全体现在学历上。"

小宁道："那不行呀，人家就招高学历的，您有什么脾气？社会竞争有时候就这样无情。所以，我认为日本的那种从小就培养孩子'自己的事情自己做'和'不给别人添麻烦'的理念值得我们学习，其实，现在日本大学生的社会竞争比我们还大。"

"嗯，你说的这个问题又涉及家教了。"我说，"不过，有一点你应该清楚，日本文化受中国文化影响很深，他们提出的这些观点，其实，中国古代的贤哲们早就提出来了，只不过我们自己没把它当回事儿就是了。"

小宁道："是呀，我认为培养孩子的道德品质和自立自信自强精神，比给他请家教、让他在功课上考个好分数重要得多。像爬山一样，请家教帮忙，让孩子考个好分，只是给他找了一根拐棍，而培养孩子的道德品质和自立自信自强的精神，犹如给他的身体补充营养，使他有强健的体魄，爬起山来能健步如飞。"

我笑道："你的这个比喻倒是挺有说服力的。不过，有关这个问题，咱们且听下回分解吧。"

070
教子有责须担当

书接上回，小宁从高考的陪"烤"，谈到了孩子的自立问题。

我对她说："看起来，这跟中国人老礼儿没有直接关系，不过，当我们议论这一社会现象时，又很自然地牵扯到老礼儿的话题，因为甭管老礼儿，还是新礼儿，离得开家庭教育吗？"

小宁点了点头说："真离不开！"

我说："刨根儿的话，礼貌礼仪不过是一个人综合素质的反映，或者说是一个人文明程度的表现。这些基本素质都是从小培养的。所以当我们透过随地吐痰、张口骂人等不文明现象看本质的时候，不难发现家教，即父母对子女的教育和影响是多么重要。"

"是的。"

我对小宁说："十多年前（2002年6月）北京海淀区学院路的'蓝极速'网吧，发生了重大火灾。这场大火烧得太惨了，25条生命葬身火海，当然很多是被浓烟给熏死的。"

"一下死了那么多人！"

"是呀，公安部门迅速展开侦察，两天以后，民警在海淀区某小区附近，将两名涉嫌纵火的案犯抓获。说起来，这案件让人们吃惊，两名涉嫌纵火犯只有 14 岁。"

"才是初中生呀！"

"经过公安部门的审问才得知内情，敢情这俩孩子都生活在单亲家庭，从小就缺少母爱和父教，而且经常旷课逃学，闲极无聊便去泡网吧，在虚拟的空间寻找一点少年应有的快乐。后来，俩孩子在"蓝极速"网吧跟服务员发生了纠纷，一怒之下，起意报复，于是购买了汽油，夜深人静，跑到网吧，点着了这场大火。如果不是因为他俩未成年，百分之百得挨枪子。可他俩还是孩子，最后法院从宽处理了，两人均以'纵火犯'被判处了无期徒刑。"

"这真是一场值得让人反思的悲剧。"

"几年之后（2007 年 6 月），北京的一家媒体记者以《父亲的忏悔》为题，发表了采访纵火犯之一小伟（化名）和他父亲老宋的报道。原来小伟的父亲老宋因为吸毒，已经先后被劳教两次。他对自己身为人父的失职悔恨不已，讲述了小伟走上犯罪道路的经历。"

"肯定有故事。"

"是的。小伟在出生后不到一年，老宋就和妻子离婚了。老宋那会儿年轻，脾气暴躁，经常在外面打架斗殴，妻子忍受不了他的粗暴，一气之下跟他分了手。因为老宋喜欢男孩，提出了抚养儿子的要求。刚离婚的时候，老宋开了一家锅炉水暖安装公司，生意不错，手头也比较宽绰。按说他非常喜欢儿子小伟，就应该让他接受良好的教育，担当起父亲应有的责任，对儿子施以教化，把他培养成才，但是他不是这样。"

"怎么样了呢？"

"他一方面对儿子溺爱娇惯、放任自流，爷爷奶奶曾想让小伟上幼儿园，已经把钱交了，但是儿子一去幼儿园就哭，老宋怕孩子受委屈，索性不让他上了。另一方面，老宋不但自己不对儿子进行正确的教育，相反，却用自己的不良生活习惯来影响孩子，使小伟从小就养成了许多坏毛病。当时，不管是出去请客吃饭，还是谈生意，他都带着孩子，而且当着孩子的面，什么话都说，包括脏话和一些不该让小孩知道的话。他以为这些不会对孩子有什么影响，其实都对他潜移默化造成了影响。"

"当然。"

"儿子4岁那年，老宋带着他到酒吧，老宋喝多了，跟人动了手，双方借着酒劲，打得头破血流。小伟一点儿也不害怕，当他看见老宋跟一个人厮打在一起的时候，竟然冲了上去，抱住那人的大腿，狠狠咬了两口。事后，老宋不但没对小伟的这种所谓'勇敢'表示担忧，相反还夸自己的儿子够意思，这么小就能替爸爸打架了。"

"这是什么父亲呀？"

"还有一次，小伟跟几个小孩打闹，把一个小孩打急了，正好碰上那个孩子的父亲，过去给了小伟一个耳光，这一幕恰好被老宋看见了。老宋扭脸叫了几个朋友，把那个孩子的父亲打倒在地，直至连连求饶。老宋指着对方说，给我跪下！对方跪下后，老宋又让他管小伟连叫了几声'爷爷'，才叫大伙住手。父亲的这些举动，让年幼的小伟知道了拳头的力量，也让他的性格起了变化。"

"这孩子是毁在了当爹的手里了。"

"从上小学开始，小伟就很调皮，而且经常帮别人打架。小伟上初中以后，老宋染上了毒瘾，由于吸毒，生意也搞得一塌糊涂，这使他的脾气变得更加暴躁，对小伟也经常打骂。小伟跟父亲也很少沟通，他经常说瞎话、逃学。"

"上梁不正下梁歪。"

"据小伟的爷爷说，在老宋因吸毒被劳教后，小伟的变化更大了。他从家里搬出去，跟同学张某（另一个纵火犯）住在一起，对方也是单亲家庭的孩子。此后他很少回家，家里的床垫、电视、冰箱、微波炉、洗衣机等，都被他偷着卖了。手里有了钱，小伟就和张某一起泡网吧。后来因在网吧打架，跟网吧的服务员结了仇，导致他们铤而走险，酿出那场惊天纵火案。"

"多么沉痛的教训呀！"

"老宋后来幡然悔悟，回想自己的一言一行，他说儿子之所以走上犯罪道路，都是自己对他的影响和对他放任的结果，不是孩子的错。如果真的有来世，他会拉着儿子的手，一刻也不会松手，再也不会让儿子走错路。"

"唉，任何一个父母都希望自己的孩子学好，但是有些人往往忽略了自己对孩子潜移默化的影响。应该说，这是一个父亲的良心发现，只可惜老宋的悔悟来得太晚了。但是他的这番话，对千千万万的家长仍有警示作用。"

我对小宁说："老宋自己回忆，小伟小的时候并不是一个坏孩子。由于从小就失去母爱，他懂事很早，老宋印象最深的一件事是，小伟3岁的时候，老宋喝醉酒回家，躺在沙发上睡着了。小伟从卧室抱了床被子，因为被子很沉，他的小手拖着被子走到父亲的身边，给他盖上了。他说，这件事能感动他一辈子。另外一件事也让老宋在心里挥之不去，那是儿子小的时候，在他面前骂了一句人，他狠狠地说了儿子一顿。从那儿起，这孩子在他面前，从来说话不带脏字。"

小宁说："'人之初，性本善'。孩子原本是一块白布，就看他染上什么颜色了。"

我沉了一下说："老宋对自己的离婚，也很后悔。他说，假如自己不离婚，跟妻子好好过日子；假如他能尽到当父亲的职责，正确教育儿子，并给他做出榜样；假如他能一直走正道，不吸毒，他的儿子不会走向犯罪之路。当然这些都是'假如'了，现在说已经晚了。"

小宁想了想说："不过，从他的这几个'假如'，也可看出这位老宋不管多么性格粗暴、头脑简单，并没有什么文化，而且还染上了吸毒的恶习，但是他有一个非常朴实的想法，那就是孩子不能学坏，要学好。这也许是每个当父亲的应有的良知。可是他不懂如何来教育儿子、如何给儿子做出好的榜样，只知道疼爱儿子，甚至有些娇惯他。"

我说："你说得有一定的道理，但这只是一种现象。其实，细细分析起来，还有许多因素，比如孩子成长的家庭环境、社会环境、孩子接触的人、孩子的内心世界有没有人来关心等。"

"您说得对。"

"你想呀，照老宋所说，这孩子很小的时候就懂事了，知道他爸爸喝醉了酒，拿条被子给他盖上。老宋忙自己的生意，顾不上管儿子，可是他还有爷爷奶奶呢。上小学以后，他还有老师呢。爷爷奶奶、老师在孩子的成长过程中，起到什么作用了？这些问题都值得反思。"

"确实如此。"

"退一步说，假如小伟有教育得法、又很有责任感的爷爷奶奶，他能走上邪路吗？假如他遇上一个非常有社会责任感、又关心体贴他的老师，他能变成一个坏孩子吗？再退一步说，假如他遇上了好的同学，同学在学习上帮助他，在生活上能关照他，他们朝夕相处，相互影响，他能学坏吗？所以，我说小伟的案例虽然是家庭悲剧，但也反映了一定的社会问题。"

小宁沉思道："还是您想问题深刻。"

她还想问我几个问题，我说："有关这个话题，咱们下回再聊吧。"

071
少儿不宜须回避

书接上回，我跟小宁就小伟的案例，说明对青少年的品德培养教育，是一个社会问题。

我对小宁说："我之所以认为这是个社会问题，是因为小伟属于单亲家庭的孩子。当今社会，离婚率很高，这一方面反映了社会的开放程度，另一方面也说明，人们对结婚和离婚并不像过去那样谨慎了，带有很大的随意性。"

小宁笑道："您知道吗？现在的年轻人都流行'闪婚'了。"

"'闪婚'？闪电式婚姻对吧？"

"今儿认识，明儿结婚，后儿离婚。"

我说："这种'闪婚'也许还涉及不到子女的教育问题，我要说的是双方有了孩子再离婚的现象。离婚率高，必然带来单亲家庭的增多，孩子还小，离了婚的单身男女肯定不会独守空房，会另寻新欢，自然会冷落了孩子。"

"那是肯定的。"

"拿小伟的父亲老宋来说，他离婚后接连和三个女人同居。据小伟的爷爷讲，这三个女人都不关心小伟，对他非打即骂。第二个女人是

爸爸的飞翔

开大排档的，也有毒瘾，她几乎天天打小伟，有时把他的小手放在菜板上，用擀面杖打，一只手都打骨折了。当然她跟老宋也三天两头动手打架。这样的家庭氛围，使小伟精神上受到了极大的压抑。他肯定不会喜欢这个家，不喜欢怎么办？只有逃避。所以小伟放了学常常不回家，而喜欢在外面游荡。"

小宁说："说起来，这些孩子也真够倒霉的，父母感情不和闹离婚，必然要伤害他们，他们是无辜的。"

我说："是呀，他们是受害者，所以当父母的在离婚问题上一定要慎重，要为第二代着想。你可以离婚，可以追求自己的幸福，但不能忘了你还有孩子，应该对孩子有一个交代。"

"交代什么？"

"所谓交代，就是要对他的健康成长营造一个好的环境。这是我想到的第一个问题。第二个问题是家长要正视自身对孩子的影响，孔子在《论语》里说：'其身正，不令则行，其身不正，虽令不从'。家长家长，一家之长。您的一言一行对孩子的影响至关重要。老宋在忏悔的时候对此深有感触，他说父母的一言一行，一定要考虑到对孩子的影响，这是他的沉痛教训。"

小宁说："是呀，你看小伟三四岁的时候，他这个当父亲的就带着孩子去酒楼吃饭、去酒吧喝酒、去歌厅唱歌、去洗浴中心桑拿，这些地方是孩子应该去的地方吗？"

"你说得对，后来老宋也认识到带孩子去那些地方的后果了。举一反三看这个问题，在现实生活中，又有多少家长能意识到，自己的有些言行是应该回避孩子的呢？"

小宁说："比如不该当着孩子的面儿骂人，夫妻不该当着孩子的面儿吵架，不该当着孩子的面儿……"

"其实，这些都是中国人的老礼儿。中国古人是非常重视对孩子的'回避'的，老事年间，大人说话的时候，孩子是不能站在旁边的。家里来了客人，孩子打声招呼，就回避了。"

"这些老礼儿不是没道理。"

"前几天，网上转发了一个视频，某城市的一个幼儿园老师，发现两个只有四五岁的男孩和女孩在一起接吻拥抱。开始她以为这些孩子在一起闹着玩。后来有一天中午，她发现这两个孩子又凑到一起，先是相互拥抱，后来女孩躺下让男孩压在自己身上，这一动作让老师非常吃惊。"

"是啊！"

"老师问女孩为什么要做这个动作？女孩说她是从父母那儿学的。你看，两个只有四五岁孩子懂什么？可是她已有了模仿能力。她的父母难道不知道当着孩子的面儿，毫无顾忌地做一些亲昵动作，对孩子的影响吗？"

小宁说道："这个女孩的家长太不应该了。"

我说："他们也许压根儿没这种意识。"

小宁说："这是挺可怕的事儿。你如果在社会上细心观察，就会发现老宋说的带孩子去歌厅、酒吧的事儿，并不是个别现象。"

"当然现在有关部门已经认识到这种问题的严重性，明令规定歌厅、酒吧等娱乐场所禁止未成年人进入。2007年有关部门又做出规定，烟和酒一律禁止向未成年人出售。"

"其实，这种做法在国外早就实行了。"

我说："孔子在《论语》中说过，'为仁由己，非礼勿视，非礼勿听，非礼勿言，非礼勿动'。这种告诫，其实很多家长也跟自己的孩子常说。可是什么是'礼'？有些家长务必清楚。"

"'礼'的含义深了。"

"是呀，比如孔子说，民无信不立。言必信，行必果。'三纲五常'的'五常'讲的是'仁、义、礼、智、信'。'信'是中国传统文化的道德标准之一。什么叫'信'？说白了，就是讲诚信，实事求是，坦荡做人，不说假话，不说瞎话。"

小宁说："其实，这也是一种礼。"

"当然。每个家长都会教育自己的孩子，要诚实，不撒谎，不说瞎话骗人，这似乎是做人的准则之一。"

"应该说是起码的准则。"

我说："可是有的家长在嘴上教育孩子要诚实，不撒谎，不说瞎话骗人，或者说，他起码教育子女对家长要诚实，不能撒谎。但是在一些日常生活的细节中，却往往难以做到诚实，不撒谎。"

"怎么见得呢？"

"比如有个人打电话来要拜访孩子家长，正好这位家长手头有事儿，不愿见他。他可能会吩咐自己的孩子接电话，告诉对方说，我爸爸不在家，出差去了。"

"这不是明摆着说瞎话吗？"

"可是当家长的却觉得这样做心安理得。再比如孩子头天晚上玩电脑玩到深夜，今儿起晚了，上学得迟到。于是当妈的心疼孩子，不能让老师说他呀！编个瞎话吧，就说孩子今儿不舒服，带他上医院瞧病去了，所以请两个小时的假。您看，您这么一说，为孩子开脱了责任。老师当然得信您的，但是，您也许忘了这种说瞎话，对孩子成长造成的影响。"

小宁说："这种事在生活中太多了。"

我说："是呀，当家长的一方面教育孩子要诚实，可是自己却整天瞎话溜溜，明明舍不得掏钱，却说出门儿带错包了。明明喝了酒开车出门，警察一问，却说一点儿没喝。孩子在旁边看着，心里会怎么想呢？所以说教育子女，首先要自己做出榜样、言行一致，这一点太重要了。"

小宁沉思道："是的，老话说'近朱者赤，近墨者黑'，父母对孩子的影响是潜移默化的。"

我对小宁说："你听过一个14岁的女孩当'董事长'的故事吗？"

小宁摇了摇头说："没听过。14岁的孩子当董事长？"

我对她笑道："想听吗？欲知详情，且听下回分解。"

072
家教影响于细微

上回书说到小宁问我 14 岁的孩子当董事长的事。

我对她说："这是十多年前的事了。媒体报道，北京一个初中学生王君婧，和同学一起成立了一个自主经营管理的'绿和环保'公司。小女孩只有 14 岁，公司还像模像样地分成销售部、财务部、公关部和人事部 4 个部门。"

小宁笑道："哦，还挺是那么回事儿。她们是做生意吗？"

我说："他们开'公司'只是象征性的，并非做买卖。主要是利用课余时间，收集同学们喝剩的饮料瓶和老师们废弃的办公纸张，然后把这些废弃物卖掉，作为班费，搞环保。"

"噢，原来是这么回事。"

"后来她们的'公司'业务还发展到了社区。王君婧到社区给居民讲环保的重要意义，并且在社区建了旧电池回收箱。在她的感染下，社区的居民纷纷把家里的废旧电池放在回收箱里。这件事当时在社会上反响不小。"

小宁感叹道："这个小姑娘可真够能干的！"

我对小宁说："给你讲这个故事，主要是想说明家长对孩子的影响有多么重要。王君婧只有 14 岁，但是她早就是个'名人'了。"

小宁问道："'名人？'"

"对，她爸爸就是一个热爱环保事业的人。小君婧在 4 岁的时候，就开始在爸爸的影响下，收集废旧电池了。"

小宁笑道："4 岁？她还是'童子功'呢。"

我说："别看她年纪小，人家获得了两项环保吉尼斯纪录呢。2001 年，她在不到 4 年的时间内，收集了 10 万多节废旧电池，创下了'收集废电池最多的人'的吉尼斯纪录。从 2000 年，也就是她从 7 岁开始，每年利用寒暑假时间，跟爱好摄影的爸爸到全国各地进行环保和废旧电池的回收宣传，北到黑龙江漠河的北极村，南到西沙群岛，西到新疆的边陲喀什，东到浙江的温岭石塘镇。父女俩的足迹几乎遍布全国各地，行程十万多千米，一路上，她捡拾了 500 多千克废旧电池，发放了自己制作的宣传材料 5000 多份。"

"走了那么远？"

"在她 8 岁那年，她和爸爸用了两个月的时间，从云南的滇藏公路到达西藏拉萨、珠峰大本营、阿里无人区等地，进行了一场个人的'绿色环保万里行'，也因此第二次获得了吉尼斯总部颁发的为宣传环保、'穿越整个青藏高原，年龄最小的人'的吉尼斯纪录。"

"才 8 岁呀！"

"她还自制了一个绿色环保万人签名条幅，上面有不同国籍的人用汉、维、藏、蒙、英、法等多种文字的签名，她还用收集来的废旧电池制作了一幅环保世界地图，献给了世界环境日。"

小宁感慨道："这小姑娘太了不起了！"

我接着说道："小君婧之所以能成为这么有名的小环保使者，是不是她父亲的培养？"

小宁点点头说："是呀，没有她爸爸的精神鼓励和支持、没有他的物质投入和言传身教，她能从4岁起就开始收集废旧电池吗？"

"这就是家长的影响力呀！"

小宁点了点头说："这个14岁的环保小名人，跟那个网吧纵火犯都是14岁。但他们的故事形成了非常鲜明的对比，两个14岁的孩子，为什么走的是完全不同的生命轨迹？我觉得主要是家教的结果，换句话说，就是他们有完全不同的爸爸妈妈。"

我沉思了一下，说道："这就叫存在决定意识，环境造就人。当然家庭条件固然重要，但有些时候，也离不开个人的努力。"

小宁问道："为什么您说这话呢？"

我说："一个人的文明程度，很大程度是来自于自身的修养。因为现实生活中，也有大量的实例说明，有些人尽管父母没给自己创造好的条件，甚至从小失去父母，但是自己通过学习和教育，也成为有高尚情操和道德修养的人。"

"嗯，这倒也是，有许多从小养成的生活习惯，也是可以通过后来的自身修养改变的。"

我对小宁笑道："有关这个话题，且听下回分解吧。"

073
勿伤孩子自尊心

上回书说到小宁提起孩子的自身修炼问题，她对我说："自身修炼会不会让孩子有个性呢？"

我笑道："人的个性跟自身修炼确实有关系，但自身修炼怎么会让孩子形成个性呢？不会的。"

小宁问道"您说对有个性的孩子进行教育，是不是很难呀？"

我笑了笑说："你怎么提出这样的问题，是不是碰上什么难题了？"

小宁苦笑了一下，说道："没错儿，我的三叔的孩子小强（化名），今年上初二，从上学期起，就迷上手机游戏了，他妈怕他学习受影响，把他的手机没收了，但他打游戏上了瘾，每天放了学就去泡网吧，学习成绩眼瞅着往下出溜儿。学校老师找我三叔，我三叔对小强批评过几次，一点作用也不起。没辙，他只好打电话找我，让我帮他教育儿子。"

我笑道："看来你又得充当'消防队员'的角色了。你叔和你婶为什么不管呢？难道他们管不了？"

小宁皱着眉头说："别提了，我叔叔他们两口子，一个是公司老板，一个是业务主管，忙着在外头挣钱，哪儿顾得上照管孩子呀？以前他的教子方式是'蜂蜜加大棒'，家里有钱，孩子考了高分，一出手就奖个两千三千的，考砸了，就是一通儿打。弄得这孩子也皮了。"

"软硬兼施也不灵。"

"是呀。学校老师觉得这孩子本来挺听话，是个好孩子，眼看他一个劲儿地往下出溜儿，怕把孩子毁了，也砸了学校的牌子，三番五次地找家长。我叔想得挺简单，对老师说，孩子最听老师的，您看着办吧，我把他交给你了，要多少钱，我都出。您想，一个班几十个学生，都让老师看着办，那老师还不得累死呀？"

"你这三叔也够可以的，怎么能对孩子这么大撒巴掌呢？"

小宁说："不过，小强的班主任还是比较负责任的。她生怕小强掉队，一个劲儿地给他开小灶，找其他老师每天晚上给小强补课，单兵教练。"

我说："这招儿倒省事儿，可是管得住他吗？"

小宁说："咱们都是从小学、中学过来的人，从人的一生学业来说，初中二年级是最关键的一年。初二的学习成绩上去了，往后从初三到高三，一直到高考，都会一马平川。如果初二的学习成绩跟不上趟儿，到了初三，就可能爬不上坡，再往后的学习成绩，很可能一落千丈。"

我说："那倒是。从生理和心理发育来看，初二这个年龄恰值'青春期'，很容易出现'叛逆思想'，正是节骨眼儿，学好学坏，初二是一个槛儿。"

小宁说："小强的班主任当然也知道初二是关键，所以猛给小强上弦。您想他本来就贪玩，一天不上网，心里就痒痒，现在让他把心思全放在学习上，他哪儿受得了呀？再者说，他从小娇生惯养，被父母和爷爷奶奶宠得快成了'小太阳'了，哪儿吃得了这个苦呀。"

"不能理解。"

"于是，他跟老师耍起了心眼儿，今儿头疼，明儿肚子疼，装起了病号，总之就是想逃避补课。开始老师还相信他，以为他真病了，后来他妈发现他借补课之机，又跑网吧玩游戏去了。她把这事告诉了老师，老师知道后很生气。当然，小强再说有病，老师也就不相信了，可是问题就出来了。"

　　"出什么问题了？"

　　小宁说："前两天，小强真病了，感冒发烧。他爸爸到外地出差，他让他妈给老师写了个假条，让同学带到学校。班主任看了假条，以为小强又耍心眼撒谎。正赶上那几天是期末考试复习阶段，班主任觉得小强不应该旷课，便让班长到小强家，劝他来学校上课。"

　　"班长去了？"

　　"偏巧班长到小强家的时候，小强吃了退烧药，精神好了一些，把电视机打开了。班长以为他旷课在家看电视，就把这一'军情'告诉了班主任。班主任一听气得不得了，一个电话把小强的母亲叫到学校，连小强带他母亲被班主任数落一通儿。"

　　我说道："这位班主任怎么不做一下调查呢？"

　　小宁说："是呀，她这么一来，小强母亲心里当然不是滋味儿，回到家又把小强骂了一顿。小强本来发着烧，觉得自己很委屈，第二天他妈又逼着他去学校上课，他硬着头皮到了学校，又被班主任批评一顿。班主任在气头上，冒出一句：'这样做是道德和品质问题'。小强觉着伤了自尊心，一气之下跑回了家，对他父母说再也不上学了，谁让他上学，他就绝食。"

　　我说："你瞧这事儿闹的，这孩子怎么来不来就绝食呀？"

压力山大

小宁说："初二的学生说懂事吧，又像个孩子；说不懂事吧，他的内心世界有时比大人还复杂，所以感情很脆弱。"

"这个年龄段的孩子最容易出事。我觉得表面看，这里有偏见有误会，但往深处看，实际上涉及道德和礼仪问题。"

"哦？这跟礼仪也有联系吗？"

我点了点头说："礼仪并不完全表现在形式上，还有其深刻内涵。我觉得从道德意义上说，礼仪的重要内涵是诚信。换句话说，也就是对一个人的尊重，首先是对一个人的信任，而信任应该是相互的。小强之所以要绝食，当然这只是一种威胁，或者说一种无奈的反抗，主要是他觉得在班主任那里失去了信任，当然失去了信任，也就伤了他的自尊。"

小宁对我说道："这也是他咎由自取，如果他先前不蒙那位班主任，人家能对他后来的真病产生怀疑吗？"

"问题恰恰就出在这儿。老师的职责是什么？"

小宁道："我认为除了授业解惑、传播知识之外，还有一种无言的榜样作用。"

"对呀！一般家长都清楚，孩子上了学以后，他可以不听家长的，但他会非常听老师的话。你是不是常常可以听一些孩子说，我们老师让我怎么怎么样。由此可以看出，老师在一个孩子的成长过程中，所起的作用有多大。"

小宁说："这倒是，学校的老师现在在学生心目中的位置越来越重要了，尤其是小学生和初中生。"

我对小宁说："可是，我们现在往往忽视了这一点。孩子有了问题，往往光指责孩子，好像跟家长跟老师没有一点关系，这是一种成见。我说这话的意思是，小强可以撒谎，为逃避补课骗老师说自己有病，但老师不应该不信任他，怀疑他真撒谎。"

小宁笑道："您这话，我怎么听着有点儿别扭呢？合着只准孩子犯错误，不许老师去批评教育他吗？"

我说："恰恰相反，老师对他的这种批评教育是应当的，但要有恰当的方式方法。这里就有礼仪问题。"

小宁不解地问道："那么您认为应当怎么去批评教育他呢？"

我说道："信任他。我认为诚信是一剂最好的药方。应该说小强还是个孩子，虽然他有厌学的想法，但他并没失礼，起码他还知道向老师请假，从某种意义上说，这也是对老师的尊重。从这个意义上说，这孩子虽然撒了谎，但他本质上还是个好孩子。"

"嗯。"

"假如老师能够在这种情况下，依然对他给以信任，然后再换一种形式，对他的做法进行批评教育，我想是能让小强感动的。这也许就是礼的教化作用。"

小宁依然不解地说道："照您这么说，小强可以撒谎，老师却不能认为他撒谎喽。"

我对小宁说："不是不能认为他撒谎，而是明知他撒谎却不点破，这叫用诚信来战胜失信。我认为一个教师，在学生中的威信非常重要。作为一个教师，他首先应当尊重学生，学生才能尊重他。尤其是对有个性的学生，采取的教育方式不能过于简单。简单很可能会出问题。"

小宁说："我明白您的意思了。小强有个性，老师应该换一种方法来教育他，不能伤他的自尊。"

我笑道："对，我说的就是这个意思，孩子的自尊心是很强的，我们轻易别伤害孩子的自尊。不过，有关这个话题，咱们下回再聊吧。"

074
耐心教化莫绷脸

书接上回，我跟小宁说到教育不能伤孩子自尊的话题，小宁对此深有感触。

我对她说："前不久网上有一个视频，一个十几岁的所谓'问题少年'，吃了4克用来消毒的高锰酸钾片后，从学校的教学楼窗户跳了下去。"

"呦，怎么回事呀？"

我说："跟你侄子小强一样，这位叫小明（化名）的孩子也迷上了手机游戏，开始是逃学，后来索性不上学了。孩子的母亲冯女士和学校的老师无论怎样批评教育他，都无济于事。"

"也属于有个性的孩子。"

"一天，冯女士在网上看到一条消息，某市有所采用军事化管理的培训学校，可以让那些不服管教的所谓'问题少年'改邪归正。"

"他们能有什么方法呢？"

"依我看是邪招儿，比如他们承诺在半年时间里，让学员行走1000千米，用这种强化手段让孩子在体能上达到极限，然后再从心理上解决孩子的不良习惯。"

小宁不解地问道："这叫什么教育手段呀？"

我说："你往下听呀。冯女士被网上的这种广告宣传所打动，觉得既然自己管不了这孩子了，干脆让他接受军事化训练吧。于是把儿子送到了这所培训学校。没想到3月把孩子送进去的，4月她就接到了学校的电话，说小明不小心摔倒了，现在住进了医院。"

"这么快就出事了？"

"当妈的一听孩子摔伤，当天下午就乘飞机赶到了医院，一看小明正在重症监护室抢救，医院给她下了孩子病危的通知。原来小明实在忍受不了学校教官的打骂，才产生了绝望的念头，吃了消毒的高锰酸钾片，跳了楼。"

"最后怎么样？命保住没有？"

"经过医院大夫的抢救，孩子的命是保住了，但仍然心有余悸。他告诉采访他的记者说：'从进校那天到跳楼，我几乎每天都要挨打，有时候明明没做什么错事，也会无缘无故地挨一顿打。我实在受不了啦。'跟小明一起去这所学校的，还有两位少年，其中一位回忆说：'教官除了用皮带、竹鞭、电线打人外，一次因为抽烟被他们发现，一名教官就把烟蒂泡在水里，硬逼着我喝下去。'小明说：'有一次我在买饭时，无意中看了教官一眼，他就认为我是在骂他，过来就对我一顿暴打。'"

小宁气愤地说："简直像集中营！用这种是酷刑怎么能教育好孩子？只能让他们产生逆反心理，甚至绝望。"

我说："是，在冯女士向记者提供的一份材料中，记者发现这所学校的很多孩子，都用一种绝望的心情给自己的家长写信求过救。一位学生甚至写道，'我们的内心会改变，但是对教官的恨却不能变。'"

小宁说："这简直是对孩子心灵的摧残，应该对这所学校起诉。"

"是呀，小明的母亲咽不下这口气，当然，她也不忍心看到其他孩子走自己儿子的绝望之路，所以她已经聘请了律师，准备起诉那所培训学校。"

小宁说："我觉得出现这种事，学校当然有责任，但冯女士作为家长就一点责任没有吗？当初，孩子可是冯女士亲自送到学校去的。"

我说："她作为母亲当然有责任！之前，是对孩子过于溺爱，在孩子出了问题、管教失败后，就想找一种省心省事的办法，把孩子托付给别人，希望给孩子的大脑来一次格式化处理，殊不知这样，只能给孩子的心理带来阴影，你想孩子从小娇生惯养、好吃懒做，突然让他们接受'军事化'训练，在重压之下，改变他们的生活习惯，他们受得了吗？"

"肯定会产生叛逆心理。"

我说道："我认为现在学生的家长和教师在教育上有两个误区。一个是主动放弃自己的责任和义务，比如像你叔和婶以及这位冯女士这样的家长，孩子管不了，不是从自身找原因，而是想让别人帮忙。另一个是以救世主的身份出现，把孩子当作迷途的羔羊，对孩子采取不择手段的各种方式强化教育，比如这所培训学校的教官这样。"

小宁说："我认为，这些家长都没把自己当作家长来看待，缺乏起码的家长意识。"

"是呀，他们都不懂作为父母是一种责任，更不懂得对孩子要做耐心细致的思想工作，教育孩子简单粗暴，只做表面化处理，这样的教育方式必然会失败。"

小宁说道："您说得有道理，中国人对子女的家庭教育，历来是父母居高临下的。我是家长，你是孩子，你就得听我的。所以他们对孩子，往往采取过多的干预和控制，好像我划的道儿永远是对的，孩子就得按照我划的道儿走，否则就是不尊、不孝、不道德。其实，他们并没对自己的孩子给予真正的关注和理解，也没有对他们给予必要的尊重。"

"是呀，确实有这问题。"

小宁接着说："这就是所谓的'家长作风'。父母与子女之间没有交流和沟通。人与人之间没有理解，就不会换位思考，家长不会站在孩子的角度看待他们的困惑。"

我说道："孩子在小学年龄段，由于岁数小，家长更是拿他们不当回事，动辄数落，甚至打骂。其实孩子虽然年龄小，也是要把他们当回事儿的，他们有独立的个性，也有独立的人格，也应该享有必要的礼遇。"

小宁说："当然了。"

"家长用过多的要求去限制孩子，孩子就容易产生在这个家庭被囚禁的感觉，他们在幼年时，还不会对父母进行反抗。但随着'青春期'的到来，一般是在初中一二年级，自我意识会越来越强，反抗的胆量和勇气也会相应增加。这时，当父母的可能会意识到，自己的孩子不好管了，如果这时候，仍然采用过去那种居高临下的方式，干预和控制自己的孩子，必然会产生冲突和矛盾。"

小宁说："您说得对。我觉得处于'青春期'的孩子，最需要家长的理解和心灵沟通，但前提是对孩子的尊重。"

我说："尊重孩子和娇惯孩子是两个概念，尊重是对其人格的尊重，比如有的家长对自己的亲戚朋友、同事、邻居客客气气，有里有面儿，但反过来对自己的孩子却总是板着面孔，动不动就教训一通儿，或者嘻嘻哈哈、没大没小，孩子心里肯定觉着别扭，心里会琢磨我爸我妈怎么对我这样呀？"

"确实有这样的家长。"

"可能有的家长，觉得对外人相敬如宾、有礼有节，那是客情、外场，对自己的孩子还用得着这样吗？实际上他理解错了，自己的孩子也是人呀，他当然需要父母的尊重。"

"也许有的家长觉得对自己的孩子严厉一些，这样他才会听话。还有的家长认为，老话说的'棒打出孝子'是有道理的。所以才有您说的对外人和颜悦色，对孩子反倒苦大仇深的情况。您说是不是？"

我笑道："对于这个话题，咱们下回再聊吧。"

075
爱子心灵勤沟通

书接上回，小宁说到对孩子的教育不能疾风骤雨，要和颜悦色。

我对她说："这要分不同情况。老事年间的家长比现在的家长教育孩子要严厉。那会儿，管教孩子讲究打，尤其是当爹的不怒自威。'棒打出孝子'嘛。然而事实证明，棒打出不了孝子，只能出冤家。"

"是呀，越打越成仇。"

"老话说'话是开心斧'，家长要跟子女多一些情感上的交流，千万不要因为自己工作忙，就忽略了跟子女的思想沟通。"

小宁说："我觉得现在的家长，看重的是孩子知识的灌输，技能的培养，跟自己孩子心灵沟通的机会很少。"

我说："的确如此，我手里有一份通过调查得出的数据，美国的父母至少每天有 30 分钟的时间，和孩子一起做游戏，一起阅读、沟通或谈心。日本的父母每天跟孩子在一起聊天、交流的时间在 35 分钟以上。而我们的家长每天跟自己的孩子在一起交流的时间只有 10 多分钟。孩子越大，父母亲情的表达就越简单，聊天的机会也会越少。"

"真是太少了。"

我说："一份对 115 名 11~18 岁青少年的心理调查显示，86% 的青少年表示不愿意把自己的心事跟家长讲；67% 的人认为家长根本完全不了解自己；85% 的青少年遇到困难事儿和烦心事儿时，更愿意与同学、朋友交流；仅有 10% 的孩子表示愿意与父母分享心情。"

小宁说："我认为这组数据很有说服力，现在的孩子跟我们那时不一样了，当然跟您小时候离得更远了，他们是网络时代成长起来的，网络已成为他们生活的一个离不开的空间。这些孩子成熟比较早，而且年龄很小，就能够意识到自己的人格独立，老礼儿中的家长权威，在他们的意识里是非常淡漠的。"

我说："信息化时代的孩子，模仿能力很强，但是非辨别能力却很弱。最近网上有这样一则新闻，某城市的一个 13 岁的女孩小影，与 8 岁的男孩宁宁，在和 7 岁的孩子海洋（以上均为化名）玩'牺牲游戏'的时候，把电线缠在海洋的脖子上，然后把他吊在房梁上来回摇晃，这时，小海洋感到不适，让宁宁和小影把他放下来，并且不停地挣扎。宁宁和小影见状感到害怕转身跑了。可怜的小海洋就这样被活活吊死了。"

小宁道："太让人触目惊心了。"

我说："据报道说，小影从小就娇生惯养，平时在学校也是一个挺霸道的孩子，经常要求同学给她买吃的，谁不买，她就欺负谁。据警方介绍，出事以后，小影表现出超乎其年龄的成熟和冷静，一方面对人称自己没有见过海洋，另一方面还威胁宁宁，不许把事情说出去，否则就修理他。当警方去小影家调查时，小影正在刷洗在现场穿的那双鞋。"

小宁惊叹道："13 岁的女孩竟有如此高的'反侦查'能力，而且还如此从容镇静，实在是不可思议。"

我问小宁道："是呀，你说这是谁教她的？"

小宁说："我认为这孩子是网络的牺牲品。您说现在网上什么没有？包括一些电影、电视和书籍，色情、暴力、恐怖等场面比比皆是，这3个孩子玩的'死亡游戏'，本身就是一种危险的游戏！"

我说："前两天，网上还登着一条消息，某市一个11岁的孩子，平时在电视上看到大人物出入都有随从和跟班，自己当老板的老爸出门也都有人形影不离。他也模仿他们，花钱聘请了一个同学当自己的'跟班'。他每月给这个'跟班'100块钱'工资'，并且约法三章，定了不少'规章制度'，比如'跟班'要负责帮他买雪糕、陪他回家，他如果跟别的同学闹矛盾，'跟班'要站在他这边，只要违反这些'规章制度'就要扣工资。"

如此教子

小宁道:"我在电视节目里,也看到了这条新闻。您说现在的孩子是怎么啦?他可才11岁呀!还是个小学生,他怎么就懂得金钱关系啦?懂得雇人,懂得'摆谱了'?"

我说道:"受他爸爸的影响吧,他如果出生在一个普通工人家庭,也许就不会有这种做法了。"

小宁沉思了一下说:"我觉得现在的孩子模仿能力太强了。"

我笑道:"现如今不是时兴模仿秀吗?你打开电视,总能看到各个台的娱乐节目,这个'秀'那个'秀'的有多少呀!还有'超级'的呢。"

小宁说:"是呀,我觉得除了影视、文学作品给孩子造成的影响以外,眼下的社会环境给孩子们做出了太多的'金钱至上'和'权力至上'的'榜样',受这样的家庭环境和社会环境的耳濡目染,孩子们怎能不早熟呢?"

我说:"正因为如此,家长更应该主动跟孩子进行思想沟通。十一二岁的孩子,其实正处在对社会上的一些事儿似懂非懂的阶段。他们的好奇心很强,求知的欲望强烈,这个时候,非常需要家长和教师的正确引导。"

小宁说:"可是现在的孩子,在学校往往很难得到跟老师的心灵沟通的机会,老师教课往往照本宣科,不可能有明确的针对性,回到家里,家长忙于事业,忙于交际,也顾不上与孩子进行交流,他们只能偷着上网。"

"有些家长以为孩子什么事儿都不懂,在他们面前聊天说话毫无顾忌,所以一些本不属于这个年龄段孩子知道的一些事儿,孩子们也过早地知道啦,了解啦。"

"所以才有 11 岁的小孩雇'跟班'这种事儿。"

我说；"是呀，透过现象看本质。为什么许多孩子喜欢上网？因为他们内心很孤独。如果设身处地去想想，有些孩子也真是怪可怜的。我指的不是物质生活上的可怜，而是他们内心世界的可怜。"

"怎么见得呢？"

"他们每天很早就起来，由家长陪着上学校，在学校除了上课就是做功课，有的孩子甚至没有要好的同学。放学，又是由家长护送到家。现在大多数城市居民都住楼房，把门一关，就属于自己的活动空间，邻居之间几乎没什么往来，有的甚至一幢楼住了几年，都互不相识。家长如此，孩子们之间，当然也相互谁也不认识，回到家就是做功课，想跟人说句话都找不到。您说他不上网，找谁聊天去？他们的活动空间似乎只有网络。"

"这些孩子像关在笼子里的小鸟儿。有些家长只看到孩子迷恋上网，可是就不想想他为什么上网？假如您每天能拿出点儿时间陪他们玩一玩，聊聊天儿，说说心里话，他们会整天沉迷于网络吗？"

我说："现在的孩子，比我们小时候的物质生活条件要强百倍。真的，我们小时候，电视还没有，电脑更不知道是何物，一个大杂院有收音机的家庭都没几户。吃的、穿的简直跟现在的孩子没法比。但是我们却活得非常快乐，每天都很开心。"

"怎么个快乐法？"

"因为那会儿的孩子，无忧无虑，天真无邪。功课也不像现在的孩子这么紧张，每天背着书包跟胡同里的孩子们一起上学，下午放了学，班里有家庭学习小组，大家做完作业，便凑到一起玩儿。当时也没什么玩具，男孩子玩弹球、拍三角、玩骑马打仗、玩捉迷藏；女孩子玩跳皮筋、过家家儿、跳房子、抓羊拐。每个孩子都有自己的伙伴、朋友，有什么心事也可以跟伙伴说，也可以跟父母念叨。我们那时活得很单纯，心里非常干净，简直是一张白纸。"

小宁说："我倒是挺羡慕你们那个时代的生活的。"

我说："那都是老皇历了。光阴荏苒，时代发展，那些日子不可能重现了，我们还应面对现实，面对信息时代的孩子。我觉得每位家长包括爷爷奶奶，都应该过过脑子想一想，该如何教育好自己的后代。"

小宁说："我觉得最好的办法是给孩子们一些理解，给他们的人格多一些尊重，跟他们的心灵多一些沟通。家长是孩子最好的心理医生。您说呢？"

我说："当然，父母最了解自己的孩子。"

小宁想了想接着说："不过，作为传道、授业、解惑的学校老师，也有义务对学生进行心理沟通。"

我说："你倒没说你这个当姐姐的，跟自己的弟弟小强也有必要做一下心理沟通，把他从'网'里捞出来。好啦，有关学校教师的文明礼仪话题，咱们且听下回分解吧。"

076
师生相敬要互尊

　　书接上回，小宁说到对中小学生的思想教育和心理沟通，学校的老师应起重要作用。因为她的侄子小强沉溺于网络，学习成绩急速下降，小宁心里很着急。那些日子她一直在做小强的思想工作，也顾不上来找我聊天了。

　　大约过了有七八天，小宁喜形于色地来找我。一见面，便笑吟吟地对我说："一达老师，这回我可体会到老师对学生的感化作用了。"

　　我问道："遇到什么事了？让你这么感慨！"

　　小宁说："上次我跟您聊起我三叔的儿子小强'绝食'的事儿。第二天，我就去找他的班主任沈老师。沈老师有 30 多岁，也是孩子的母亲了，听了我对小强最近的变化和看法，她跟我有同感。我们聊到很晚，临走时，她对我说，我们一起努力，来共同帮助小强进步吧。"

　　"这多好呀！"

　　"谁也没想到两天以后，沈老师捧着一束鲜花，来小强家看他。当时小强正在家里养病，沈老师跟他单独谈了两个多小时。临走时，沈老师还把自己的工作日志留给了小强，让他看一看。"

　　"现在的班主任都有自己的工作日志。"

"这本日志记录着小强近两个月，在学校的表现，还有沈老师对他观察后的感想，以及对自己没有教育好小强的自责。小强后来把它拿给我看了，我觉得像是老师对小强的检讨书。"

"这是个负责任的好老师。"

小宁说："小强告诉我，他看了沈老师写的这些感动得哭了。他觉得自己真的错了，对不起沈老师对他的厚爱和殷切的希望。"

我感叹道："这就是心灵沟通的结果。"

小宁说："我看了沈老师的工作日志也挺受感动。第二天，我给沈老师打电话，约她见面，她说最近太忙。可我觉得要想转变小强的思想，必须得趁热打铁。所以，当天晚上，我便带着小强到沈老师家拜访。"

我笑道："你倒是急性子。"

小宁说："沈老师家离学校很远，每天路上来回要花3个多小时。到她家一看，我才知道她每天的工作是多么辛苦。她的丈夫在中国航天工业集团下属的一个研究所，是搞科研的，长年在基地工作，平时很少回家。她的小孩才两岁多，由于工作太忙，她把她的父母接到北京，帮她照看孩子。她的公公去年患了脑血栓，平时也需要她去照顾。她的工作压力也很大。她告诉我，现在她负责3个班，100多名学生，除了当班主任，还教高一的数学。您想想吧，她的负担有多重。"

我说："你应该让小强也体会一下老师的辛苦。"

小宁说："是呀，我对小强说，你看看沈老师多不容易呀！小强这会儿理解了沈老师。沈老师说，现在学校实行定向管理，每个班主任负责多少学生的管理，都是有要求的，哪个孩子在学习、品德、纪律上出现问题，班主任老师是要负责任的。所以，她给自己负责的每个学生用日志的形式，建了一个小'档案'，把他们每天在学校的表现记录下来，并加上自己的评语。"

"管理有方。"

"这一段时间，沈老师负责的一个班有3个学生在校外参与了打架斗殴，她正忙着处理这事儿，跟他们谈话，帮助他们提高认识，检查错误，所以没顾上找小强谈心。她当着我的面儿向小强做了检讨。沈老师的谦和以及对小强的尊重，让这个孩子为自己的行为感到羞愧。他向沈老师坦诚地说出了自己内心的想法，并向她承认了错误，表示自己决心加倍努力，把功课赶上去。"

"你看，小强能有这样的表现，是不是心理沟通后的效果？"

小宁道："是的，应该说是沈老师的诚意感化了小强。"

"现在这孩子怎么样了？"

小宁说："前天，我三婶给我打电话，说这几天小强的变化很大，每天放学回家就把自己关在屋子里做功课，一直到深夜。我婶给他请的家教，他也给辞了，小伙子非要自己学出个样儿来。我三婶告诉我，小强还在电脑房竖了个励志的纸板，写着：'跟网游告别'。这孩子像变了一个人似的。"

我说："甭管怎么说，孩子的思想毕竟比大人要单纯得多，对他们来说，给点儿阳光就灿烂。我们老说教师要为人师表，有时她的一句话，一个动作，甚至一个眼神，都能让孩子感动。"

小宁点了点头说："它能让孩子记一辈子。"

我对小宁说："你记得前几年，南方一所高校在为学生举行毕业典礼时，搞了一个'洗脚仪式'，媒体对这件事还做了报道。"

小宁问道:"不记得。怎么还来了个'洗脚仪式',这可够新鲜的。"

我说:"所谓'洗脚仪式',就是毕业的学生依次坐在一排排椅子上,每人脚前摆着一个盛了水的脚盆。"

小宁问道:"谁给谁洗脚呀?"

我说:"当然是老师给学生洗了。"

"什么?老师给学生洗脚?!"

"对,老师开始洗脚前,学生们还相互交头接耳,脸上的笑容轻松自然,以为是一种游戏。当两位老师蹲下,撅着屁股为第一个学生洗脚时,全场顿时安静下来。"

"真洗呀?"

"可不是嘛,据记者报道:老师一边轻轻搓洗学生的脚,一边与学生进行交谈,仪式中,众多学生忍不住流下眼泪。学生小李哽咽着说:'今天这一幕,我一定会铭记终生,我一定不辜负老师的关爱,用自己所学,为社会做出自己的贡献'。发起这一仪式的是这个实验班的班主任邓老师。他说给学生们洗脚,首先是感谢学生在校期间付出的努力,其次是希望即将踏入社会的学生们能够勇敢面对一切。同时也表达对学生的关爱和祝福,增进师生情谊,预祝学生们事业有成。"

"用这种方式祝福,够有想象力的。"

"这种'洗脚仪式',的确很容易让学生感动。他们说:'老师为我们付出那么多,我们本应该给老师洗一回脚,可是他们都给我们洗脚,如果我们能为老师洗一次脚,感觉肯定是幸福的。'"

"您说按中国人的老礼儿,这样做是不是主次颠倒了?"

我说:"是呀,一位从事多年教育工作的老师说,在过去几千年的传统理念中，学生们从小就受到'尊师重教'的教育，对师长非常尊敬。然而随着时代的发展变化，传统的师生关系已今非昔比，为什么只能是学生给老师洗脚，老师不能给学生洗脚呢？"

小宁笑道："您不觉得老师给学生洗脚这件事，有点儿作'秀'的感觉吗？"

我说："这分怎么看了，现如今'秀场'随处可见。这种事确实乍一听让人觉得新奇，过后一想又觉得是作'秀'，吸引公众'眼球'，有出风头，哗众取宠之嫌。可是如果细想的话，这种'尊师重教'的风气不正是当今社会所缺失的吗？前几天，过'父亲节'，北京一所学校的老师，让学生回家给父亲洗一次脚。头年，'老人节'的时候，有一所学校组织学生，到敬老院给孤寡老人洗脚。我认为洗脚不过是一种形式，它的本意是倡导一种社会风气。"

小宁说："我认为尊师也好，敬老也好，重要的是平时，而不是一时。尤其是对中小学生的尊师教育，更应该在平时就向他们进行思想灌输。"

"你的这种观点没错儿，一个人的成长，潜移默化的教育很重要，尤其是中小学生。老话说，人在这个年龄段，学什么有什么。因为孩子在这个阶段，混沌未开，说懂事又不懂事，说不懂事又懂事，所以既好培养，又不好培养，因此老师对孩子的影响是非常大的。"

小宁说："是的，其实老师对学生的影响，有的时候是有形的，有的时候是无形。他的一举一动，一言一行，都会给学生留下深刻印象。"

我说："看来你对自己老师的印象很深呀？"

小宁说："是的。"

我笑道："关于这个话题，咱们且听下回分解吧。"

077
施教无声更润心

书接上回，小宁说她的老师给她留下了美好的印象。

我问道："是大学老师吗？"

"不，是小学老师。我离开小学已经好多年了，但是到现在我还记得我的语文老师。"

"噢。"

"她姓季，长得很漂亮，爱穿红色的衣服，说话大嗓门儿，性格爽朗，跟学生说话时喜欢笑，有时看见女生的头发有点儿乱，她就会亲切地用手梳理一下，看见男生的衣领扣子开了，就顺手给系上，像一位慈母。"

"性格一定很温柔。"

"因为我们女孩子都喜欢这位季老师，她爱穿红衣服，我们也都跟着穿红衣服。直到现在，我的小学同窗每年春节还去季老师家拜年。还有一位姓王的历史老师，讲课时爱说'那什么'的口头语，非常有意思。后来我们班的同学也学会了，说话之前先说'那什么'。"

我笑道："的确，老师对学生的影响力，很多时候是无形的、潜移默化的。所以，当教师要深知为人师表的作用。"

小宁说："这种作用对孩子的成长太重要了。可是，我发觉现在有的中小学校偏重于抓教学质量，往往忽视对孩子的品德教育。学生只要考试成绩好，一俊遮百丑，其他作风上的小毛病都可以忽略不计了。这种现象对孩子的健康成长是很不利的。"

我对小宁说："你说的这个问题，虽然不是普遍现象，但确实值得人们关注。其实，德、智、体三方面的教育是相辅相成的，不信你注意观察，品德好的学生，学习成绩肯定错不了。相反，学习成绩不好的，品德上虽然没有大毛病，但平时的作风和习惯肯定会有毛病。"

小宁说："我觉得这些问题，跟老师和家长的言传身教是有很大关系的。"

我说："这些年，我们国家一直实行的是应试教育，一切都是分数说话。品德再好，考试成绩不好，也不能说他是一个好学生。所以就造成有的学校把主要精力放在了教学上。一些教师往往以为我的职责就是教学，学生的其他事不归我管，因此放松了对学生品德意识的培养。"

小宁说："您说的品德意识的培养，是不是指自身言行的无形影响力？"

我说："对，比如上回书咱们说的老师给学生洗脚这件事，实际上它呼唤的是一种文明礼仪，呼唤的是对教师的尊重。它是告诉人们，你看，老师怎么啦，他可以给自己的学生洗脚，这不是屈尊，而体现的是一种师生之间的相互关爱，所以我们不能只看到洗脚本身。再比如我们提倡校园文明礼仪，实际上是针对校园里所有人的，并不是单指学生。因为礼仪并不是个体行为，它是有对象的，有主有宾的。"

小宁说："礼仪是互相的，礼尚往来嘛。你尊敬我，我才会敬重你。您说对吧？"

我说："是这么个理儿。有一次，我到一所小学采访，发现学生见了老师都恭恭敬敬地行礼，道老师好。可是有的老师却漠然处之，好像这是天经地义似的。"

"学生给老师敬礼不是应该的吗？"

"是应该的，但您是老师得懂得还礼呀！过去大臣拜见皇上，给皇上磕过头，皇上还要说一句'免礼'或'平身'呢。"

"是这么回事。"

"我到教研室，跟一位年轻老师聊天，一位学生喊报告，这位老师说进来吧。进来的这位学生是班长，他是来交同学们的作业本。学生很有礼貌，先说老师好，然后问作业本放在哪儿？那位老师爱搭不理地说放桌上吧。学生把作业本放在桌上，又恭敬地说老师再见。这位老师连哼一声也没有，看了一眼学生，又接茬儿跟我聊天。不知怎么回事，我后来看了这组镜头，觉得心里挺不是滋味儿。"

小宁问："又是哪儿做得不对，让您挑眼啦？"

我说道："我在琢磨'为人师表'这四个字。当老师的总是要求学生懂礼貌，尊重教师，难道老师就不该对学生也有礼貌吗？正像你说的礼貌是相互的。也许这几位年轻老师讲课时话说多了，有点儿累；也许他们对学生的行礼问好习以为常，反过来向他们还礼，觉得有点儿絮烦了；也许他们觉得自己是教师，学生向他们敬礼是应当的，他们给学生还礼，有点儿失身份，跟这些学生平辈儿了。"

"但不管您有什么理由，学生向您行礼问好，您也得表示一下呀！"

"是呀，哪怕回敬给学生一个微笑呢。我想学生也会觉得很舒服，是对他讲礼貌的一种无形鼓励。"

小宁说："估计这几位年轻的老师不懂。"

我说："不是不懂，大概没把这当回事儿。其实，这是中国人的老礼儿。中国的老人见了晚辈向他问好，往往会跟上一句：好呀，这小伙子真懂礼儿。反观这几位年轻教师，学生向他们行礼，他们爱搭不理。一次两次，也许对这些小学生没什么影响，次数多了，他的小脑袋瓜就会琢磨了，老师给我冷脸子，我干吗还给他行礼问好？也许他还会由此产生联想，我对别人讲礼貌有必要吗？这是不是低人一等的表现呀？"

小宁笑道："他这么一联想，老师平时给他讲的那些文明礼仪大道理，等于白费了。"

我说："是呀，所以说老师的表率作用往往是无形的、潜移默化的。文明礼仪属于道德修养范畴，知礼、懂礼、有礼是一种行为规范。这种规范是在日常生活中一点一滴养成的。有时愣往学生的脑子里灌输这些东西，也许会立竿见影，但'见影'也只是暂时的，品德修养需要很长的形成过程。"

小宁说道："所以老师的一言一行，对学生的影响是很大的。"

我对小宁说："你说得对。在现实生活中，有些教师往往忽视了这一点，他们当着学生的面不拘小节，乱开玩笑，嘴上没有把门儿的，荤的、素的都上，甚至不留神，说话还带出几个脏字儿。他们以为学生还小，这些对学生不会有什么负面影响，殊不知学生的脑袋瓜是录音机，也是复印机，上行下效，老师说话带一个脏字，到了学生这儿，也许能带出四个五个来。"

小宁说："您说得对，俗话说有什么师傅，就有什么徒弟。真是这么回事。在许多礼仪的小节上，老师做的比书本上学的，对学生的影响要大得多。"

我说："因此，我们在提倡校园文明礼仪时，老师应当率先垂范。我这儿给你讲一段《孟子》里的寓言。"

小宁问："什么寓言？"

我说："有一天孟子对宋国的官员戴不胜说，你希望你的君王成为善人吗？我可以告你一个办法。假如有个楚国大夫，想让他儿子学齐国话，那么你认为是让齐国人教他呢，还是让楚国人教他？戴不胜说，他学齐国话，当然让齐国人教他好了。"

"是呀。"

"孟子说，我认为不对，一个齐国人教他，许多楚国人就会来打扰或嘲笑他，即使天天拿鞭子打他，要他说齐国话，也是做不到的。假如你带他到齐国的闹市或居民区，住上几年，仍然用鞭子打他，要他再说楚国话，也不能做到了。"

"这就跟教孩子照课本学英语，不如让他到美国某个社区待上一两年一样。"

"是呀，孟子的这段话说的就是，客观环境对一个人的品行、德行、性格、气质等方面的影响，是非常重要的。"

小宁点点头说："的确，一个孩子在不同环境里学习，结果会截然不同。也许这正是现在许多家长为孩子上学选择名校的原因，您认为呢？"

我说："有一定道理。一个人的学习、工作、生活有大环境和小环境之分。我们国家现在提出构建和谐社会，这是生活的大环境。现在又提倡校园的文明礼仪，这就是学生生活的小环境。和谐环境是有秩序的、讲文明礼貌的，如果我们的老师和学生都能把文明融入校园的学习生活中，尊师重教、守纪律、讲礼貌，就会形成一种风气。小环境就会是温馨的、和谐的、积极的、向上的。你说对不对？"

小宁点点头说："这也许是每一个老师和学生共同追求的吧。不过，我觉得老师还是应有他的尊严。您说呢？"

我笑道："你是不是想聊聊'师道尊严'呀？"

小宁莞尔一笑道："嗯，咱们且听下回分解。"

078
师道还须有尊严

上回书说到小宁从校园的德育问题，聊起了'师道尊严'。

小宁对我说："网上有个视频，您看了吗？"

我对她说："什么视频？"

"一个女教师遭到学生辱骂，在课堂上猝死了。"

"是吗？"我让她把视频发到我的手机，看了看，原来是某城市一中学女老师，在给高二年级上语文课时，发现后面有两名男生在打牌，她当即予以制止，结果其中一名男生不听劝，反而大声辱骂，语言不堪入耳。老师气愤不已，但还是坚持将课上完。下课后，这名女老师将辱骂自己的那个男生带到学校德育处，要求学校处理，随后，她继续返回教室上第二节课。第二节课下课后，德育处老师表示无法处罚学生，但该学生愿意道歉，老师深感失望并拒绝接受道歉。正说着，该老师突然脸色发紫，倒在地上。学校紧急叫救护车，医生对这位老师已回天无力，她猝死于急性心肌梗死。老师今年39岁，有一个上高中的女儿，还差两个月，她就从教20年了。平时，这位老师为人非常友善，教学认真负责，身体一直很好，从未有过重大疾病。得到她猝死的消息，师生和亲友一时竟无法相信。

小宁有些激动地说："可以肯定这位老师的死，跟她遭到学生的辱骂有直接关系。"

我点了点头说："是呀，这位女老师才 39 岁，女儿正上高中，真是太可惜了！可以想象，她的家人会有多悲痛。"

小宁沉默了片刻，说道："那个骂老师的学生应该为自己的行为负责！当然他如果知道会发生这样的后果，一定也会悔不当初的。唉，他怎么能这样对待自己的老师呢？"

我对小宁说："上个月某市的一所艺术职业学校，也发生了一件学生侮辱老师的事儿。"

小宁说："您说的是网上视频放的那段吧？"

我说："你看到了？"

小宁说："看了。这个视频约有 4 分钟，先是一个坐在教室一侧第一排戴着耳钉的男孩对着镜头，然后画面中有个声音说，'这就是地理课'，随后，这个戴耳钉的学生走上讲台，伸手摘掉老师的帽子后，回到了座位上。下面的学生爆发出一阵哄笑。在后面的视频中，这个戴耳钉的男生再次冲上去向老师挑衅，对老师出言不逊。在此过程中，老师的讲话并没停止，学生们不停地尖叫和骂着脏话，另一个坐在教室后排的学生，则捡起一个塑料瓶向老师掷去，瓶子打在了老师头上。在视频中，可以看到教室里约有 30 个学生，他们不但没有人制止这些不良行为，相反却像是在助阵。在'国骂'和嘲笑声中，这位头发花白的老师一直在坚持讲课。"

"这个视频看得我好心酸呀！"

"据记者了解，这个视频摄于某艺术职业学校影视专业二年级的地理课上，受辱的教师今年 70 岁，是学校返聘的。"

"70 岁了还坚持给学生上课，这些学生能理解老师的辛苦吗？"

小宁说："这位老师在事后接受记者采访时，称他一直对学生很客气，尊重他们，并且和学生们走得很近，但学生们对他这样，他感到很伤心。不过他并没谴责学生，只是说，这次对他有点过了，是自己没有教育好学生。"

我说："从他的话里，可以看出一个老师的胸怀，但这些学生如此对待老师的确太过分了，而不是'有点过了'。"

"简直令人寒心。"

我说："在网上谴责是对的，但是前去声讨则有点儿过激了。这样做会引发出矛盾，他们可以通过其他方式，对这些失礼的学生进行批评教育。"

小宁说："我认为这起'辱师事件'和前面说的老师被学生活活气死的事，并不是偶然的，它反映出当前中国对青少年的道德教育存在的问题。这些问题再任其发展下去，将会助长不良的社会风气，产生严重的后果。"

我笑道："可能问题并没你说得那么严重吧。虽然这两起'辱师事件'发生的时间挨得比较近，但毕竟是极个别的现象，不足以反映整个中国教育的状况。"

"嗯。"

"当然，如果我们仔细地分析一下这两起'辱师'的事，不难看出一些客观因素，一是这两所学校都是职业学校，众所周知，现如今学习成绩好，品学兼优的学生，是不会报考职业学校的，当然这也不是绝对的，但却是普遍现象。"

小宁接过话茬儿说："的确如此，我上中学的时候就是这样，考不上高中，或者家里生活困难的学生，才报考职业学校。"

我说："是呀，其实职业学校跟普通高中，并没有什么高低贵贱之分。这几年，大学毕业生就业困难，相反职业学校培养出来的学生，因为专业性强，反倒容易找工作。"

小宁说："在南方经济发达地区，职业学校培养出来的技工非常抢手，他们的月薪比高校毕业生还高。"

"是呀，可是由于当今社会重学历、轻才能的现象还比较普遍，所以人们总以为职业学校的学生，比不上一般的大学生，跟名牌大学的学生更是没法比。而职业学校的学生呢，自己也觉得社会地位低，说自己是职业学校的学生没面子，所以他们往往对自己不那么严格要求，也缺乏学习热情。"

"这倒是。"

"其次是现在的学生对老师的要求也很高，不仅要求老师有学问，还喜欢说话风趣、有幽默感的老师。那位年近70岁的老师给学生讲课，可能学生不太愿意接受。"

小宁说："是呀，怎那么大年纪还上讲台呢？多亏他老人家身体结实，心理素质好，有丰富的教学经验，要是赶上气度小点儿的、身体弱的老师，就这帮学生这么'恶搞'，老师不得当场让他们给气趴下。"

我说："尽管有诸多的客观原因，但是对老师必须尊重，因为他不仅仅是你的老师，还是一个公民，对人的尊重是起码的人权。"

"这可是'底线'了。"

"有人在网上说，这两起事件是学生的'恶作剧'，我认为这种理解是错误的。"

"为什么？"

"带有'姑息养奸'的意思。这些学生这样面对面地辱骂老师，是对老师人格的污辱，已经不是所谓的'恶作剧'，而是违法了。"

"违法？有这么严重吗？"

"对人的尊严的侵犯，难道不是违法吗？"

"当然是。"

"学生打老师骂老师，那是因为处在特殊的时期，当时有些人已经无法无天了。现在则不同了，我们讲构建和谐社会，是建立在法律法规健全和完善的基础上的。老师也是受法律保护的，作为学生，你不喜欢这个老师，不爱听他的课，你可以出去，不听他的课。但你绝不能侮辱他，谩骂他，伤害他的人格。如果从法律的角度去追究责任的话，这几个学生已经不是简单的淘气，或者是所谓的'恶作剧'了，他们是在犯罪。"

"可惜他们没有这种意识。"

我说道："退一步说，一个人走在大街上，平白无故地遭到别人的辱骂，他有没有权力维护自己的人格尊严？"

小宁说道："当然有，他完全可以起诉。"

我说："过去讲，气死活人不偿命，那是在法律法规不健全的社会环境中，人们缺乏法制观念的一种说法。现在是法治社会了，别说当面骂人了，就是别人私自用你的照片，你都能以侵犯肖像权起诉他。"

小宁道："是呀，我认为这些侮骂老师的学生，要认识到自己所犯错误的严重性，而且要为自己的所作所为造成的后果负责。"

"这也许没什么可商量的。但现在我们的教育部门对这种辱骂教师，侵犯教师人格的行为比较手软，所以教师也表现得比较宽容。"

小宁问道："这是不是中国人的老礼儿呀？"

我笑道："有关这个话题，咱们且听下回分解吧。"

079
辱骂老师法难容

书接上回，小宁问我，那些对辱骂教师、侵犯教师人格的行为的宽容，是不是中国人的老礼儿？

我对她说道："这跟老礼儿没有直接关系，因为它已经是违法行为了。不过，从报道中可以看出，那两位老师还是非常敬业和大度的，比如那位猝死的老师，在遭到学生辱骂后，依然坚持上完第二节课。"

小宁说："那位七旬高龄的老师，不但在学生的辱骂中坚持把课上完，而且当记者问到他时，他还把责任都揽到自己身上，对记者说，出现这种情况，是自己没有教育好学生。"

我苦笑了一下说："这正是人民老师的可敬和可爱之处。你看当学生把自己骂了，侮辱了自己的人格，当记者采访那位老教师时，他担心记者把真相报道出去，将来会对学生有严厉的处罚，于心不忍，所以才把责任揽到自己身上。"

小宁道："当然，不管对这几个学生做了什么样的处理，我想他们必须认识到自己这种行为的严重性。"

"学校也应当引以为鉴，进行反思，加强管理，否则就会姑息这种不良的风气。"

小宁沉思道："我想这些学生一旦良心发现，省悟过来，也会后悔当初的行为的。"

　　我说："是的，世界上什么事儿都有个'度'，就像水低于 0 摄氏度，就会结冰，超过了 100 摄氏度就会变化为蒸气一样。如果说七八岁的孩子，淘气、不懂事，跟老师搞个'恶作剧'什么的，倒也情有可原。你大概在影视剧里见过古代教私塾的老先生吧？"

　　"见过。留着长长的胡子，穿着长袍马褂，脸上一本正经，手里拿着戒尺。"

　　"私塾先生教孩子学习的方法，就是三个字，'念背打'。一天到晚念背古文，背不下来，先生便吹胡子瞪眼，用戒尺打孩子手心，或者打屁股。在这么严厉的面孔下，淘气的孩子还敢跟先生恶作剧，在先生打瞌睡的时候，用墨笔在他脸上画个黑胡子，或者在他的饭碗里放个小虫子，发泄一下对他的不满。"

辱骂老师法难容

422

"没错儿，在电视剧里看过，有点搞笑的意思。"

"是呀，虽然跟先生搞恶作剧，人们并不会怪罪这些孩子，只认为他们这是顽皮和淘气。你说为什么？"

"因为他们是小孩儿，而且他们也不敢当面辱骂老先生呀！"

我说："是呀！反观那几个职业学校的学生则不然了。他们是十七八岁的大孩子了，所以他们辱骂老师，已经不是'恶作剧'，而是对教师的人身攻击，属于犯罪行为了。"

"性质不一样了。"

"所以我认为，在法治社会，应该让孩子从小就有法律概念，尤其是在校的中学生，不能总把自己当孩子看待了。"

"孩子也不能目无法纪呀！"

"现在全民都在讲文明，树新风。在校园里讲文明礼仪，实际上是为了建立一种正常的师生关系，建立一种正常的教学秩序。礼仪的目的就是体现秩序，比如我们讲'师道尊严'，这不是要不要的事，而是必须这样做的事儿。"

小宁说："您说得对。你是到这个学校上学的学生，尊重老师，是起码的要求。"

"还是那句话，假如你不喜欢这个老师，不愿意听他的课，或者说你压根儿就不愿意在这所学校上学。那好，你可以不上学，可以不听这个老师的课，这是你的权力，你完全有这种选择的自由。但是你既然来上课，那就意味着你承认他是你的老师，你必须要尊重他。"

"这一点儿没商量。"

我说道："什么叫尊重？那就是说，不管这个老师讲的内容你爱听不爱听，不管他的学问高低，说话风趣不风趣、幽默不幽默，甚至有没有错误，你都得洗耳恭听，不能交头接耳，不能在底下搞小动作，更不能像气死老师的学生那样在下面打牌。"

"这些课堂小动作，都是对老师的不尊重。"

"它不仅仅是失礼、失敬的问题，实际上是破坏了课堂的秩序。因为你这么一来，不但老师无法正常讲课，而且影响其他同学的正常听课，如果都这样的话，学校还能正常教学吗？"

小宁插话道："当然不能了。"

我说："所以说'师道尊严'是一个学生起码的礼仪常识，也是一所学校维持正常教学的基本保证。"

"是的。"

我说："人与人之间的尊重是相互的。当你尊重别人的时候，也就显出你高了。'师道尊严'，主要还是讲'师道'。小宁，我考考你，你知道'老师'这个词儿是怎么来的吗？"

小宁犹豫了一下，说道："'老师'这个词嘛，它是……怎么来的呢？我还真是一时说不上来了。"

我笑道："有些知识，虽然常在人们嘴边挂着，可是冷不丁一问，还真让你一时说不出它的出处。"

小宁道："是呀，您聊聊吧。"

我对她笑道："想知道吗？咱们且听下回分解吧。"

080
尊师重礼诚为本

书接上回，小宁让我聊聊"老师"这个词是怎么来的。

我对她说："你也许不知道，'老师'的这个'师'字，原本是一个人的姓儿"。

小宁诧异问道："是一个姓儿？噢，老师敢情跟老刘、老王一样，是从这儿来的？"

我笑道："不像你说得这么简单。'师'这个字在西周的'金文'里就出现了，也叫'师氏'，是教国学之官。"

"噢。"

"'师'原是商朝和西周军队组织的名称。西周统治者为培育能征善战的贵族子弟，开办了'国学'，由高级军官'师氏'任教。由于'师'是传授知识的，而'教'又是传授知识的一种重要手段，所以后来把'传道''授业''解惑'者称之为教师。"

"没错。"

"在《说文解字》里，'师'的注解是，'师，教人以道者之称也'。先秦时期，教师也被称为师傅、师长、先生等，这类称呼一直沿用至今。而'老师'这个词儿，原本是对年龄和辈分最高的学者的称呼，比如《史记·孟子荀卿列传》里有，'齐襄王时，而荀卿最为老师……'因为'老'有尊敬之意，后来，人们习惯地把'老'与'师'并称，逐渐地就不再分岁数大小、名望高低，一概称教师为老师了。"

"原来如此呀！"

"当然，老师在不同的历史时期，还有不同的叫法。明清两代，曾经把主考官称为老师，同是一个专有名词，清末兴办学堂，称教师为'教习'。辛亥革命以后，因为教师同其他官员一样依法任免，所以又称教师为'教员'。"

小宁点了点头道："那时的'老师'跟官员一样，还有任免一说呢？"

"当然，中国自古以来，就对老师非常敬重。尊师是中国人的老礼儿，也是传统文化的具体表现。老话儿说：一日为师，终身为父。"

小宁问道："这是什么意思？您再给说说。"

我说："这句话出自元代戏剧家关汉卿的剧本《玉镜台》。它的意思是，一旦认某人做老师，就要一辈子像对待自己的父亲那要尊敬他。"

"老师跟自己的父亲一样。"

"早年间，老师这个称呼可不是随便叫的，你听说过'拜师'这个词吧？"

"当然知道。"

"为什么叫'拜师'，不叫'认师'或别的？"

"不知道。"

"因为认老师是很庄重的事儿，它不是张嘴一说就行了，得真拜。"

小宁笑道："是不是也要搞仪式呀？"

我说："当然。拜师要行拜师礼，学生要给老师磕头。中国人过去说到某人是自己的老师，有时临了得补一句，我是给他磕过头的。以此来说明他是某人真正的弟子。"

小宁问道："学生就是学生呗，干吗要称弟子呢？"

我说："这体现了中国语言文字的丰富。最早，学生这个词是跟先生对应的，弟子也就是徒弟的意思，它是跟师傅对应的。弟子也分入门弟子、入室弟子、关门弟子等。"

"什么叫入门、入室和关门弟子呀？"

"入门的'门'，是指得到的门径，进了门，也就是初步学会的意思。入室则是更进一步了。关门是指老师最后收的学生。"

"有这么多说法呢？"

"这里都有典故。比如'入室'这个词，出自《论语》里的一句话，'由也升堂矣，未入于室也。'它的意思是说，孔子的学生仲由，其学问已经入门，但还没达到精深的地步。你从这些称谓，就能发现古人对老师的尊重和对学生的苛求。师傅这个词，古人有时也写成师父，这里就含有'一日为师，终身为父'的意思。"

小宁说："这些都体现出了传统文化里的'师道尊严'。"

我说："对。当然现在都是开门办学，实行的是现代教育形式，也就没有什么'入门''关门'之说了。"

小宁说："具体到拜师学艺上，是不是仍然按老规矩呀？比如梨园行和曲艺界拜师也要磕头。"

我说："当然，这些都是传统文化的内容，不但要磕头，还要有'引保代'，即引荐师、保证师和代道师。拜师要搞仪式，行拜师礼，还要请大伙吃拜师宴。"

小宁道:"这里的规矩真多。"

我对小宁说:"'尊师重教'既是一种礼仪,也包含着深刻的文化内涵。你读过韩愈的《师说》吧?"

小宁点点头说:"中学语文书里有这篇课文,'古之学者必有师。师者,所以传道、授业、解惑也。'我还能背下一段呢。"

我笑道:"你的记性不错呀! 韩愈在这篇文章里,说明了古人求学尊师的道理。因为在他生活的唐代,就有人把拜师求学不当一回事了。"

"原来他写这篇文章,是有针对性的。"

"其实,'师道尊严'用不着提倡,这种意识已经渗透到中国人的生活准则里了。只是到了近代,有些人才把这当作思想禁锢,进行讨伐。'五四'时期,进步青年提出打倒'孔家店',是对传统文化的一次大的冲击。到了20世纪60年代的'十年动乱'时期,我前面说了,那会儿的学生公开对'师道尊严'进行批判,学生跟老师平起平坐,老师甚至被打成了'臭老九','革命小将'可以对老师说打就打,说骂就骂,老师别说有尊严了,就连起码的人格都没了。直到改革开放以后,尊师重教的风气才逐渐形成。"

小宁说:"我觉得现在人们对'师道尊严'已经没有什么疑问了。"

我说:"是的,从社会风气上看,尊师是没有什么可说的,但是在一些人的潜意识里,仍然对师道缺少尊严。比如前面咱们说的那两起'辱师事件'。根据那几个学生的年龄来看,他们的父母肯定受过'十年动乱'的洗礼,也就是说也经历过'十年动乱'。"

小宁说:"差不多,他们的父母也不过40多岁。"

我说:"咱们前面分析了这两起'辱师事件'的原因和后果,其实,有一点不容忽视，那就是这些孩子的父母对他们的影响。"

小宁说："您说得对，如果他们从小就接受'师道尊严'的教育，他们就不会张嘴骂自己的老师了。"

我说："前两天，一家媒体报道了这样一件事：一个小学五年级的学生，因为上课不守纪律，不按时完成作业，被班主任批评了一顿，并且罚他留校抄了 20 篇课文。这名小学生觉得受了委屈，回家哭着跟他爸爸说了。"

"结果怎么样？"

"他爸爸一听火冒三丈，认为孩子受了欺负。第二天，跟着这个学生来到学校，见到班主任，二话不说，上去就是俩大嘴巴，把老师打得嘴角流了血。这位家长还威胁校长，以后谁敢再欺负他孩子，他跟谁没完。"

小宁说道："这位家长也忒野蛮了！怎么能出手打老师呢？"

我说："虽说这样的家长只是极个别的，但这种事，反映了有些家长压根就没有尊师意识。"

小宁说："我认为这种家长的素质太低了。这样的人怎么能教育好孩子呢？"

我说："这要从两方面来分析，一是这位家长受'十年动乱'的影响太深，也许他上学的时候就是'革命小将'，拿老师不当一回事，不但没有尊师意识，也缺乏法治观念。二是现在的中小学生多是独生子女，从小娇生惯养，唯我独尊，目中无人，受不了一点儿委屈，当然也受不了老师的严格管理和指教。两方面的原因加在一起，便发生了上面说的情况。"

小宁说："看来在校园提倡'师道尊严'，已经不仅仅是一种礼仪方面的事儿了，您说对吗？"

我说："就礼仪而言，它表面看确实是一种形式，比如学生见了老师要行礼，打招呼要说'您好'。老师上课前，学生要起立，行注目礼。教师节到了，学生为表示心意，给老师送张贺卡或自制的小礼物等。这些形式都属于文明礼仪的范畴。"

"是的。"

"但是对老师的尊重，应该发自内心，也就是说，从心眼里觉得要尊敬老师。当然老师也应从心眼里尊重学生。只有这样才是真正意义上的尊师。有的学生见了老师行礼问好，扭过脸却给老师起外号。有的学生见了老师唯唯诺诺，大面上看百依百顺，赶到老师批评他时，他背地里却大骂老师不是东西。你说这是尊师吗？"

太子：『爷爷、爸爸都是天的儿子，我当然也是，咱们都是哥们』。

挨几句批评，就像受了天大的委屈

　　小宁说："您说的没错儿，一般人都愿意听表扬，不愿听批评。特别是现在的孩子大都是独生子女，平时在家里，爷爷奶奶、姥爷姥姥、爸爸妈妈都捧着他，到了学校，老师稍微一变脸，他就受不了啦。如果再批评他几句，他似乎就觉得受了天大的委屈，好像老师成心跟他过不去。"

　　我说："是这样。现在当中小学教师的确不容易，管学生深了不是，浅了不是，特别是对一些淘气的学生，不管不行，管得多了也不行。因为独生子女的心理很脆弱，加上有的孩子被家长惯得没样儿，唯我是从，禁不住一点'磕碰'，还有的家长只重视孩子的学习成绩，忽视了品德教育，使有的孩子功课不错，但是却不懂礼貌，不知事理。"

　　"所以要让孩子有出息，知书达礼，懂礼讲文明，光靠学校的老师'传道、授业、解惑'不行，也需要家长的言传身教，耳濡目染。"

"说得对。'子不教，父之过，教不严，师之惰。'就是这个意思。"

小宁说："我认为强调家长的教育当然重要，但学校的教育是第一位的，毕竟一个孩子只要上了学，在学校的时间，比在家里的时间要多。何况现在有些独生子女，可以不听家长的话，但是他往往听老师的话。而且有些年轻的家长也缺少正确教育子女的方法，老师对学生的教育，不光是'传道、授业'，也包括'解惑'。应该让现在的学生懂点儿老礼儿。"

我对小宁说："你说的这些也有一定道理，关于道德品质的培养，中华老字号店铺的经验，倒是值得说说。"

小宁说："老字号肯定有许多老礼儿。"

"当然了。"我笑道："有关这个话题，我们下回再聊吧。"

081
热情也要有分寸

上回书说到，小宁问我中华老字号店铺的一些老礼儿。

我对她说："老字号店铺在培养店里的伙计（即员工）时，是本着'未曾做事，先学做人'的原则，先在伙计的人品的培养上下功夫。这些都有成熟或者说成功的经验，也可以说是他们的经营之道。"

小宁道："您说的老字号，有多老呢？"

我说道："按商务部的规定，所谓老字号，它的历史至少在50年以上，中国的许多老字号有百年以上的历史。"

"50年以上？能生存下来确实不容易。"

"一个老字号能生存几十年，甚至几百年，必然有它的成功之'道'，中国的商界也把这叫作'生意经'。生意生意，这个生字有生财之意，也有生机之意。"

"'生意经'主要说的是什么？"

"内容很多，包罗万象，但老字号在人才的培养上，是把'德'放在第一位的。宁用一个没本事的忠臣，也不用十个有本事的奸臣。老字号店铺都信奉这一点。他们培养伙计，首先要求他做人要有礼路纲常。"

"什么叫礼路纲常？"

"所谓'纲常'就是'三纲五常'。即'君为臣纲，父为子纲，夫为妻纲'及'仁、义、礼、智、信'。'三纲'带有明显的封建文化色彩，咱就不说它了。仁、义、礼、智、信，这'五常'拿到现在也通用，这似乎是做人的准则。"

小宁说道："'五常'归为一'常'，就是忠诚，你说对吗？"

"对人对事都要忠诚，对人的忠诚，表现在对任何人都实实在在，忠心耿耿，诚实守信，不来虚的。对事的忠诚，表现在本本分分，规规矩矩，爱岗敬业上。"我对小宁说："所以过去老字号的伙计（员工）往往从学徒开始，会在这个企业一直干到告老还乡，几乎没有中途'跳槽'的现象。"

"这一点就十分难得。"

我说道："所以说，老字号的许多经营之道，包括老礼儿、老规矩，拿到今天，依然有用。老字号的礼数很多，做买卖的人都知道'和气生财'这四个字。'和气'是什么？"

小宁微微一笑道："这就是老礼儿呀！"

我说："你别小看这个'和'字，《周易》把'和'作为重点。《论语》里也说'和为贵'，我们现在不是也提倡家庭和睦、社会和谐、世界和平吗？"

"对呀。"

我说道："'和气生财'，这个老礼儿包含着对顾客的热情和蔼、殷勤、诚实、厚道、真诚、诚心诚意。并不是'笑面虎''笑里藏刀'。表面上和和气气，让您进了店，然后拿小刀一点一点割您的'肉'。"

小宁笑道："现在有的商家就是这样。他们表面上对顾客挺热情，也能做到彬彬有礼，但实际上他们笑里有'陷阱'，等您被他们的和气所打动，他们就开始宰客了。"

我说："这样的买卖能长久吗？"

"肯定长不了。"

我说："老字号做的是长久性买卖，所以、他们得像保护眼珠子似的保护自己的招牌，不能对顾客虚情假意。过去，老字号的药店、茶叶店、鞋帽店等铺子，专门给顾客备有桌椅，顾客来了，店里的伙计先请您坐下喝杯茶、歇歇脚，然后跟您拉几句家常。您如果不提买东西，伙计也不会主动问您。"

小宁问道："顾客到这儿来，不光是为了歇脚喝茶吧？"

我说："是啊，他们进店当然是为了买东西，可是伙计要是主动问，那不就显得太心急了吗？有人说这是虚礼，我认为这正是'和气生财'之道。伙计不提让您买他的东西，正表现出把您当作朋友，您到他这儿是做客的。那会儿的老字号都有自己的'老主顾'。"

小宁问道："什么叫'老主顾'呀？"

我说："'老主顾'就是老上他这儿买东西的顾客。一来二去，彼此之间就熟了，便成了朋友。有的地方也叫'老照顾主儿'，那意思是老照顾我的买卖。你瞧，这就是老礼儿。"

小宁问道："有没有到他这儿喝了茶，歇了脚，什么东西都不买，抬腿就走的情况？"

我说："有，但是他们照样热情招待，这叫'买卖不成，仁义在'。过去买卖地儿的生意人往往不急功近利，他们非常看重'人脉'。"

小宁说："什么叫'人脉'？"

我说："'人脉'就是人缘儿，或者说口碑。人缘儿好，买卖才有人气儿。虽然说隔行如隔山，各行有各行的规矩，但是就一些老礼儿来说，也有每一行都通用的礼仪。所以，早年间，不管是在店铺当伙计，还是在作坊里学手艺，师傅首先要教你懂得行里行外的一些老礼儿，让你说话办事有'外场'，不露怯。"

小宁问道："什么叫'外场'呀？"

我想了想说："'外场'，说白喽就是一般迎来送往的场面，加上一个'有'字，它的内涵就丰富了。这里有待人接物的礼貌礼仪，也有举止言谈的分寸等，其中最难拿捏的是分寸。"

小宁问道："'分寸'怎么解释呢？"

我说："所谓分寸，也叫'火候'。待人接物不殷勤，让人觉得你失礼；过分的殷勤，显得你下作。要做到不卑不亢，热情大方，和蔼可亲，就要把握分寸。所以过去在学徒期间，要接受这方面调教，调教得差不多了，才能正式上岗。"

小宁问道："'调教'？谁调教谁呢？"

我说："老字号的店铺，俗称'买卖家'或'字号'，一般店铺是由东家出资开的。大一点的'字号'，东家不去经营，单请人来管理，这位经营者叫'掌柜的'，实际上就是现在的经理。"

"也叫'经理人'。"

"对，经理主要管经营，没有人权和财权，雇人由东家说了算。"

"那是，人家是投资人呀！"

"北京有个老字号绸布店'瑞蚨祥'，它的店员，也就是职工，分为三类，一是内伙计，二是外伙计，三是学徒。"

小宁说："什么叫'外伙计'和'内伙计'？"

我说："'外伙计'有点儿像现在零售商店跑外的业务员。'瑞蚨祥'的'外伙计'一般是由货物的批发庄介绍来的，熟知业务，能应付局面，但是他们拿月薪，干得不好，东家可以随时辞退。'内伙计'大多是东家的同乡。这些人是经过严格挑选的，一般都是五官端正，言谈举止文雅，礼貌周到，勤劳肯干，肯钻研业务的年轻人，主要承担管货、理货、拣货、分类、改装、保管、清洁、入库等工作，可以说他们是东家信赖的'嫡系'。干得好，能提升为吃股的掌柜的。当然他们也要经过学徒期。"

小宁问道："也是三年零一节吗？"

我说："对，三年，分四个阶段：第一阶段，学敬烟上茶和待人接物的各种礼节。第二阶段，学经商所必备的文化和业务，如写毛笔字、记账、打算盘等。第三阶段，学习杂务，如扫地，擦桌子，挂帐子等。第四阶段才学真本事，即熟悉各种货物品种质地、性能，量尺寸、打包等。"

小宁笑道："这学徒的内容也分得太细了。敬烟上茶、扫地、擦桌子还用学吗？"

我说："当然要学。敬烟上茶、扫地、擦桌子看上去很简单，是人都会干。可是具体到'外场'上，则很有学问。实际上它是待人接物的职业礼仪。"

"这有什么学问呀？"

"学问深了。比如来了一位贵夫人到'瑞蚨祥'买布料，什么时候上茶，什么时候敬烟？怎么上茶，怎么敬烟？上茶和敬烟时应该说什么话？这都有讲儿的，一点儿不能马虎。"

小宁说："这些是不是也属于职业礼仪的一部分？"

我说："对。"

小宁接着问道："'瑞蚨祥'对店员在职业礼仪上有哪些要求？"

我说："老'瑞蚨祥'的店员，在接待顾客时，要求四个字，'殷勤'和'和气'。店员的衣服穿戴必须整洁，夏天穿长衫，冬天穿棉袍，不准穿短衣和便服。"

"连穿什么都有规定。"

"我曾经采访过'瑞蚨祥'的老师傅，据他回忆，当年的店规很严，店员在售货时要求精神必须集中，柜台内严禁嬉笑，不能乱窜柜台，对待顾客讲话要文雅礼貌。只要还有一个顾客买货，大家都要坚守岗位，再晚也不能关店门，即便是夜间，有人要买货也要起来接待。"

小宁说道："这些规矩也够严格的。"

我说："当然。那会儿的买卖地儿也讲竞争。竞争靠什么？靠服务质量。老北京的绸布店最有名的'八大祥'，当年都集中在前门外大街，同行之间竞争很激烈。"

小宁问："什么叫'八大祥'呀？"

我说："就是八家带祥字的老字号布店。'瑞蚨祥'是其中的一个。清末民初，北京有个顺口溜儿：'头戴马聚源，身穿瑞蚨祥，脚蹬内联升，腰缠四大恒'。'马聚源'是老字号帽店，'内联升'是老字号鞋店，'四大恒'是东四牌楼附近的四家带'恒'字的钱庄。这句顺口溜儿的意思是，老北京讲究的主儿要头戴、身穿、脚蹬、腰缠这些字号的东西才体面。"

小宁笑道："看来老北京人也讲究穿名牌。"

我说："是呀，老字号本身就是品牌，但是要打出品牌来并不容易。商场历来如战场，创品牌无疑是在众多的对手之中，横刀立马杀出一条血路。靠的是什么？就是经营者的头脑。拼的是什么？就是信誉和服务。"

"咱们前面说到了从前中国人做买卖，讲究'生意经'。在'生意经'里，经营好比人的脑子，诚信就像人的眼睛，服务如同人的脸面。同样的商品，人家为什么要买你的？就因为你的信誉好，服务到家。而这些都体现在店员的礼仪上。"

"礼仪太重要了。"

"老事年间师傅带徒弟，为什么先教他们待人接物的老礼儿，道理就在这儿呢。这里也有'未曾做事，先学做人'的意思"。

小宁问道："其实现代商业服务业也讲这些，只不过不像老字号的一些规矩更有人情味儿。"

我说："人情味儿还是主要体现在这个'礼'字上。老话说，礼多人不怪。走在人多的大街上，不小心踩了别人脚，您马上道声对不起，人家虽然挨了一下疼，也能原谅您。反之，您踩了人家的脚，却满不在乎，人家肯定会跟您要说法。"

"生活中很多道理就这么简单。"

"老字号的'礼'，体现在'仁义'上，他不是愣逼着你买他的东西，而是先把'礼'做到家。让您觉得不买他的东西，有点儿对不起他。当然卖的东西也得货真价实。东西不好，礼貌再周全，人家买回家一看不是那么回事，也会有上当的感觉。"

"下次购物，肯定不上他这来了。"

"这就叫，'人叫货千声不语，货叫人点首即来。'"

小宁说道："这句对联说得实在是妙！"

我说："一个字号能历经百年风雨而不衰，'人脉'和口碑至关重要。而我们所说的老礼儿，恰恰是维系'人脉'的法宝。"

小宁说道："您能不能具体说说老字号的服务礼仪？"

我说："我给你讲一个老堂头的故事吧，不过，欲知故事详情，且听下回分解吧。"

082
心意尽到自生情

书接上回，小宁想听我讲老堂头的故事。

我笑着问道："你知道什么叫'堂头'吗？"

小宁道："'堂头'？以前从没听说过。"

我说道："也难怪，这是个老词儿。'堂头'就是过去餐馆酒楼看堂的，用现在的说法，就是餐馆酒楼的值班经理或领班。"

小宁笑了笑说："其实'堂头'的说法也蛮好的。"

我说："你知道吗？老北京的餐饮业有一句行话叫'一堂二灶三先生'。'一堂'指的就是'堂头'。"

"'二灶'呢？"

"'二灶'说的是掌灶的厨师，'三先生'就是现在的会计，过去人们通常管会计叫'账房先生'。"

小宁问道："为什么把'堂头'放在第一位呢？"

"因为'堂头'的位置非常重要。这个饭庄、酒楼能不能'火'起来，全要靠'堂头'能干不能干，其次才是厨师，再其次是'先生'。"

小宁笑道："'堂头'这么重要呢？"

我对她说："你看过'人艺'演的话剧《天下第一楼》吗？那部剧

里有个'堂头'叫常贵，最初是老演员林连昆演的，我印象最深的是掌柜的让他报菜名，他一口气儿能把几十道菜的菜名报出来。"

小宁说："您能不能给学学。"

我笑了笑说："今儿还真让你说着了，你还考不倒我。当初，我看了这部话剧以后，还真背过。你听着，掌柜的卢孟实对常贵说：'常贵，你把晚上的菜唱唱！'常贵清了清嗓子，有板有眼地说：'拌鸭掌七寸、七寸糟鸭片、卤生口七寸、七寸鸡丝黄瓜、炸瓜枣七寸、七寸糟溜鱼片、清炒虾仁七寸、七寸油炸肚仁、烩两鸡丝中碗、中碗烩四喜大扁、烩什锦丁中碗、中碗烩'总理各国事务衙门'——时新的菜名——就是大杂烩，还有干烧活鳜鱼两尾、扒鱼唇三斤两盘盛、葱烧海参三斤两盘盛、汤烧肘子两大个、鸭骨熬白菜两出海、什锦八宝豆泥、三不粘、带四鲜果、四蜜果、四看果、进门点心、干品碟儿，齐了！'"

小宁笑道："您还真不含糊，一口气把它说上来了。"

我笑道："知道吗？说相声的管这叫'贯口活'，说的时候要一口气，口齿清晰，一个字一个字地往外蹦，得让人听清楚，听明白，不能嘴里含着棉花似的，让人听不明白您都说啥呢，我这纯是鹦鹉学舌，上不了台面儿。"

小宁笑道："怎么上不了台面儿？我觉得您说得挺溜儿的。您干脆去说相声吧。"

我笑道："别拿我逗闷子了，我要去说相声，连窝头都吃不上。不过有个相声段子也叫《报菜名》，说得最好的是老演员李伯祥，那贯口真是一气呵成。咱们别扯远了，还说'堂头'吧。"

"报菜名是'堂头'的基本功吗？"

"当然，但是'堂头'可不光是报菜名，还有许多功夫。我要给你说的这位'堂头'，是北京餐饮业的老字号鸿宾楼的王守谦。他14岁进鸿宾楼学徒，在这家老字号干了60多年，80多岁才退休，活了90多岁。"

小宁说道："80岁才退休？太厉害了！您是不是写过他？"

我说："是的，老爷子给我的印象极深。记得当年我采访他的时候，老爷子已经快80了。但是身体倍儿硬朗，根本看不出他是那么大岁数的人。有一个词语叫精神矍铄，用到他这儿再恰当不过了。他思维敏捷，谈吐文雅，不，应该用'儒雅'这个词儿，尤其是他的那身装束让我感到眼前一亮，记得当时正是盛夏，我穿着T恤，还觉得有点儿热，老爷子却穿着笔挺的深色西装，扎着领带，脚上穿的是黑色皮鞋，风度翩翩。如果不说他的身份，你会以为站在面前的是位学者或老华侨。"

小宁笑道："老人家这么有风度！"

我说："真是这样。老爷子当时不但在鸿宾楼当顾问，还给各大饭店和服务职业学校讲礼仪，讲中餐西餐怎么文明服务，怎么摆台，布菜。当时正在评全国名厨，他是全国唯一的一位餐饮业服务特级大师。"

小宁说道："是一位大师级的人物呢。"

我说："老爷子干了一辈子餐饮服务，能到这份儿上确实不容易，你看他都这么大岁数了，还十分注意自己的形象。咱们前文聊到服装服饰礼仪的时候，我说穿戴整洁，干净利落，对自身是一种体面，对他人是一种尊重。这一点在这位老人身上体现得多充分呀！"

"嗯。"

"他对我说，在饭庄服务也是这身打扮。'堂头'的礼仪，第一条就是自身形象要大方得体。当然还有许多基本功。"

小宁问道:"都有什么基本功呢?"

我说:"首先得机灵,眼观六路,耳听八方。其次是眼里有人,这儿说的有'人',是指要会看人。因为到您这儿吃饭的什么人都有,人们的身份、地位并没写在脸上,您得从他们的言谈举止当中辨别出来,然后才能'看人下菜碟'。第三条就是嘴勤眼勤,察言观色,满足客人需要,这一条也很重要;比如顾客掏出烟来,您要在他张嘴之前,就得凑过去,把烟给他点着。客人说天气真热,您一听这话,马上得把'手巾把儿'(湿毛巾)递过去。第四条是广交朋友。"

小宁插了一句:"我觉得这一条挺重要的。"

我说:"对。就拿王守谦老人来说吧。他在鸿宾楼工作了那么多年,结交的朋友真是太多了。鸿宾楼创立于清咸丰三年,是一家清真风味的饭庄,原来在天津,北平(今北京)解放后,在周恩来总理的提议下,鸿宾楼于 1955 年迁到北京,这样王守谦也跟着一起来到了北京。"

小宁说道:"原来王老先生是天津人。"

我说:"嗯。他在天津时已结交了许多朋友,鸿宾楼迁到北京以后,当年认识他的一些老主顾,专程坐火车到北京的鸿宾楼吃饭,吃完饭再坐火车回天津。"

小宁笑道:"我怎么听着,有点儿像现在的'粉丝'追星的那种感觉。"

我说:"这就是'堂头'的魅力。当然人家也是好吃鸿宾楼的菜。天津人跟北京人差不多,点菜、吃饭认口儿,认字号。虽然天津离北京不远,但那会儿坐火车,也得 4 个多小时,"

小宁说:"挺有意思。为吃一顿饭,来回 8 个小时。"

我说:"在王老的众多朋友中,跟他交情最深的是,后来当了全国人大常委会副委员长的王光英。"

"他连国家领导人都认识？"

我说："王光英也是天津人，他从七八岁就跟着父亲，到鸿宾楼吃饭，每次都是王守谦接待他们，后来，俩人成了至交。后来王光英搬到了北京，俩人的交往更加多了。我采访王守谦时，他说他腰上的皮带和西服的领带，都是王光英出国访问时，给他买的礼物。王光英是国家领导人，住家不是随便什么人都能进的，门口有警卫，但是王守谦去王光英家做客，推门就进，警卫都认识他了。一个饭庄的'堂头'，跟一位国家领导人能保持几十年的友谊和交情，说明了什么？"

小宁说："我认为这是'堂头'的服务精神换来的。"

我说："是呀。这表明一个人在平凡的岗位上，只要您干出了彩儿，就能得到社会和人们的尊重。"

"是的。"

"你知道吗，过去餐馆的服务员是被人看不起的，那会儿把服务员叫'跑堂的'，没有什么社会地位。但王老用自己的服务理念，征服了顾客，赢得了顾客对他的信任和尊敬，当然也提高了自己的社会地位。"

"这是不是也是中国人老礼儿的魅力呀？"

我笑道："也可以这么说，中国人的老礼儿讲究相互尊重，礼尚往来。您这厢的礼儿到了，别人也会对您有礼。王守谦作为一个'堂头'，能跟国家领导人保持几十年的友谊，恰好说明了这一点。"

"嗯，他们相互间的情感，是建立在相敬如宾的礼节基础上的。"

我说道："人的一生，不可能一帆风顺，有顺境，也有逆境。王光英后来当了全国人大常委会的副委员长，看起来比较风光，但是他也有倒霉的时候。'十年动乱'的时候，他因为妹夫是国家主席刘少奇，而受到了株连，被批斗之后，关进了'牛棚'。在他倒霉的时候，王守谦依然像过去一样关心他。"

小宁叹息道："太难得了。"

"'十年动乱'的时候，王光英被打成了'反动资本家'，跟他来往是要受到审查的，但王守谦并不在乎。有一次，他冒着被红卫兵发现、遭毒打的危险，给王光英送去自己亲手炒的几道菜，王光英看到王守谦这样待他，忍不住热泪盈眶。"

"真令人感动。"

我说："王守谦之所以在同行中德高望重，口碑这么好，就是因为他的德行好。"

小宁说道："要不老人家这么重礼呢。"

我对她说："鸿宾楼把王守谦的'堂头'的服务礼仪和经验，归纳为'服务经'，已经成为北京市的非物质文化遗产项目。从保护传统文化的角度看，这一举动是非常有价值的。老先生的'堂头'经验确实值得整理成'经'，留给后人。"

小宁问道："您刚才说，干'堂头'这一行，要眼里有人，难道王守谦所做的这些，就是眼里有人吗？"

我笑道："这么看是不全面的。'眼里有人'实际上说的是'眼力见儿'。过去，中国的老人在评价年轻人懂老礼儿时，往往会说，这孩子有'眼力见儿'。"

小宁问道："什么叫'眼力见儿'呢？"

我笑了笑说："有关这个话题，咱们且听下回分解吧。"

083
诚意全在眼力见

书接上回，小宁说到了眼里有人和眼力见。

我对她说道："眼力见实际上就是眼里有人，眼里有活。现在许多餐馆的服务员就缺少这种眼力见，比如你和几个朋友到餐馆就餐，坐在那儿半天了，也许都没人搭理你，非得你动嘴，把服务员叫过来，告诉她点菜，她才帮你找菜谱。"

小宁说："客人吃饭吃菜，桌上的布碟已经被嚼剩下的东西堆满了，非得喊两声，服务员才意识到该给你换布碟了。这些是不是都属于没有眼力见啊？"

我说："对。眼下，中国许多城市的餐馆，招聘服务员比较难，所以，对服务员也没有很高的要求。进城打工的农村青年，20来岁，有的只有十七八岁，餐馆招来以后，没经过培训就上岗，加上没有师傅带，出现没有眼力见的事儿司空见惯。"

小宁笑道："是呀，他们对城市的生活还陌生呢，哪儿懂得那些必备的职业礼仪呀？相比之下，一些大饭店的服务员，职业素质就高出一大截，因为这些服务员大都是中专毕业或大专生，他们上学的时候，学的就是有关服务礼仪方面的知识。"

我说："但是，服务到位不到位，在岗位上有没有眼力见，关键还在于自身的修养。这里有一个感情投入的问题，换句话说，就是你对顾客是诚心诚意，还是虚情假意。"

"对。您如果到大城市的繁华商业街，经常会碰到一些餐馆酒楼，派漂亮的小伙儿或姑娘在店外揽客。他们穿得挺是样儿，小嘴也挺甜，连说带哄地劝您进店，您如果抹不开面子，稀里糊涂地进去了。往那儿一坐，也没吃到可口的饭菜，也没享受到满意的服务，最后一结账，才明白自己是进来挨'宰'的。"

我笑道："你说这不是砸自己的牌子吗？'宰'你一次，让你当了一回'冤大头'，下回还敢再来吗？"

小宁笑道："谁还有这个胆儿呀？"

我说："职业礼仪最主要的是真诚。不能玩假招子，笑里藏刀。那样做，只能是搬起石头砸自己的脚。"

"是呀，现在是商家激烈竞争的时代，竞争什么？商家之间拼的就是服务。"

"你让顾客伤心，顾客也让你伤心。前些年，有的商家提出把顾客当'上帝'，现在这个口号不提了。"

小宁问道："是呀，怎么不提了呢？"

我说："主要因为这种提法太俗了。有的商家把顾客抬得挺高，一会儿当'上帝'吧，一会儿当'宠儿'吧，口号提得挺响，真做起来，蛮不是这么回事儿。"

小宁笑道："现如今谁比谁傻呀？"

我说："世上有的是明白人呀，人家说了，您别拿顾客当'上帝'

了，'上帝'是谁呀？那是随随便便张口就说的吗？您就拿顾客当顾客，比当什么都强，咱别玩这虚的了。"

"原来这么一较真儿，现在商家也不提'上帝'这个茬儿了。"

"其实，商家的信誉，并不是靠口号给忽悠出来的，而是靠诚信一点一点干出来的。咱们就说北京的老'瑞蚨祥'吧。当年，'瑞蚨祥'的店门口也有接待顾客的店员，按当时的行话叫'瞭高的'"。

小宁问道："'瞭高'什么意思？"

我笑道："'瞭'是远远地看的意思，但'高'可不是站在高处，或坐在高处的意思。坐在高处往下瞭望？你以为这是鬼子的炮楼呢？"

"嗨，不是这么回事呀？"

我说道："'瞭高的'实际上就是在门口迎客的。"

"也像现在的帅哥靓妹，甜言蜜语往店里拉客吗？"

"拉客是拉客，但让你一点感觉不到。比如有两位阔太太逛北京的大栅栏，走到'瑞蚨祥'门口，看了一眼，并没有想进去的意思，接着往前走。但就是看了这一眼，让'瞭高的'看见了。他们便笑容可掬地迎上去，弯腰施礼道：'二位夫人，这大热天的，走累了吧？不成敬意，到里边喝杯茶，歇歇脚吧。'"

"这么客气？"

"是呀，早先，'瑞蚨祥'的楼下专设有桌椅，供顾客休息。这两位也许出门之前没打算到布店买布，只是闲来无事逛逛街，走了一会儿，还真有点儿渴，想找个地方打个歇儿。一见'瞭高的'和蔼可亲地往里让，自然不好意思推辞，便跟着'瞭高的'进了店。'瞭高的'张罗着让两位坐下，倒上茶，这时柜上的伙计便会走过来热情接待。"

小宁问道："这'瞭高的'不管卖货吗？"

我说："一般情况下，他不管。卖货，专门有售货员，他只管接待顾客。老北京的买卖地儿，大一点儿的店铺都设有'瞭高的'。"

小宁问："'瞭高的'是不是有点像餐馆酒楼的'堂头'？"

我说："性质差不多，但有区别。过去，饭店酒楼的门口，也设有门童，顾客来了，他会主动迎上去，替顾客开门，拎东西，然后喊一嗓子：'来了您呐'。'您几位，噢，四位，里边请'。这一嗓子，实际上是告诉跑堂的（服务员）来了四位顾客，起到一种提示的作用，并不是为了烘托气氛而要的一种热闹劲儿。从服务程序来说，把顾客让到店里，只是第一步，能不能做到礼貌周全，让顾客买店里的东西，或坐下来踏踏实实吃饭，则全靠售货员和服务员的功夫了。"

小宁问道："这需要什么功夫呀？"

我说："所谓功夫，就是售货员要凭自己的经验，从顾客的穿着打扮和言谈举止中，能识别出大致的身份，并且揣摩出他的心理。然后再区别不同的人，进行不同的服务内容。"

小宁点点头道："嗯，这的确需要经验。他们怎么才能揣摩到顾客的心理呢？"

我说："要察言观色。就拿老'瑞蚨祥'的伙计来说吧，顾客来了，他并不急于跟您介绍商品，而是让您喝茶，聊几句家常，从中揣摩顾客的心态。聊得差不多了，这才向顾客介绍商品。介绍商品也有讲究，不拿高档的，也不拿低档的，他先拿中档的说事儿。有钱的主儿当然对中档的不感兴趣，没钱的呢，又觉得中档的价码高。伙计这时便分析顾客的眼神，从中辨别顾客的身份，如果顾客嫌价儿高，就拿低档的，如果顾客嫌货次，就拿高档的。"

"这确实需要经验。"

"甭管高档的还是低档的，伙计都把大批货物摆在顾客面前，一边递茶，一边任凭顾客慢慢地挑选，使顾客不好意思不买。在量尺寸时，当着顾客丈量，一边量，一边嘴里念叨着，尺码十足，价格公道。有时还有意地让出几寸，让顾客觉着他的尺寸宽绰，然后包货收款，最后还要把顾客送出大门。"

小宁说："在这种店里买东西，确实能让人感到消费是一种享受。"

我说："你看，这种职业礼仪是非常自然、平和，而且是贯穿始终的。"

小宁说："一点儿也不做作。"

我说："这只是一般的服务，老北京的买卖家还有许多特殊的服务和礼仪。"

小宁问："还有哪些老礼儿？"

我说："这个问题，咱们且听下回分解吧。"

084
微笑时能胜言语

上回书说到，小宁跟我聊起了北京老字号的服务礼仪。

我本想找点老字号的资料，跟她细说。她见到我，却说起早晨起来，在手机上看到的一条微信：马来西亚警察总署下达一条命令，号召所有警察在上岗值勤时，必须要微笑，然后让老百姓进行监督和评议，不笑或笑得不好的警察要离职下岗。

小宁对我笑道："不会微笑要下岗，这条规定够严格的。"

我说："这不新鲜，我去过日本，日本'窗口'行业的微笑服务世界闻名，不管是大商场还是小门店，只要您进门，那儿的营业员，都会先奉献给您一个微笑，好像他们的日子过得特别开心。后来，我问一位日本朋友，他说日本的政府部门有规定，微笑是'窗口'行业服务的规范。"

小宁笑道："不过，日本人的这种微笑服务，有时让人挺难为情的。我的一个朋友跟我聊起这事儿时说，在日本走到哪儿，都碰到这样的微笑，让她觉得很不自然，好像她这一笑，你不买点什么东西就出门，心里不安似的。"

我说道："人家这不仅是一种'生意经'，而且已经把微笑作为一种文明礼仪了。其实，微笑有时就是一种礼貌语言。"

小宁说："没错，您在北京，在国内可能没这种体会，一旦走出国门，这种体会就会油然而生。到了一个陌生的国度，有外语对话能力的，还能通过语言来交流，没有这种能力的，只能通过微笑和手势来表达情感和礼仪了。所以微笑服务作为'窗口'行业的重要礼仪，是有道理的。"

我对她说："微笑服务有两种，一种是笑脸相迎、笑脸相送，还有一种是把微笑送上门。"

小宁问道："您是不是指服务上门。"

我说："对，现在的服务也是多种形式，有等客上门的，也有送货上门的。比如行动不便的人，再比如有身份有钱的人打个电话，要什么货，您就得把东西给人家送去，这种服务也需要微笑。"

小宁问道："过去有这种送货上门的服务吗？"

我说："当然有了。不但有送货上门服务，还有记账式销售等服务。所谓记账式服务，就是商品先让顾客拿回家用着，记上账，年底再一起收银。"

"现在叫记账服务。"

"老事年间，有钱的主儿爱摆谱儿，到大饭庄请客，不像现在似的吃完了饭，把服务员叫过来埋单，而是吃完喝完，一抹嘴走人。他要的就是这个'派'。那会儿有钱的主儿在大饭庄都单立账，统一到年底结账。"

"饭庄也乐意这样做。"

"是呀，因为这些'老照顾主儿'有钱有势，他们常来饭庄，一是能给饭庄'撑面儿'，二是有相对稳定的客源，所以对他们格外关照。"

小宁笑道："他们不怕这些顾客赖账吗？"

微笑时能胜言语

我说："那会儿的人都讲诚信，而且都要面儿，一般不会发生这种赖账不还的事儿。老北京大宅门的主人，很少有逛商店买东西的，尤其是有身份、有地位的主儿，逛商店买东西会让人笑话。"

小宁不解地问道："难道他们不消费？"

我说："当然要消费，但是买东西，他们自己不出面，因为有钱的人，家里都有管家和仆人，上街购物这些事，仆人就办了。"

小宁听了，依然不解地问道："买别的东西好说，那么买穿的戴的，他们自己不去，仆人买回来，他们要是穿着戴着不合适呢？"

我说："你以为那会儿的人，都像现在的人似的，穿衣戴帽都买现成的呢。"

"不是吗？"

"不是。拿老北京人来说，甭管有钱的还是没钱的，甭管冬衣还是夏装，甭管穿鞋还是戴帽，都讲究买布料，量身定做，很少买现成的衣服。那会儿，上门服务的项目很多，卖布的、做衣服的裁缝都要上门服务。不单是这个，理发的、修脚的、看病的郎中，做饭的厨师，你说吧，凡是你能想到的，几乎都能把人请到家里，为你服务。"

小宁说道："这么说，老北京的服务比现在还方便了。"

我说："这可不好比，现在的商业服务也有上门服务的业务，而且比那会儿还要细致。只要你有钱，照样足不出户，就能享受到各种服务。不过，上门服务跟门市服务不一样，它的老礼儿更多。"

小宁问："为什么呢？"

我说："你想呀，甭管你是干什么的，你上门服务，代表的是你打工的店铺，稍有不周，影响的不是你个人，而是一个字号。所以买卖家一般都选有经验的精干店员送货上门"。

小宁说："我明白了。老北京人礼大，规矩多，派生手上门服务，怕哪句话说不好，砸了买卖。"

我说："是这么回事。咱们还拿老'瑞蚨祥'为例吧，当年一些有钱的人要做衣服，大都派仆人出面到柜上，说明要选用的布料，是'七霞缎''青素缎''宁绸''墨本缎''礼服呢'，还是东洋货'毕鲁绉''纤维素'，或是西洋货'毛呢'等。宅门的仆人只要跟柜上说清，那么'二柜头'便会当着仆人的面儿，验证花色，量好尺寸，然后选派精明点儿的店员，把货送到宅门，交货收款。这当中的老礼儿就很多了，除了通常的客套和礼数之外，还要有相应的酬谢，用老北京话说叫'谢仪'。"

小宁笑道："是不是小费呀？"

我说："算是吧。老北京的商业服务业是有小费的。您把客人侍候舒坦了，让他从心眼里感激您，光在嘴上抹蜜不行，总得表示表示，北京话也叫'意思一下'，这就是小费。"

小宁问道："那会儿有没有回扣呀？"

我说："没有。不过，有给'底子钱'一说。"

小宁问："什么叫'底子钱'呀？"

我说："就是好处费。中国人自古就有用小恩小惠来笼络人心的传统。做买卖的人更加懂得这一点。比如老'瑞蚨祥'，为了笼络住大宅门的主顾，往往要给大宅门2%的'底子钱'，并且在送货时，带些布头、鞋面，送给男女仆人，以求方便。其实羊毛出在羊身上，'底子钱'早已计算在货款当中了。"

小宁笑道："是呀，您不是说过吗，买的永远没有卖的精。"

我说:"上门送货的礼数很多,伙计把货送上门,不能撂下货,抬屁股就走,得说几句客气话,这几句话怎么说,是很有学问的。再比如碰上和气的主顾好应付,一切可以公事公办。要是碰上膈涩的主儿,可就不好对付了。"

　　小宁问:"那有什么不好对付的呢?有老礼儿管着呢。"

　　我笑道:"老礼儿是能起一些作用,但是微笑时犯了忌,也会找麻烦。"

　　"笑,还能笑出麻烦来?"小宁诧异地问道。

　　"当然,笑得不是时候,或者笑得不是地方,微笑可能会让人理解成嘲笑或冷笑。那不是麻烦了吗?"

　　小宁说:"那您说说什么情况下,微笑会被人误解?"

　　我笑道:"有关这个问题,咱们且听下回分解吧。"

085
笑有分寸要拘礼

书接上回，小宁问我微笑怎么能笑出麻烦来。

我笑道："对中国人的老礼儿，我们不能理解得那么狭窄，我不是说过嘛，就职业礼仪来说，许多老礼儿是贯穿于整个服务过程之中的，所以不能有一点儿马虎。"

"为什么？"

"也许您为了做好客户的服务，费了许多脑子，卖了不少力气，把客户照顾得也舒舒服服，可是临走时，你不留神，有一句话说得让人不受听，或者笑得不是时候，结果让人误会，惹人生一肚子气，您前边下的功夫不等于白费了吗？"

"是呀。笑不好，的确容易笑出毛病来。"

我说："不单单是微笑的问题，微笑应该说是第一印象，光微笑没有具体的服务内容，您的笑不是白搭吗？"

"什么内容呢？"

"服务内容是包括见什么人说什么话，既要投其所好，见人下菜碟，又要察言观色，掌握住分寸。比如干餐饮的要知道东辣西酸，南甜北咸。南方人到您这儿吃饭，您要多介绍甜口的菜，北方人来了要介绍咸口的，山东人喜欢吃大葱，您可以帮他点葱多的菜。"

小宁问道："'东辣'是不是指山东呀？"

我说："对，其实要论爱吃辣来，湖南、湖北、四川、江西、陕西等地方的人得加个更字，山东人的辣主要是葱、蒜。你没听过这样一个笑话吗？俩山东人打架，打得难解难分，一个老人拿着两根大葱来劝架，俩人一见大葱，马上不打了。"

"山西人爱吃酸的，您要是给他端上一碗醋，他肯定高兴。"

"所以说，服务员除了要微笑服务，还要做到对客人投其所好，见人下菜碟，如今女孩子都怕胖，人家到您这儿吃饭，您给人家上猪肉炖粉条、炖肘子、熘肥肠，人家能高兴吗？"

小宁笑道："是呀，碰到脾气好的顾客，也许能原谅他，碰上个性强的顾客，可能就会发生争执了。"

我说："登门服务有时还要注意生活中的一些忌讳。"

小宁问道："哪些忌讳？"

我说："有一位在一家老字号布铺学过徒的老人，给我讲过这么一个段子，当然这是早年间的事儿了。有一天，店里来了一位主顾，是一位大军阀府上的仆人，说军阀的四姨太要扯一块宁绸做旗袍，'二柜头'让这位仆人把四姨太要选的颜色说出来以后，让仆人验证花色，量好尺寸，打好色样，派一个伙计把货送到府上。"

"还要送货上门。"

"那会儿，贵客都要送货上门。送货的这位伙计30来岁，长得挺帅，精明能干，带着货上了那位军阀家。按说布铺的伙计把东西送上门，一般不能见这位四姨太，一切都由仆人代办了。可是这位四姨太年轻貌美，脾气挺大，那阵子跟那位上了岁数的军阀闹气，心里正闷得慌，听见仆人说布铺的伙计来了，她非要见一见。"

小宁笑道："这一见是不是引出故事来了？"

我说："可不是吗？这位姨太太一见这位伙计长得挺精神，穿得干净利落，再一搭话，又都是山东老乡，而且他们的老家离得还不远。"

"得，越说越近。"

"是呀，这时，四姨太便不拘礼数了，非要让伙计到她屋里坐一会儿。伙计知道这是犯忌的事儿，姨太太的绣房，那是什么人都能进的吗？他当然不敢进了。"

小宁问道："那怎么办呢？"

"等于给这位伙计出了个难题，他既不敢犯忌，又不便驳回四姨太的面子，只好说些客气话打圆场。哪想得到他越打圆场，四姨太的轴脾气反倒越上来了，说老乡见老乡，两眼泪汪汪。让丫鬟打帘，她的一双纤手拉着伙计，非让他到她屋里坐一会儿，聊聊家常。到这份儿上，伙计如果再推辞，就显得不懂礼儿了。"

小宁问道："这么说他还是进去了。"

我说："是呀。他没辙了，只好半推半就地进了屋。但是他这一进屋，可就出娄子了。"

小宁问："怎么啦？"

我说："你想知道吗？欲知详情，咱们且听下回分解吧。"

086
上门见礼须有节

书接上回，我给小宁讲了一个老字号布铺的伙计送货上门的故事。

却说军阀的四姨太见这位伙计长得仪表堂堂，又跟她是老乡，非让伙计到她的绣房坐一坐，聊天儿解闷。伙计硬着头皮进了屋，四姨太让伙计坐下，又招呼仆人给他上茶。

我对小宁说："伙计一见这位姨太太给他上茶，心里就发毛了。"

小宁问道："他紧张什么呀？"

我说："伙计心里明白，这地方不是他能坐的呀。再一上茶，你想那不是把他给拴在这儿了吗？"

小宁笑道："这有什么呀？不就是坐一会儿吗？也没有越轨非礼的事儿？"

我说："要说也确实没什么。四姨太再风流，也不会跟头一次见面的布铺伙计怎么着。她不过是在郁闷的时候，见到老乡，想聊聊天儿而已。可是在特殊的背景下，就容易惹麻烦了。"

小宁问道："有什么特殊背景呢？"

我说："首先说四姨太年轻貌美，是那位军阀的娇宠之妾，而且她又比较任性。从职业礼仪来说，对这种人，您的举止言谈一定要把握分寸，格外小心。其次，四姨太正跟军阀闹别扭，外人的举止稍有不当，便会引起对方的猜疑，很容易节外生枝，引火烧身。"

"那倒也是。"

"果不其然，那位伙计在四姨太屋里刚坐下，沏好的茶还没端起来喝一口，那位军阀怒气冲冲地挑帘进来了，一见伙计跟四姨太聊得正投机，老头儿一下撞倒了醋坛子。"

小宁："真是巧劲儿"。

我说："无巧不成书嘛。当下，伙计见老头儿瞪起了眼睛，一下慌了神，不知所措了。"

上门见礼须有节

小宁笑道："让大军阀给吓的。"

我说："是呀，其实，他要是老道一些，见了这位军阀施礼打揖，说几句打圆场的客气话，也许能平息老头儿心里的猜忌。"

"是呀。"

"可是这位伙计毕竟年轻，见了当大官的，一时慌了神，掉了链子。你想他这么一来，不是显出自己心里有鬼吗？更增加了老头儿对他的猜疑。别看老头儿对四姨太没脾气，可对这个伙计却敢毫不手软。他二话不说，上来就给伙计两个大嘴巴。"

"啊，上来就打呀！"

"四姨太见老头儿发了怒，一时间也傻了眼。不过，毕竟她心里清白，不怕他横插这一杠子，赶紧上前把他拦住，向他解释。哪儿知道她这一解释，更增加了这位军阀的心头之火，他把跟四姨太生气拱的火儿都撒在伙计身上了。"

小宁叹息道："这不是倒霉吗？伙计招谁惹谁了。"

我说："是呀，军阀骂道，癞蛤蟆想吃天鹅肉。你一个布铺的伙计欺负到我门上来了。跟伙计一起来的仆人生怕引火烧身，也赶紧过来相劝，一个劲儿地解释，'伙计不过是来送布料，他压根儿不认识四姨太，他们只是老乡。'军阀正在气头上，谁的话也听不进去。"

"那怎么办啊？"

"军阀手下有勤务兵呀。当下，他让勤务兵把伙计给绑了，接茬儿审问。审了一个够，当然也审不出个所以然。军阀派仆人去找布铺掌柜的，让他来领人。"

"后来呢？"

465

"掌柜的一听伙计招了事儿，惹恼了这位军阀，当时也有点儿含糊，因为这位军阀在军界、政界势力不小，谁都不敢得罪他。可是事儿已经出来了，他不能当甩手掌柜的。"

　　"怎么办呢？"

　　"掌柜的心说领人要紧，赶紧找跟军阀认识的熟人进行通融，又备着一份厚礼，到军阀的府上请罪。如此这般，费了好大的周折，才把这事儿给摆平了。"

　　小宁道："谁能想到就这么一点小事儿，会惹出这么大的麻烦来呀？"

　　我说："说了归齐都是伙计不懂行里的老礼儿惹的祸。按行里的规矩，送货上门一定要多说客气话，少说废话，少停留。送货就是送货，把货送到了，人家把款给了你，说两句客气话，赶紧走人。你说能惹什么是非来呢？"

　　"这倒是。"

　　"所以说，您在上门服务的时候，不但有礼，还要有节。"

　　"说话的时候，是不是也有一些老礼儿？"

　　我笑道："当然了。不过有关这个话题，咱们且听下回分解吧。"

087
殷勤待客要有度

上回书说到，小宁问我，在为他人服务时，说话的老礼儿。

我笑道："你为别人服务，按说对方应该感谢你，对吧？但有时候，你把该干的事干了，但由于不会说话，可能会适得其反。比如，大家一起吃饭，有人让你帮着拿一下汤勺。其实勺子离他很近，可你还是帮他拿了。拿了就拿了，他可能嘴上不说，心里也会念你好的，你说对不对？"

"对呀。"小宁说。

"但是，这时你要是对他来一句，'你眼睛长脑袋后头了？勺子就在你眼面前呢！'你说他听了会怎么想？"

小宁笑道："肯定会不高兴。您别忘了，中国人不是爱聊吗？有事儿没事儿都喜欢逗两句贫嘴。"

我说："甭管是'五行八作'的老礼儿，还是现在比较规范的职业礼仪，都忌讳说废话。礼仪也是有度的，过分的殷勤就是奴颜了；过分的说好话就是承奉了；过分的说话就是啰嗦了；过分的微笑就是傻子了。所以，老礼儿讲究要恰如其分，忌讳说大话和耍贫嘴，尤其是'窗口'行业，说话更要掌握分寸，逗贫更是不允许的。"

"祸从口出，是不是怕惹不必要的麻烦？"

"对。《名贤集》里有句话：'是非只为多开口，烦恼皆因强出头'。言多语失。你哪儿知道哪句话人家不爱听呀？所以，不该说的话，就别说，不该问的事儿，也别问。什么叫职业礼仪呀？少说废话，多干实事儿，管好自己的这张嘴，这也是一种礼。"

小宁说："我想那些贫嘴鸹舌，不干正事儿的人，走到哪儿都不会招人待见的。"

"是这么回事儿。《名贤集》还有一句话，'水深流去慢，贵者语话迟'。说的也是这个理儿吧？"

"这是前人总结出来的经验吧。"

我说："现在职业礼仪中有一种误区，礼貌待客和主动热情就得多说话。不知你注意没有，你如果到大商场或是到某个专营店，刚一进门，营业员就跟您打呼：'您买点儿什么？'假如你走到柜台前，朝某个商品多看两眼，营业员立马儿会主动热情地把话递过来，'您看上哪件东西啦？您瞧这件东西怎么样？'弄得你非常不好意思。"

"没错儿，您说您买不买她的东西吧？不买，您进了人家的门，人家又那么客气。买，您压根儿就没想买她这儿的东西，也许身上都没带着钱。弄得您挺尴尬，其实，您不过是闲来无事，到这儿逛逛而已。"

我笑道："现在人们逛街逛商店，已经成为休闲文化的一个内容。逛街逛商店不见得非要买什么东西。当然，要是在赏心悦目中，碰上可心又很需要的商品，也会掏腰包的，但是许多人逛街逛商店是没有主题的，不像过去非等到想买什么东西了，才去逛街逛商店。"

"可不是嘛。"

殷勤待客

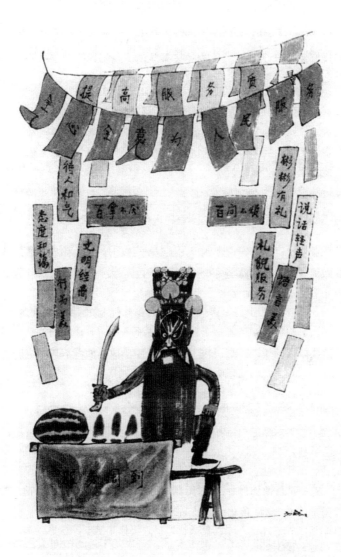

"所以，现在有些营业员的过分热情，让人感到无所适从。"

小宁说："我也遇到过这种尴尬的事儿。有一次，我跟一个朋友逛商场，正好碰上一个名牌的化妆品在搞促销。我和我的朋友被两个女推销员给缠上了，非要给我们做免费皮肤水质测试，又说白让我们使用。其实女孩子使用化妆品是认牌子的，不是一个品牌的化妆品不会轻易用。她们的热情，弄得我们特不好意思。"

"我觉得现在有些营业员的这种主动热情，或者说这种'礼仪'，有点儿过头。"

小宁说道："其实，在发达国家，人们也是把逛商业街和逛商店当作一种休闲，您要进哪家商店，那里的营业员一般很少说话，只是冲您友好地微笑一下。我觉得这种场合，一个微笑胜过千言万语，营业员没有必要非得张嘴。"

我说："对。老北京买卖地儿的服务也讲主动热情，比如我跟你讲过的老'瑞蚨祥'，顾客来了，他们的店员会主动热情地打招呼，张罗着让座儿上茶，实际上这一过程，就是在观察顾客的表情，揣摩顾客的心理，想买东西的和不想买东西的表情肯定不一样，没有必要非张嘴问。"

小宁说："没错儿，有人说商业服务业的从业人员，不但要学礼仪知识，而且要懂心理学，这是有道理的。"

我说："我们常说'礼多人不怪'，可从来没有人说'话多人不怪'的。"

小宁说："有一件事忘了跟您说了，前天，我们公司有两个澳大利亚的客户，让我陪他们逛逛工艺品商店，买点儿中国的民间工艺品带回国作礼物。我陪他俩奔了古玩城，但是古玩城净是古董和字画，这两个外宾觉得那些东西很贵，舍不得花那么多钱，于是我带他们到离古玩城不远的几家工艺品小店逛了逛。在一家小店，这俩外宾相中了他们卖的灯笼。"

我说道："这倒是有中国特色的玩意儿，买回去当礼品拿得出手。"

小宁说："当时快到中午了，这家小店只有两个女营业员在看柜，也许是快到饭口儿了，她俩急着要吃饭，见我们进了店，并不是很热情。我用英文向俩外宾把灯笼做了一番介绍后，外宾问了一下价钱，便让女营业员拿过几个挑选。这不是很正常吗？"

我说："当然，谁买什么东西，不得挑选一下呀。"

小宁说："可是这两个女营业员有点不耐烦了。外宾挑东西比较仔细，十个里头仅挑出两个来，让女营业员再拿几个时，她说没有了，就这么多。我指着架子上摆的灯笼说，那儿不是还有吗？想不到她冷冰冰地说，那个是样品不卖。我说不卖，你摆在那儿干吗？她死活不肯拿。我一生气，拉着外宾说，咱们不在这儿买了，到别的家再看看。我们刚出门，就听那女营业员用轻蔑的口气说，看你们也不像买主儿，到这儿起什么腻呀？这句话把我气得够呛。"

我问道："后来呢？"

小宁淡然一笑道："后来嘛，欲知详情，且听下回分解。"

我笑道："嘿，你也给我留了个扣儿。"

088
敬烟老礼已过时

书接上回，小宁陪外国朋友买灯笼，因为营业员的失礼，惹她生了气。

我问道："后来呢？"

小宁对我说："我咽不下这口气，第二天去找这家店铺的经理。经理是位60多岁的老北京人，原本在一家工艺美术厂做灯笼，退休后，自己开了这个门脸儿。"

我笑道："经理怎么说的？"

小宁说："他听说我在他的小店受了委屈，赶紧给我赔礼道歉，又让座儿，又沏茶地跟我解释，原来那两位不是他雇的营业员，是他的邻居。昨儿上午他出门办事，又赶上雇的那个售货员家里有事儿，临时让这俩邻居替他看柜，想不到她俩没干过这行，又不懂规矩，短了礼。他一个劲道歉，'让您生气了，真是怪对不住您的。'"

"还是老北京人懂礼。"

小宁说："老爷子说了许多道歉的话，临了儿还从柜上拿起两个灯笼说，'闺女，我替那俩不懂礼的给您赔罪。这两个灯笼是我糊的，您要是看得起我，就拿回家挂着玩去。您带着来的那俩外宾买着合适的灯笼没有？没有，我带着样品让他们过过目，瞧着可心呢，就留下，不可心，就算我顺水推舟送个人情。'"

"你瞧，这就是老礼儿呀！"

小宁笑道："话说到这份儿上，等于把我的嘴给堵上了。我赶紧说，'我哪儿能要您的东西呢？人家外宾已然在别的店买到了可心的灯笼了，您就别操这份心了。'老爷子依然觉得欠着礼，执意要送他自己做的两个灯笼给我，维住这个人情，最后弄得我反倒不好意思了。"

我笑道："你瞧瞧，你是带着气去找人家的，可是人家一个笑脸，两句好话，就把你给降住了，这不就是老礼儿的作用吗？"

小宁道："是呀。"

我说："中国古代有位哲人问他的弟子，人身上什么东西最硬？弟子想了半天说，牙齿最硬。哲人问何以见得？弟子说再硬的东西牙也能咬动。哲人笑道，你们看我已经80多了，牙都掉没了，可是我还能用舌头吃饭和说话。弟子顿悟，原来人身上的零部件最硬的不是牙，而是看似很软的舌头。"

"啊？舌头最硬？"

我说道："这个故事告诉人们一个哲理，看上去很柔软的东西，却能征服看上去很硬的东西。具体说到文明礼仪，就能起到这种作用。"

小宁笑道："所以，过去中国的年轻人甭管干什么，先要学徒。师傅带徒弟，别的不教，先教你怎么做人，怎么做到知书达礼。这似乎是一个人的立身之本。对不对？"

我笑着说："行呀，你可以当文明礼仪培训的老师了。"

小宁笑道："这些日子，我们一直在聊中国人的老礼儿，您讲了那么多，我不能都当饭吃喽呀！中国古代讲究做人要知道礼义廉耻、仁义礼智信。礼占有很重要的位置。这个礼，也可以说是一些规矩，包括很多内容。您说对不对？"

我说："我们聊的老礼儿比较多，其实，礼仪也是随着时代的发展而不断变化的，这就叫与时俱进吧。比如抽烟，敬烟这种老礼儿现在就过时了。"

"是的。"

"其实，中国在明代以前，是没有抽烟这个习惯的。当然不单是中国，很多国家在当时也没有抽烟的习惯。"

小宁问道："那抽烟的习惯是从什么时候开始有的呢？"

我说："据说最早抽烟的，是加勒比海巴哈马群岛上的印第安人。不过他们抽的是一种植物的叶子，把这种叶子晒干，捻到木制的管子里点着，然后吮吸冒出来的烟雾。1492 年，航海家哥伦布和伙伴们穿过大洋，来到这个岛上，看到印第安人抽这种东西觉得挺有意思，便照他们的样子抽起来，随着他们航行的继续，抽烟这种习惯逐渐传到了世界各地。"

"原来是这么回事。"

"中国最早出现的烟草，是明朝时期从吕宋引进过来的，吕宋也就是今天的菲律宾，所以，最初中国人把烟草叫作吕宋烟。"

"那会儿的人抽的也是卷烟吗？"

"最早中国人抽烟，是用烟管，后来又用烟袋锅、水烟袋、烟斗等，以后才有了卷烟。卷烟的历史只有 100 多年。当时人们并没有认识到吸烟有害，把香烟当成了男人最喜欢的礼品。人们送礼往往送香烟。"

小宁问道："对于吸烟的人来说，当然是好礼了。"

我说："当年在商品供应紧张时期，买香烟得用烟票。我记得 20 世纪六七十年代，一般工薪阶层的人抽不起或者说抽不着香烟，大都抽叶子烟，老人抽烟袋锅子，年轻点儿的卷'大炮'。"

"大炮？"

"就是用纸自己卷烟叶抽，因为卷出来的形状像大炮筒子，所以人们叫'大炮'。正因为香烟是稀罕物，尤其是名牌香烟，如'中华''牡丹''前门''恒大'等，更是难淘换。所以见面相互敬烟，成为当时从南到北各地通行的礼节。"

"当时吸烟的人也多是吧？"

"对，那会儿有句顺口溜：'男人不动烟和酒，白来世上走一走。'我记得当时大多数中国人家里，都备有一两盒好烟，自己舍不得抽，留着客人来了相敬。客人，当然是男性客人为多，如果到谁家做客，主人能敬上一支大'中华'烟，那得视为上礼了。"

"是呀？"

"不但是平民百姓，即便是中央领导人也以敬烟为上礼。当时不论是中央开会，还是地方各部门开会，会场是不禁烟的，主席台上的领导人就那么怡然自得地抽着烟，台下的人也是相互抽，会场烟雾缭绕。"

小宁笑道："那多呛人呀！不抽烟的人们怎么受得了呀？"

我说："人们似乎已习以为常了。大概 20 世纪 80 年代初，医学专家提出了吸烟有害的结论，并且一些人大代表和政协委员提议领导同志最好别在主席台上吸烟。这给领导同志提了一个难题，党和国家领导人中有几位烟瘾很大，尤其是邓小平平时烟不离手。我记得 20 世纪 70 年代末，他重新复出以后，到工体看足球赛，有人在一边统计，一场球赛

476

下来，他抽了 15 支烟。"

"快一包了！"

"人大代表和政协委员的提议出来后，小平同志认真做了考虑，认为人家提得对，他说从我做起，以后开会，上主席台绝对不抽烟了。"

小宁说："这个头带得好。"

我说："从那以后，陆续地各种会议开始禁烟，以后又在烟盒上打上'吸烟有害健康'的字样，再后来，人们发现吸烟的危害太多了，特别是'二手烟'的毒害，所以开始在一些公共场所实行禁烟。后来连办公室也成了禁烟区。现在中国各地都有相关的禁烟规定，机场、车站、餐馆酒楼等都成了禁烟场所。这一系列的禁烟行动，加上对吸烟有害健康的宣传，带来了中国人礼俗的改变。"

"过去在社会交际场合，男人见了面要先敬烟，现在不讲这一礼俗了。"

"是呀，以前到人家做客，都以香烟来招待客人，而且以香烟为礼品，现在这一礼节也没人讲了，这就叫礼俗因时代而改变。"

小宁想了想说："随着时代的变化，也会有新的礼仪出现，对吧？"

我笑道："有关这个话题，咱们且听下回分解。"

089
上岗须知有行规

书接上回，小宁说，中国人的老礼儿是不是也要与时俱进？

我对她说："当然，举个最明显的例子，过去中国人见面的问候语是'您哪里高就呀？'，后来改为'您最近哪儿发财呢？'现在说这话的人很少了，人们的见面问候语改为'您好！''您近来身体可好？''最近心情如何？'等。"

小宁说道："这反映了人们生活质量的提高和对身体健康的关注。"

我说："是这样的。"

小宁问道："职业礼仪方面的变化是不是更大？"

我说："当然，中国人有'三百六十行，行行有行规'的说法。那会儿，讲究师傅带徒弟，每到年节要拜祖师爷，现如今谁还讲这一套？科技进步了，生产力的水平提高了，生产关系也发生了大的变化，有些行当也已经被时代淘汰了。"

"是呀！"

"旧中国的大街面上，随处可见铁匠铺，也有专门钉马掌的，因为当时人们出行的交通工具是马车和轿子，后来有了洋车和自行车，修自行车的车铺也遍地开花。现如今，中国的城市已进入汽车时代，原来修自行车的车铺，现在都改为汽车维修和洗车点了。"

"行当变了，原有的礼俗能不变吗？"

"但就礼的性质而言，万变不离其宗，不管行业变化有多大，礼的核心没有变，比如做人做事，以礼为先，待人接物讲究谦和谦让等，礼的核心价值观并没有变。"

小宁问道："各行是不是也有行规呢？"

我说："那是必然的，这些行规有的是常礼，有的是本行的约定俗成的。比如同在一个市场卖西瓜，我卖五毛钱一斤，那么别人也得卖五毛钱一斤，除非有特殊情况。这似乎是规矩。我卖五毛钱一斤，你要卖一毛钱一斤，就等于砸我的饭碗。"

"那倒是。"

"老北京的这种规矩更多，举个例子吧，老北京人管理发叫剃头。那会儿，没有理发馆，剃头这一行，除了剃头棚子，再就是挑着剃头挑子走街串巷了。剃头匠，也就是现在的理发师，下街要手持'唤头'。"

"什么叫'唤头'呀？"

"是一种响器，拿两根铁条，做成像夹子似的形状，再拿一根铁条，在中间一挑，产生摩擦，发出来的声音，就叫'唤头'。人们听见'唤头'的声音，就知道剃头的来了。"

"有意思。"

"照老事年间剃头这一行的行规，剃头匠挑着剃头挑子走街串巷，有'三不剃'和'三不鸣'一说。"

"什么叫'三不剃'和'三不鸣'呢？"

我说："所谓'三不剃'，就是妇女、出家人和乞丐这三种人不剃。

行规

我们的行规是"三不剃"和"三不鸣"
也是祖辈留下来的常礼。

'三不鸣',一是经过寺庙的时候,不能打'唤头'。"

"为什么呢?"

"怕惊了庙里的佛爷和鬼神。二是过桥的时候,不能打'唤头',怕惊动了东海龙王。三是过剃头棚的时候,不能打'唤头'。"

"这又是为什么?"

"怕搅了同行的生意。用他们行里的话说,行对行,一响'唤头'多道墙,多道墙就断粮。"

"我知道了,怕影响人家的生意。"

"这些行规,说白喽,就是剃头这一行当的职业礼仪。"

481

"真够仁义的。"

"这些老礼儿是师傅传徒弟，一辈一辈这么传下来的，并没有什么条文或守则之类的东西。只要您吃这碗饭，就必须遵守，不容置疑。"

小宁问道："老北京的五行八作，各个门儿都有许多规矩，这些规矩和礼仪是不是通用呢？"

我说："有些老礼儿是通用的，有的则属于行里的一些礼儿或者说是规矩。比如，咱们前头说的卖绸缎的、卖茶叶的对顾客可以说'欢迎您下次再来'。但这句客气话，到了给人看病的大夫，或药铺的营业员，还有办丧事的那里，就不能说了。大夫对病人说'欢迎您下次再来'。那不是妨人家吗？"

小宁笑道："倒也是这个理儿，看来职业礼仪挺有学问。"

我说："那是，这里的学问大啦！过去中国人常说一句话，到哪座山，要听山民唱什么歌；入哪一行，要懂师傅行什么礼。"

"我觉得懂得这些规矩、老礼儿很重要。虽然现代社会，人才的流动性很大，'跳槽'现象也比较普遍，但流动越大，越应该懂得每行都遵守的规矩和礼仪，否则，你很难有发展。"

"你说得非常对。老话说，干什么得吆喝什么。不懂各行的规矩和必要的职业礼仪，很难干好自己的本职工作，更谈不上敬业爱岗了。所以说许多中国人的老礼儿不能丢，不论哪个时代都应提倡。有关这个话题咱们改日再聊。"

小宁笑道："您是不是又要说且听下回分解了？"

我对她笑了笑道："让你替我说了。"

090
宾朋内外礼有别

上回说到，小宁聊到不同时代，有不同礼仪的问题。我本想多给她举点儿实例，查了一些资料，可是等了她几天，她一直没露面，也没来电话，一晃儿半个多月过去了。

这天，小宁笑吟吟地来找我。

我问她："这些天是不是工作太忙了，顾不上找我来聊天儿？"

小宁笑道："真让您说对了。这些日子，我一直帮助出租车公司，给'的哥'们搞外语培训。"

我说："你的英语那么好，这回可派上用场了。"

小宁笑道："其实，教那些'的哥''的姐'们学外语没费什么心，把一些日常礼貌用语教给他们，让他们回去背就是了，是我们家的一个亲戚让我着了大急。"

我纳闷地问："怎么回事儿呀？"

小宁苦笑了一下说："这几天，我一直陪一位姓范的叔叔，跟美国一家公司的代表谈一个合作项目。"

我笑着对她说："那你一定是翻译了。"

小宁叹了一口气说："不光是当翻译，还当顾问呢。"

我笑道:"给老板当起顾问来啦,顾什么问呀?"

小宁说道:"您别见笑,这个顾问可真是'雇问',他实际上是让我给他当'拐棍儿'。"

我不解地问道:"当什么'拐棍儿'?"

小宁说:"当公关的'拐棍儿'。这位范叔是我们山东老家的一个远房亲戚,今年40岁出头,只上过三年小学,没什么文化,可是挺能折腾的,改革开放以后,他在农村搞多种经营,在大棚里种蘑菇和各种蔬菜,很快就发了。现在他搞的有机农作物远销欧美市场,一家美国的食品加工企业想投资,跟他在国内搞合作。您想这不是千载难逢的好机会吗?"

"是呀,引进外资可以扩大生产规模嘛。"

小宁说:"可是他跟人家见了一次面儿,一杯茶倒上了,还没喝,没等到谈正题呢,人家便站起身,挺有礼貌地找了个借口,道了'拜拜'。"

我问道:"怎么抬屁股就走呀?"

小宁说:"的确弄得双方挺不愉快。我这位范叔是山东汉子,性子直,以为'老外'看不起人,气得直想骂娘。"

"到底是怎么回事呀?"

小宁笑道:"这位范叔也是丈二和尚——摸不着头脑了。事后,我向跟他一块去的翻译一打听,敢情这位范叔不懂公关,也不知道起码的一些涉外礼仪,让人家'老外'觉得很没面子,当然人家不乐意了。"

"他哪儿欠礼了?"

小宁说:"这位范叔属于糙人,平时说话办事大大咧咧,透着山东人的豪爽直率。也许是忙着挣钱,他在生活中不拘小节,脑子里压根儿就没有时间概念，跟老外谈判那天，翻译特地告诉他要守时，千万别迟到。可是他还是比约好的时间晚了 10 分钟，让'老外'有些扫兴。"

"外国人的时间观念很强，迟到算是很失礼了。"

"事后范叔对我说，那天晚上一直想着谈判的事，天快亮了才睡着，所以起晚了。"

"嗨，把大事给误了！"

"由于赶时间，他临出门，手忙脚乱地还把西服的扣子系错了，领带也没系好，本来他身上就带着点儿土气，穿得又有点儿随意，让'老外'瞅着就别扭了。"

我笑道："这有什么可别扭的？这才透着中国农民企业家的朴实劲儿呢。"

小宁说："您又在开玩笑。跟外国人搞商务谈判，这是比较庄重的场合，衣着必须得体面，而且举止言谈要掌握分寸，这些礼节必须得讲究，来不得一点儿马虎。"

我说："你这位范叔平时净跟茄子、大葱打交道了，哪儿懂得这些外交礼节呀？"

小宁笑道："是啊，不懂也没关系，您别紧张呀。"

"他怎么又紧张上了？"

"说的是呢，你紧张什么呀？他一紧张不要紧，上前就跟'老外'握手，那双大手一使劲儿，差点把'老外'拉一跟头，握得'老外'直咧嘴。"

"多亏老外是位先生，要是碰上一位女士，还不得把人家的手给捏转了筋呀？"

小宁说："更让'老外'受不了的是，这位范叔落了座儿，一个劲

485

儿地给人家递烟。"

"美国人最烦人给他上烟。"

"这还不说，他见人家不抽烟，自己却把烟点上了，呛得'老外'直咳嗽。"

"好嘛。"

"最要命的是刚谈两句话，他的身上痒痒了，伸手就去挠。而且嘴里吐的烟，喷了'老外'一脸。"

我笑道："我怎么听着像演小品呀？难怪'老外'要抬屁股走人呢。"

小宁说："当时弄得翻译也挺尴尬。翻译是外语学院刚毕业的女孩儿，她对我说，在跟外商谈判前，她陪这位范叔一直跟外贸部门谈合作项目的细节，忽略了礼仪上的事。当然她也没想到这位范叔作为老板，怎么会这样无拘无束。说起来，她也有责任。"

"这不是'马后炮'了吗？"

"我对她说，你别在我面前做检讨了，这怎么能怪你呢？跟外商合作的事儿，还有没有挽回的余地？她说有。我说那就好办了，我们可以弥补上一次的缺憾。她说怎么弥补？我说我来当范叔的公关部长，她笑了。"

我对小宁说："看来，你是主动要求披挂上阵的。"

小宁笑道："范叔毕竟跟我沾亲，甭管合作的事儿谈成谈不成，我不能让他在'老外'面前栽了面呀！"

我说："你行吗？"

小宁说："您以为我白在英国啃了几年面包呢？跟欧美国家的人如何打交道，有哪些礼节和规矩，我还是知道的。我陪着这位范叔怎么去

敬烟老礼已过时

谈判，能不能谈成？过几天我见了您，再跟您细聊吧。"

　　她冲我笑了笑，好像心里有底似的。不过，我还是为她提拉着心，因为毕竟她还年轻，而且是跟"老外"打交道，到底能不能把这个场给圆了，且看下回分解。

091
见面休要乱握手

书接上回，几天以后，小宁带着笑模样来找我，一见面，她莞尔一笑道："我把那位气跑了的'老外'给拽了回来。"

我笑着问道："行呀，搞公关还得年轻美貌。你是不是施了'美人计'？"

小宁说："搞公关，年轻美貌固然重要，但更重要的是文明礼貌。"

我说："你是怎么把'老外'给拉回来的？"

小宁说："我不是什么奇人，没有什么妙招儿，只能是将功补过。我那位范叔因为不懂外国人的礼仪，伤了人家的自尊，我只好以礼相待，让人家把自尊找回来，同时也别让咱们感到自卑。"

"这是好主意呀！"

"我先让那位翻译出面，把外商稳住，因为现在是竞争时代，人家'老外'既然要在中国找合作项目，那么眼睛就不可能只盯着范叔一家，跟范叔谈不成，还有别人呢。所以必须先让'老外'吃个'定心丸'。"

我笑道："先来了个缓兵之计，分而治之。行，有高的。"

小宁说："然后，我再找这位范叔亡羊补牢。我先给他讲涉外礼仪的重要，跟外国人打交道的规矩，然后给他讲涉外的礼仪，告诉他跟外商谈判该穿什么衣服，如何守时，见了面怎么握手，怎么交换名片，怎么寒暄打招呼，说话时应该用什么语气，保持什么样的眼神，说话的方式，还有谈判的技巧什么的。"

我笑道："等于给他上了一堂礼仪课。"

"可不是吗？这叫单兵教练，一边讲一边比画，让他照着镜子做练习。"

我说："好嘛，就你范叔那脾气，他受得了吗？"

小宁笑道："谁说不是呢，我跟他讲着讲着，他就烦了，咧着嘴对我说，这洋人咋这么多礼数呀？握手就握手呗，干啥又要保持距离，又要微笑，又要抠手心，又要提手指头的，我怎么觉乎着这不是握手，像是在耍猴儿呀？"

我对小宁笑着说："你给人家讲什么了，让他能说出这话来？"

小宁说："我想既然跟他讲涉外礼仪，那就讲细着点儿吧。您可能知道，握手这种礼仪是从外国传到中国的。"

我点点头说："没错儿，有人研究，在远古时代，人们在打猎和打仗的时候，手里拿着石块或棍棒，当他们遇到陌生人时，如果大家都没恶意，就放下手里的东西，把手张开，让对方摸一下手心，表示手里没有武器。握手的礼节就是这么来的。"

"当然，这只是一种推测，因为那会儿还是原始人，没有留下文字记载。"

"是的，还有人认为，最早是男人向女人求婚，为了表示爱情，让女人摸一下手心，这当然也是联想。因为握手礼仪的起源，并没有准确的文字记载"。

小宁接过话茬儿说:"相传埃及金字塔时代,那边的人见了面,是以两手相握为礼的。据古希腊的诗人荷马在史诗中的诗句,最早使用握手礼的是特罗亚人。"

我说:"其实中国古代也有握手之俗,《后汉书》中有'马援与公孙述少同里闬相善,以为既至常握手如平生欢。'你看,这儿说的马援和公孙述常握手。但是这种握手,并不是现在通行的握手之礼。"

小宁说:"对,如今的握手已成了一种礼节,人们为了表示相互尊重和友善,同时也是体现双方的亲近和友好,见面握手才成为各国比较通行的礼仪。"

我笑道:"是呀,可是中国古代是没有握手这种礼节的。"

小宁笑道:"是不是那会儿的人,觉得手比较高贵,它是不能轻易握的。"

我说:"你这又是一种猜测了。我考考你,你说中国古代的人见面怎么行礼?"

小宁不假思索地说:"不是鞠躬吗?"

我笑道:"嗯,你这种理解肯定是从诸葛亮《后出师表》里那句'臣鞠躬尽瘁,死而后已'得来的。"

"没错儿。"

"但,这里的'鞠躬'可不是行礼,而是弯着身子,表示恭敬的样子。古代晚辈或下人听大人讲话时,常做出这种样子。中国古代的人通行的见面礼是下跪,也叫跪拜。"

"下跪?"

"对,跪拜的礼节分为'稽首''顿首''空首''振动''吉拜''褒拜''膜拜''三拜''九拜'等多种形式，这些形式都是根据不同的级别而来的。"

"下跪还有级别？"

"中国古代是等级社会嘛。'稽首'是最隆重的臣拜君的跪拜礼。人们通常的跪拜礼是'顿首'。"

"为什么古代人行的是跪拜礼呢？"

"因为在宋代以前，现在中国人用的桌子、椅子和床还没有出现，人们会客的时候都坐在席子或者大床上，坐的姿势就是两腿跪着，屁股放在后脚跟上，有个学名叫'踞'，踞坐看起来很不舒服，但是在正式场合必须这样坐，否则就是失礼。由于椅子没出现，人们坐的姿势或跪或踞，所以见面行跪拜礼，是很正常的事。"

"原来如此。"

"在唐朝中期，一种叫'胡床'的折叠板凳，类似于现在的马扎，从北方的游牧民族地区传入中原，到了宋代逐渐演化成现在的有靠背和扶手的椅子。"

小宁说道："噢，椅子是宋代以后才有的。"

我说："对，椅子出现以后，中国人的双腿可以说得到了解放，它不但改变了人们的坐姿，也改变了礼仪。据说抱拳作揖这种礼节，就是从宋代以后出现的，在欧洲人的礼仪中，是没有跪拜礼的。"

小宁说："是的，他们除了向上帝双膝跪下，对君主也只行单膝跪拜礼。"

我说："历史上发生过一件事，乾隆年间，英国的外交使节来中国谒见乾隆爷，拜见之前，对方也有照会，比如见了中国皇上要行什么礼，都得事先告诉人家。"

"这是外交惯例。"

"英国人一听见中国皇上，得行跪拜礼，不干了，因为西方人只有在上帝面前才下跪，见中国皇上怎么能双膝下跪呢？"

"是呀！"

"于是双方为了这位外交使节见中国皇上，行什么礼争执不下，后来中国皇上让了他一步，英国人也退了一步，英国使者见乾隆爷时，行的是单腿跪拜礼。"

小宁："我觉得跪拜这种礼节，有损人的尊严，您说'卑躬屈膝'这个成语是个贬义词吧？"

我说："是呀，跪拜这种礼节实际上到了清末，已经不普遍了，但是下级见了上级，比如县官见了知府，必须要行跪拜礼的。所以辛亥革命打倒了封建帝制以后，取消这种有辱人格、维护封建制度的跪拜礼，也就成了理所当然的事。"

小宁问道："什么时候取消这种跪拜礼的？"

我说："1912 年，南京临时政府刚一成立，孙中山先生就马上宣布取消跪拜礼。"

小宁笑道："怎么那么着急呀？"

我说："咱们聊了那么时间的老礼儿，礼在国事家事天下事里，是第一位的。因为它涉及人们怎么见面的问题，是站着，还是跪着？礼嘛，是孙中山立国后想到的第一件大事。"

"听您这么一说，确实是重要。"

"是呀，有皇帝的时候，人们见皇帝要行跪拜礼，皇帝打倒了，下级见了上级怎么行礼呀？您不赶紧立规矩还行？”

"孙中山他们怎么定的礼呢？"

"当时定规的礼节为：男子为脱帽鞠躬，大礼是三鞠躬，常礼是一鞠躬。寻常见了面，只用脱帽礼，女子大礼大致相同，只是不脱帽，专行鞠躬礼。"

"有点儿像西方人的礼节。"

"后来南京临时政府迁到北平（今北京）以后，虽然是袁世凯窃取了总统宝座，而且他还想当皇上，但鉴于时代潮流和国家的形势，他也不得不宣布取消跪拜礼。继续行上面说的礼节。"

"握手这种礼节什么时候传到中国的？"

"也是在辛亥革命之后，但最初握手礼不是随便行的，它只流行于志同道合的'同志'之间。以后，才成为比较普遍的见面礼。"

小宁说："我觉得握手这种见面礼，有两样好处，一是通过握手，了解对方的性格、情感和待人接物的基本态度。还有一样，握手的方式不同，人们可以根据不同的场合，不同的对象，来决定该怎么去握"。

"你说得对。当然，握手不只是见面的礼仪，告别啦、祝贺啦、安慰啦、鼓励啦等，也可以用握手，来表达自己内心的情感，也是一种礼节。"

小宁说："您说得太对了，正因为握手这种方式看上去很普遍，也很简单，可是它却有很多的文化因素、感情内涵，还有不少礼俗上的讲究，所以，我得跟我这位范叔讲清楚，比如什么叫'对等式'握手，什么叫'双握式'握手。"

我打断她的话，问道："看来你对握手倒是挺有研究。'对等''双握'，怎么弄出这么多名堂？"

小宁笑道："还有呢。比如'支配式''谦恭式''抠手心式''拉臂式''握手指式''木头式'……"

我笑道："你别往下'式'了。再'式'下去，你那范叔又会受不了了。挑几种主要的握手方式，跟他说说就足矣了。"

小宁笑了笑说："是呀，我跟范叔讲的是最普通的'对等式'握手，也就是双方在平等的位置，谁也不卑不亢，把手伸向对方，这是常见的礼节性握手。不过跟'老外'握手的时候，要显得自然大方，特别是跟欧美国家的人握手，别挨得太近或太远，保持大约一步左右的距离就行。"

我笑道"你没跟他说，跟外国人握手，千万别坐着。此外，只要人家把手伸过来，您最好也要把手伸过去，别回绝人家。"

"还有握手的时候，不要用力，更不要交叉握手，也就是当发现'老外'跟别人伸手要握的时候，您就别再伸手了。"

"嗯。"

小宁说："再有握手的时间，一般不要超过三秒，特别是在与外国人初次见面的时候，因为超过三秒，就属于'深情式'握手了，这会让人产生误会。还有握手时，应两眼看着对方，两手握到一起时，应该向下动，别左右晃动，再有千万别戴着手套，跟外国人握手……"

我打断小宁的话，说道："你一气儿说了这么多，你这位范叔记得住吗？"

小宁笑道："记得住记不住，倒是无所谓，只要别露怯就行。可是，这位范叔说了一句话，差点儿没把我给气晕了。"

我问："他说什么了？"

小宁道："他说跟外国人握一下手，就这么麻烦，干脆这老外的手我还是别握了，你替我握去吧。"

听到这儿，我忍不住乐了："嘿，你说了这大半天，等于白说了？"

欲知后事如何，请看下回分解。

092
礼宾涉外想周全

　　上回书说到，小宁给她的范叔讲握手的礼仪，范叔听了以后，觉得这些礼数忒讲究了，一时间要打退堂鼓，对小宁说，干脆你替我跟"老外"就合作的项目谈判吧。小宁一听这话有些不爽。

　　我对小宁说："既然他说出这话，你就替他出面谈判吧。"

　　小宁说："这位范叔也这么说，还想委任我当他们公司的副总经理。我跟他说这可不行，商务谈判哪儿能找替身呀？再说他们说的业务我也不懂，这里还涉及法律上的事。此外，这位范叔已经跟外商接触过一次，人家对他有印象。我替他出面谈判，算怎么回事呀？不行，绝对不行。"

　　我笑道："你倒是个明白人，可你怎么能说服这位范叔呢？"

　　小宁笑道："其实，我已经摸透他的脾气了。甭看他犯起牛脾气，死倔死倔的。但他的头脑非常简单，只要顺着他的脾气耐心解释，很快，他的气儿就没了。"

　　我笑道："干什么事儿都需要耐心。"

　　小宁说："我跟范叔讲不能打退堂鼓的道理，一个农村青年能成为民营企业家，这么多年不容易，都是自己打拼出来的，怎么能在洋人面前就没有自信了呢？跟外商打交道要有里有面儿，不卑不亢，从某种意义上说你的形象，代表着中国农民和民营企业家的形象，'老外'正是通过你来了解中国人的，你说在'老外'面前，你的一举一动能不讲究礼仪吗？你是在给咱中国的农民争脸呢？你应该做出个样儿来，让'老外'瞧瞧，咱中国的民营企业家多有文化素质，多有品位，多么有礼貌，对不对呀？"

我笑道："行，这些话对他有没有启发呢？"

小宁说："当然。他听了我的这番话，一拍大腿说，好，我听你的。走，跟我一起上街去！"

我说："上街干吗？"

小宁说："他要让我帮他买套西装，还要到美发厅重新收拾一下'门脸儿'。"

我说："要树立新的形象，重新包装自己。"

小宁说："是呀，把他的外形、外貌弄体面以后，我接着教他一些跟外国人见面的礼仪，折腾了一天，他才克服了心理障碍，做出的动作显得自然大方了。"

我笑道："真够不容易的。后来呢？"

小宁顿了一下，接着说："后来我就让翻译找那位外商，安排时间跟范叔见面。不过，这回我跟范叔说咱们得讲点策略，既要显得体面，又要把上回欠的礼给找补回来。"

我问道："你打算怎么做呢？"

小宁说："我让范叔先下帖子，邀请外商到农场和加工点参观，之后，我和范叔再陪着外商到山东和北京的旅游景点玩几天，等'老外'玩得开心了，再坐下来谈合作的事儿。"

彬彬有礼，不卑不亢

我说："这主意不错呀！不过，你不是还有自己的工作吗，能全程陪着吗？"

小宁说："是呀，为成全这位范叔，我跟公司老板请了几天假。范叔说你就安排吧，我一切都听你的。那位外商还挺通情达理，很痛快地接受了邀请，我们在山东游览了两天，又在北京玩了两天，这才又重新回到谈判桌前。"

我问道："那位'老外'对你范叔没再挑眼吗？"

小宁说："有我在场呢，咱们在礼仪上，没让外商说出什么来。"

我说："看来，你是搞公关的一把好手呀。"

小宁说："我也是边干边学，只不过我的英语好，又在国外生活了几年，进入角色比较快就是了。您也许知道，外国人跟外国人还不一样呢，每个国家和地区都有自己的文化和风俗习惯，所以在礼仪上看上去都差不多，其实是有细微差别的。当然，由于历史和文化背景不同，性格上也有区别。"

我笑着问道："你说说都有哪些区别？"

小宁说："区别多了，我拣主要的说吧。比如要跟范叔搞合作的是美国人，美国人跟英国人、法国人、德国人、俄国人看上去都是黄头发、大鼻子。但性格却不同。"

"怎么不同呢？"

"美国人的性格比较外露、直率，给人感觉热情奔放，真诚坦率，跟生人见面大都面带微笑，在场的如果有十个人，他要挨个儿跟你握手。在正式场合也是如此，对人的称谓很少带头衔，什么张总、李总、王董事长、孙局长、刘处长之类的。美国人一般不说，男的只称先生，

500

女的则称女士或夫人。"

"一视同仁。"

"但美国人在跟人握手或交谈时，彼此之间总要保持一米左右的距离，而且彼此的视线要每隔几秒钟得接触一下，以此表示诚挚和尊重。"

"眼神要对接。"

"英国人的性格就不一样了，他们的性格比较内向，喜欢孤芳自赏，自视很高，处事谨慎，往往给人一种严肃呆板、神情冷淡、不苟言笑的印象。"

"所谓的绅士风度。"

"所以跟他们接触，一般要有'预热'的过程。开始先保持一段距离，慢慢靠近，只有跟他们比较熟了，你才能感到英国人为人非常和善友好，其实他们也是乐于跟人交往的。"

"有人说，英国人比较传统、保守、念旧、尚古。"

"对，因为英国现在还有女王，而且许多贵族也保留着世袭的爵位头衔，正因为如此，他们的礼数很多，男人讲究有绅士风度，女人要体现淑女气质，所以跟英国人接触要格外重视礼仪，不能马虎，尤其是对女士更加要以礼相待，因为尊重女性是英国人的文明传统。法国人和德国人跟美国人也不尽相同……"

我打断小宁的话说："看来你对欧美国家的礼仪还真有研究，咱别扯得太远了，你还是说说跟范叔谈判的这位美国人吧。"

小宁说："正因为美国人的性格坦率真诚，感情外露，不喜欢对方说话办事拐弯抹角，绕来绕去。我把范叔上次跟他见面时发生的误会，直截了当地说了出来，才得到了他的谅解。通过那次打交道，他反倒觉得这位范叔直来直去的性格很可爱。"

我笑道："看来俩人挺投脾气。"

小宁说："脾气相投有什么用？范叔在礼仪的小节上，又冒了傻气，谈判差点儿又要崩。"

我听了一愣："怎么回事呢？"

小宁冲我一乐："咱们且听下回分解吧。"

093
商谈要事宜关机

书接上回，小宁说她的那位范叔跟外商谈判时，在礼仪上又出了两个小插曲。

我问道："又出什么乐子了？"

小宁说："嗨，也不是什么乐子，是他不懂涉外礼仪引起的尴尬。他跟外商见面寒暄以后，掏出了一张名片递给了人家，人家当然也回赠给他一张名片，名片在社交场合是身份的证明，按道理范叔应该对人家递过来的名片很重视，尤其是外国人的。"

"对呀！"

"可是这位范叔接过人家的名片看了看，随手放在了茶几上，服务员上水时，不小心又把它碰到了地上。外商就坐在他对面，看到自己的名片受到这种礼遇，当然很不高兴了。"

我笑道："这种事发生在中国人自己这儿，也许算不了什么，可是范叔面对的是'老外'呀，他怎么把这茬儿给忘了呢？"

小宁说："是呀，在涉外活动中，交换名片是一项礼仪，接对方递过来的名片，您如果是坐着，应该站起来，或者欠欠身，要面带微笑，用双手来接，同时要说声'谢谢'之类的客气话，别愣磕磕地坐着，也不能接过名片，看也不看就很随意地往桌上一扔，更不能拿在手里来回揉搓。这是起码的礼仪常识。"

我问道："你之前没跟他讲这些吗？"

小宁说："能不说吗？可是他把这茬儿给忘了。"

"你就赶紧救场吧！"

"是呀，我看范叔把人家的名片碰到地上，也觉得挺不合适，赶紧上前把它捡起来，交给范叔，让他把人家的名片收好。接着又用英语对'老外'说了几句道歉的话，这才让'老外'的脸上有了笑容。"

我问道："另外那个小插曲呢？"

小宁说："范叔跟'老外'进行商务谈判，应该精神集中，一本正经，不能分神，这一方面体现出对人家的尊重，另一方面也说明对谈判的重视。您想商务谈判，关系到合作双方的切身利益，能马马虎虎吗？"

"当然不能了。"

"可是范叔却在跟人家交谈中，正说到节骨眼儿上，西服口袋里的手机'笃笃笃'地响了起来。'老外'愣了一下，脸上露出不悦的神色，范叔看了他一眼，也觉得挺不好意思，按说到这份儿上，他应该马上把手机关掉，跟人家说句抱歉的话，接着刚才的话题，继续往下谈。"

"就是呀！"

"但是范叔却觉得这个电话非接不可，一边跟对方通着话，一边儿站起来往外走。而且说话的嗓门儿还挺大，场面一时挺尴尬。"

我接过话茬儿说："这位范叔是不是忘了这是在进行商务谈判，把谈判当成了在自己的办公室？"

小宁苦笑了一下说："是啊，您说他这是露多大的怯呀？哪儿能谈着半截，把人家晒一边儿，自己跑出去接手机呢？别说跟外国人谈判，就是一般的商务会谈，也必须关掉手机。招待外宾打手机或接手机是大忌，这是基本的涉外礼仪。"

我笑道："你没注意到吗，中国的老板一刻也离不开手机，如果手机不在身边，好像缺点什么似的。"

小宁说："是的，这是两种工作方式，或者说两种生活观念的差异。我在英国生活了几年，发现欧洲人普遍对手机很反感。这倒不是他们不喜欢现代化的通信工具，而是觉得拿手机没必要。因为欧洲人办事讲究计划性，他们尽量把该办的事想得很周全，每项工作都安排得有条不紊，一旦定下来的事，轻易不做改变。"

"讲求效率。"

"而我们往往办事缺乏周密的计划，总是处于一种准备的状态，也就是中国人常说的计划赶不上变化，变化赶不上说话。所以随意性很强，在这种状态下工作和生活，当然离不开手机，因为人们总要随'机'应变嘛。"

我笑道："你分析得挺有道理，正因为欧洲人看重计划，我们信奉随意，所以很多时候我们办事风风火火，忙忙碌碌，而欧洲人却看似挺悠闲，相反却效率很高。"

"是的。"

"有人说，悠闲的背后是秩序，忙碌的背后是浮躁与随意，真是一点不假。"

小宁点了点头说："您看这位范叔不就是这样吗？"

我笑道："是呀，你说跟'老外'谈判，对于他来讲这是多重要的事，干吗非要接这个手机呢？这不是搅局吗？到底他跟'老外'谈成没有呀？"

小宁说："我看范叔离开谈判桌去接手机，赶紧跟'老外'用英语解释。"

我问道："你是怎么跟他们说的？"

小宁道："我也来随'机'应变吧。我婉转地跟他说，范叔的妻子病了，他在问妻子的病情。"

我笑道："合着你跟人家撒了个谎。"

小宁说："没办法，只能这样逢场作戏了。果然我的这句话算救了场。'老外'的人情味似乎比我们浓，一听说范叔的妻子病了，一通儿地安慰他，弄得他一时也不知所措了。"

悠闲背后是秩序，忙碌背后是随意

我笑了笑说："行呀，你也会演戏了。"

小宁道："完全是出于无奈，范叔是要面子的人，可是他又不懂涉外礼仪，只能由我来穿针引线地左右周旋了。不过通过这件事，范叔知道手机这东西在有些场合是不能随意用的，该当'哑巴'时，就得让它当'哑巴'。"

我问道："你说了半天，最后这位范叔跟'老外'的合作项目谈成没有？"

小宁笑道："当然谈成了。如果没谈成，我'救场'的角色，不是白当了吗？"

我说："通过这档子事，可以看出涉外礼仪的重要，我看多亏有你这么个角色，要是缺了你，范叔跟'老外'的合作项目十有八九得谈崩。"

小宁说："是呀，现如今商业贸易已经向国际一体化的方向发展，'地球村'的概念也引入人们的生活辞典，按中国的城市发展规划，对外的经济、文化、体育、旅游交往的面儿会越来越大，我们真应该了解和懂得一些涉外礼仪了。"

我说道："你说得对。比如见面打招呼啦、握手啦、问候啦、道别啦、吃喝啦、祝贺祝福啦，等等，不同的国家和民族，往往有不同的风俗习惯和礼俗，这些我们都应知道。当然，最主要的涉外礼仪是维护形象，不卑不亢，主权平等，信守约定。"

小宁说："还有入乡随俗，求同存异，热情适度，谦虚适当，不宜为先，尊重隐私，女士优先等。"

我对小宁笑道："你终归是在外国生活过，在涉外礼仪上比我知道得多。这方面的一些事儿，我还得向你请教。"

小宁说："您干吗这么客气？"

我说："有关这个话题，咱们以后有机会接着聊。眼看就要过年了，你是不是该给家里备点儿年货呀？"

小宁说："是呀，我正想问问您，中国人过年有什么老礼儿？"

我说："你这么一说倒提醒我了。现如今，文化也多元化了，受西方文化的影响，很多年轻人喜欢过洋节，把圣诞节呀、情人节呀、愚人节呀挺当回事儿，反倒认为中国的传统节日春节过不过两可了，而且许多过年的老礼儿也忘得差不多了。"

小宁说："不是年轻人不把过年当回事儿，而是许多人对一些老礼儿真不懂。您给我讲讲吧。"

我说："好吧，你要真想知道，咱们且听下回分解。"

094
过年老礼讲究多

　　今儿是农历的正月初一，按中国的传统说法，今天是元旦。因为民国以前，中国人都以农历纪年；民国以后，才改为"公元"，也就是中国人说的"阳历"。阴历的正月初一是新年的开始，所以叫元旦。

　　元旦前一天的夜里叫除夕，也就是大年三十。因为它是过去的一年和新年交接的一天，所以中国人历来重视除夕。

　　中国人所说的过年，实际上指的是这一天。老北京人也管除夕叫"年禧"。人们送旧迎新的主要庆典和礼仪都集中在这一天进行，要说中国人过年，这一天最热闹。

　　小宁穿着一件大红棉袄来找我。我发现她穿的缎子面的棉袄上，还戴着一朵小绢花。

　　我笑着对她说："行，你这身衣服有点儿过年的样儿。"

　　小宁冲我抱拳拱了拱手说："一达老师，我给您拜年来了。"

　　我说："拜年。好，我也给你拜年。"我也向她拱了拱手。

　　小宁笑道："我不能白给您拜年吧，您没给我预备下压岁钱呀？"

　　我说："你都多大了，还要压岁钱。"

　　小宁说："噢，不是拜年就给压岁钱吗？"

我说:"按中国人的老礼儿,初一这天,亲朋好友,街坊四邻,见了面儿都要施礼拜年。拜年都要给压岁钱的话,那得预备多少呀?"

小宁说:"我就知道拜年要给压岁钱。您说说,中国人过年除了拜年,还有什么老礼儿呀?"

我对小宁说:"中国人的年节很多,但最当回事儿的就是过年,也就是过春节了。北京的老年间有首民谣,'小小子,你别心烦,过了腊八就是年。腊八粥,喝几天,哩哩啦啦二十三。二十三,糖瓜粘。二十四,写对子。二十五,扫尘土。二十六,炖年肉。二十七,快杀鸡。二十八,把面发。二十九,蒸馒头。三十儿晚上熬一宿,大年初一扭一扭。'当然,这是中国北方过年之前的热闹写照,南方还有许多讲究呢。你看,中国人对春节多重视呀,从腊八开始就张罗过年了。"

小宁笑道:"好嘛,得忙乎近一个月。"

我说:"这 20 多天,似乎都是为除夕准备的。三十晚上最热闹。"

"怎么个热闹啊?"

"民俗活动多呗,贴春联,贴门神,布置佛堂、供桌,蒸年糕,炒素菜,摆天地桌,挂财神码儿,祭祖,吃团圆饭,守岁,踩岁,踩芝麻秸,接神,放鞭炮,团拜,吃素馅饺子。你瞧瞧,多少民俗内容呀!"

小宁笑道:"是够人们忙乎的。"

我说:"对呀,过去,中国人过年有多少讲究呀。"

小宁点点头说:"真够讲究的。像什么祭祖、接神、踩岁,我们年轻人哪儿懂呀?"

我笑道:"这都是中国人的过年习俗。有些俗礼,比如你说的接神、踩岁、祭祖之类的,现在也没多少人讲究了。有些老事年间的习俗,也被人们赋予了新意。比如除夕子时整，即夜里 11 点到 1 点，是正月初一的到来之时，只要时钟指向 12 点，全城立刻鞭炮齐鸣。按老年间的习俗，这时放鞭炮的意思是开始接神。男人们要向城的西南方向叩拜、烧香。"

"为什么对着西南方向叩拜呢？"

"因为从前，几乎每座城市的财神庙都在城的西南方位，比如老北京最有名的五显财神庙，就在西南的广安门外。"

"原来是这么回事。"

"你知道过去，除夕，小孩儿都要玩红纸的灯笼。这灯笼是干吗的吗？"

"不知道，难道也有典故吗？"

"当然，这是午夜子时，接财神爷到家用的。"

"噢，我明白啦。"

"从前，接财神还要放鞭炮。现在中国的许多城市为了保证安全，防火防爆竹伤人和城市污染，城区已实行烟花爆竹禁放。人们想放鞭炮，只能到郊外了，但现在人们过年放烟花爆竹，也是为了烘托年的气氛，已经没有接神之类的寓意了。"

小宁问道："除了您说的这些，中国人过年还有什么老礼儿？"

我说："当然有了。过年的许多传统民俗，其中就包含着老礼儿。比如说，正月初一拜年，按中国的老礼儿，是在除夕子时接财神以前，全家要进行'团拜'。"

小宁问："家庭'团拜'？"

我说："对，家庭'团拜'。早年间的'团拜'，主要是家里人相互拜年。中国的老式家庭，一般都是'三世同堂'，有的人家是'四世同堂'。'同堂'的意思就是住在一块儿。即便不是住在一块儿，到除夕，也得凑到长辈那儿过年。"

"这我知道，是不是叫吃年夜饭。"

"对，年夜饭是在子时之前吃。按中国北方的风俗，子时，要接财神爷。把财神爷接到家以后，全家人要聚到设有祖宗牌位和遗像的供案前，给老祖宗磕头拜年。这就是常说的祭祖。"

小宁问："祭祖也是老礼儿？它的寓意是什么？"

"祭祖过去是很重要的礼仪。后辈人过得再好，也不能把祖宗忘了。祭过祖之后，长辈们坐在椅子上，接受晚辈们拜年。"

"这时就开始拜年了。"

"对，拜年要行三叩之礼，还要说祝愿的吉祥话。"

"说什么吉祥话？"

"比如，'祝爷爷健康长寿''祝奶奶寿比南山''祝爸爸妈妈万事如意'等。"

"长辈们接受晚辈的拜年之后，才给未成年的小辈们一些压岁钱。注意，这压岁钱通常只给正念书的小孩儿。成人了，就不给了。压岁钱用红纸包好，一般也就是三块五块的，讨个吉利，让孩子当零花用。再有钱的人家压岁钱，也不多给，它只是一种礼节性的，意思一下而已。晚辈给长辈磕头拜年，长辈给压岁钱是为讨孩子一个高兴，而不是摆阔显富。"

小宁笑道："哦，压岁钱是这么来的。这回我懂了，不是什么人都给压岁钱。"

给长辈拜年

我说："全家人拜完年，这才聚到一块儿，吃一顿饺子。这种饺子必须是素馅的。"

小宁问："为什么要吃素馅饺子？"

我说："这也是一种老礼儿。因为除夕过了'子时'，就算是正月初一了，人们常说正月初一吃饺子，应该在全家人拜完年之后吃。这时已经凌晨两三点钟了，所以也叫'五更饺子'。"

"吃的是什么饺子呢？"

"是接神饺子。对神，得以素相敬，所以要吃素馅。此外，还要在饺子里放一枚铜钱，谁吃到这个有铜钱的饺子，谁在新的一年里就会有好运。当然，这都是纯中国式民俗。"

"讲究太多了。"

"现在中国人过年，已不讲究这些了，许多带有迷信色彩的民俗也不提倡了。新时代，年也有新的过法。有的人家大年三十晚上全家包饺子，看中央电视台的春节联欢晚会，包完饺子，接着守岁。有的不守岁，干脆上床睡了，天亮起床以后，再吃饺子。有的新潮家庭，连包饺子这一民俗也免了，但中国的这些传统民俗，中国人还是应该知道的。"

小宁问："吃完饺子该拜年了，这有什么礼儿呢？"

我笑道："礼数多了，咱们还是下回再聊吧。"

三十晚上北方地区居民包素馅饺子

095
除夕敬老先祭祖

书接上回，小宁问我，中国人过年拜年的时候还有哪些老礼儿。

我对她说："关于过年的老礼儿，得结合中国人过年的民俗来讲讲，比如，今儿是正月初二，这一天，按北方的传统民俗是祭财神的日子。"

小宁笑道："正月初二祭财神？"

我说："对。过去人们迷信，财神是中国老百姓普遍信奉的神灵，正月初二这天，家家户户都要祭财神。"

祭财神

"怎么祭呢？"

"过去，中国的城乡在过年的时候，集市上的年货摊儿上都有专门卖'财神码儿'的。"

"什么叫'财神码儿'？"

"所谓'财神码儿'，就是木刻水印的财神画像。人们在财神的画像前设个祭桌，在家里就祭了。一般做买卖的人还要特意到财神庙去烧香。按'五行'之说，水主财。所以早年间，一些城市送水的人，在正月初二这天起得特别早。"

"为什么？"

"水不是'财'吗？人们都希望最先得到'财水'。"

"这是不是属于迷信了？"

"是呀，新中国成立后，国家开始破除迷信，中国人过年也没有祭财神这一说了，现在许多城市连财神庙都没有了，所以许多年轻人，已不知道正月初二祭财神这一老礼儿了。"

小宁说："是呀，这都是男人穿长袍马褂、梳大辫子时代的事儿了，现在谁了解这些呀？我连财神长什么样儿都不知道。"

我说："是。破除迷信以后，不用去祭这个神那个神了，正月初二这一天，人们便走亲访友，相互拜年了。"

小宁问我："拜年的礼数是不是很多呀？"

我笑道："对。中国人拜年的礼节，突出一点就是对长辈的敬重，长辈包括自己的长辈和师长。中国的传统文化中，非常重视'孝悌'和'师道尊严'。平时人们各忙各的事儿，到了年节，才有机会体现对长辈和师长的孝心和敬意。所以老事年间拜年，首先要给长辈拜，然后才是

拜贺岳父岳母

亲朋好友的互拜。"

小宁问："怎么拜年呢？"

我说："拜年的形式很多，各地的风俗不同，拜年的方式也不同。中国人拜年有亲戚之间的拜年，有礼节性的拜访，有感谢性的拜访，还有串门儿式的拜访等。"

"嚯，这么多说法？"

"按老礼儿，正月初二，女婿必须到岳父岳母家拜年，其他近亲则不限前后。老事年间，封建礼教比较严，按中国的传统民俗，正月初一到初五，一般人家都讲究'忌门'。"

"什么叫'忌门'呢？"

"简单说，就是忌讳外姓的女性进门。所以，早年间，从正月初一到初五，女同志都不串门儿，包括自己的娘家都不能去，说是怕冲了神，不吉利，只能在自己家里待着。"

"真够歧视女性的。"

"是呀，那个年代就是这样。因此，男人在初二的早晨，要先到岳父岳母家拜年，除了表示对'老泰山'的敬重之礼，还有为他们的女儿报平安之意。'忌门'纯属是对女性的歧视，这些旧俗和老礼儿，早就给破除了。"

小宁笑道："要是按这些旧俗老礼儿，过年的时候我都不能出门了。"

我说："现在谁还讲这些旧俗？恐怕你连知道都不知道。我这儿不是跟你聊老礼儿嘛。"

小宁说："亲戚之间的拜年好理解。您说的后三种拜年，指的是什么？"

我说："礼节性的拜年，主要是指单位的同事、一般朋友。过年的时候，到他们家拜个年。按老礼儿，到人家后，要拱手作揖，道一声'过年好''恭喜发财'之类的吉利话，然后坐一会儿，聊聊家常，就可以走人了。这完全是一种礼节。"

"那什么叫'感谢性拜年'呢？"

"感谢性的拜年，则又当别论了。"

小宁问："为什么？"

我说："中国人重人情。比如，你头年求人帮过忙，或者人家给了你什么好处，用老话说，这叫欠着人家的人情。欠了人情就要还，拜年就是个机会。一般情况要买些年礼，拜年的时候带上，除了拜年，还有表示对人家相助的感谢之意。"

小宁点点头说："噢，我明白了。那第三种'串门儿式拜年'呢？"

我说："串门儿式拜年，这就比较简单了，主要是街坊四邻之间，

过年的时候，到家里拜个年，坐一会儿，道个年禧。"

小宁说："嗯，我明白了。中国人拜年的形式还挺多。"

我说："是呀。拜年，除了体现对长辈的敬重之外，还有一个重要意义是联谊。因为平时人们都很忙，包括一些亲戚朋友，也许一年都见不着面。通过拜年这种方式，亲朋好友可以见面坐一坐，聊一聊，增进相互之间的情谊。"

"嗯。"

"同时，拜年也是缓解矛盾的机会。朋友之间、同事之间、上下级之间，包括亲戚之间，平时在接触和工作中，难免会产生一些误会，心理结个扣儿什么的。那么，通过拜年这种礼节，很容易化解这些疙里疙瘩的事儿。因为过年了，除旧迎新，用现在年轻人的话说，该翻篇儿了。大家多说点儿吉利话，过去的事儿，也就睁一只眼闭一只眼过去了，谁也别再提了。咱们一块儿往前看，心里的隔阂也就没了。"

小宁说："这确实是个好机会。不过，我想问您一个问题，现在是信息化时代，网络已经把人们紧密联系在一起，平时交流都用手机微信，拜年还用亲自上人家吗，发个微信不就把年拜了？"

我说："是呀，现在人们生活水平提高了，家里不但有电话，大部分人都有了手机，而且上网已经全民化了。前些年，不少中国人就开始用贺卡拜年，后来改为电话拜年，现在更省事儿了，又时兴用手机微信拜年，还有人专门编拜年的吉祥话儿。今年除夕，我收到了几百多条拜年的微信，我想你也收到不少吧？"

小宁说："嗯，我收的也有几十条。这种拜年方式不是也挺好吗？"

我说："好是好，但它毕竟跟亲自登门去拜年不是一回事儿。"

小宁问："为什么？"

我说："欲知为什么，咱们下回再聊。"

096
拜年须知要当面

书接上回，小宁说："过年，发个微信拜年，不是也挺有人情味儿吗？何必非要上门拜年呢？"

我说："现代文明跟中国的传统文化、传统民俗，确实有许多相抵触的地方，但过年本身就是传统文化的延续，拜年，说了归齐也是中国的传统民俗。虽说时尚的东西有些方面，比传统的东西要进步得多，但

微信难行见面礼儿

有些老礼儿还是不可少的。"

"哪些不能少？"

"咱们就说拜年吧，拜年拜年，您不当面拜，那还叫拜年吗？如果光打个电话或用手机发个微信，不当面拜年，实际上，就失去了拜年本身的意义。"

"为什么这么说？"

"因为拜年是一种礼节，这种礼节必须要见面行礼才有意义。"

小宁反驳说："您说的都是过去的老礼儿。现代社会，人们的观念变了，有些人过年，不喜欢热闹，而愿意安安静静在家休息几天，还有些人甚至都不在家过年，利用放假这几天去旅游。再者说，过去中国人大都住在胡同、弄堂、平房大院，而且城区的地域也很小，人们过年拜年，走亲访友，蹓跶着，或骑着自行车就行了，一天能串十几家。现在呢？"

"现在怎么样？"

"现在中国大部分城市的居民，都搬进了楼房，城市的区域也越来越大了，以北京为例，原来住在二环以内的人，现在住家陆续迁到了四环、五环，甚至六环以外。有些人都搬到了大兴、顺义、怀柔、昌平、房山等郊区，城市道路交通经常堵车，登门到谁家拜年，得花大半天时间。见了面，无非是拜个年，问声过年好，聊会儿天儿。我觉得这些完全可以通过电话或手机微信解决，没必要非见面。"

我对小宁说："嗯，你说得还挺冠冕堂皇，听着也言之有理。是的，现代化的通信工具，可以极亲密地拉近人与人之间的距离，别说在咱们国内了，您就是远在大洋彼岸的美国、加拿大，用电脑或手机也能很快相互沟通，而且新近又发明了可视通信，不但能听见声儿，还能看见人的影儿。"

"还有更先进的呢。"

"但是这些先进的高科技手段，能真正解决人与人之间心灵的沟通和亲情的抚慰吗？能取代传统文化的过年老礼儿吗？说句刻薄点儿的话，如果电脑或手机微信互动，会让夫妻之间不见面就能生下小孩儿来，那么别说过年的时候拜年不用登门，就连平时人与人之间也无须非要见面了。"

"这有点儿不现实。"

"事实上，科技再发达，这一点也办不到。人与人之间还是离不开见面说话办事儿。当然，也离不开必要的礼节。你讲了许多拜年不必非要见面的理由，但唯独没谈尊老的老礼儿。什么交通不便吧，不愿打扰对方吧，其实这些理由都是只为自己着想了。"

小宁见我说话有点儿激动，连忙解释说："一达老师，大过年的您别动气儿。我刚才说的意思是有现代化的通信工具，干吗不利用呢？"

我说："你别往回找补，我的话还没说完呢。现在有些人不愿登门拜年，总说是自己忙，没时间。实际上他是真没功夫吗？连登门拜年的时间都没有吗？我看有那时间他还打牌、聊天儿、喝酒、出门旅游呢。"

"这倒是。"

"有人说，现在人与人的关系越来越紧张，人情比纸还薄。还有人说，现在有的中国人素质差，不讲文明礼貌。要我说，主要是把中国人的老礼儿给丢了。正如一位老人在聊天儿时，跟我说的，现如今连拜年都见不到人，只发条短信了，还讲什么文明礼仪和亲情人情呀！这句话让我听了挺心寒。"

小宁过意不去地说："您别心寒。过年了，您应该高兴呀！您瞧这事儿闹的，我的两句话，引发了您那么多感慨，把过年的喜兴劲儿都给搅了。"

我说："我说这些话，可不都是冲着你的，我是说这些老礼儿呢。你应该知道，咱中国人非常讲究老礼儿。举个简单的例子，过去的家庭，孩子出门和进门，甭管干什么，先得跟父母打招呼，'爸妈，我来了。您挺好吧？'或者'爸妈，我走了，您歇着吧。'现在您留神听吧，倒过来了，孩子进家门，父母得先跟孩子打招呼，'哟，宝贝儿回来了，怎么样，挺好吧？'孩子出门，也是父母先关照孩子，'宝贝儿，出门注意安全，慢点儿走，走好。'爷爷奶奶带着孙子坐公共汽车，有人给让座儿，爷爷奶奶不坐，先紧着孙子坐。如果你仔细分析这些失礼现象，就会发现根源在于位置的变化。"

小宁接过话茬儿说："这倒是事实。孩子是独生子女，家里就这么一个，可不得宠着吗？"

我说："宠过了头，就宠出毛病来了。过去，整个社会都尊老敬老，孩子们非常拿家里的老人当回事儿。每到过年，除非公务在身，人们不管手头的事有多忙，必须回家陪老人过年，跟老人一起吃年夜饭，一起包饺子。现在到了春节，父母都见不到孩子的面儿，不是因为孩子们工作忙，而是由于孩子们没有时间。连电视台春节联欢晚会上的小品，都喊出了父母让儿女'常回家看看'的心声。"

小宁说："还有一首歌呢。"

我说："老事年间，当官的不管官位多高，父母去世，得离职回家服孝。这叫'丁忧'。做买卖的，父母有病，多大的生意也得扔下，回家守孝，伺候老人。一'服'一'守'不是一天两天，而是两三年，人们对长辈是多么的敬重！"

"是的。"

"中国人过年，为什么要祭祖？为什么吃年夜饭时，饭桌上要单预备两套碗碟筷子，给故去的长辈留着？这些民俗都体现了对长者、对自己祖宗的尊重。要知道没有爷爷奶奶，哪有你的父母；没有父母，哪有你呀！"

小宁说："您说得对，谁也不是从石头缝儿里蹦出来的。"

我说："还是的呀！所以，我说登门给父母、给亲人、给师长拜年，看起来事小，其实它体现了一个国家一个民族对老人、对长辈的尊重，体现了人与人之间的亲情，体现了人与人之间的友谊和友善。因此，它是非常重要的礼节，你说这个老礼儿能丢吗？"

再忙也得回家

"千万不能丢。"

"所以，我说手机再灵通，互联网再互联，也无法取代上门拜年的老礼儿，你说对吗？"

小宁不好意思再跟我抬杠，连忙说："对，对，您说得对。"

我说："你这叫口不对着心。我明白，说服你们年轻人很难。好了，咱们不争执了，有关过年的老礼儿，还有很多话要说，咱们下回再聊吧。"

097
过年送礼讨吉利

书接上回，我跟小宁聊到了过年的老礼儿，小宁说："看您这么把上门拜年当回事儿，说明拜年要有人情味儿，光发个微信不行。"

我说："当然，拜年既是一种老礼儿，也是一种人情。中国有句老话：'人情一把锯，你不来，我不去。'拜年，实际上也是人们相互'走动'的机会。走亲戚也好，看朋友也罢，按中国的老礼儿，大过年的，登门拜年不能空着手。"

小宁问我："登门拜年的时候，要带什么礼呢？"

我给她讲了一件事儿："北京有位做鬃人的民间老艺人。他跟我是多年的老朋友。这位老艺人跟美国驻华使馆签证处处长的夫人是朋友。这位美国人起了个中国名叫'那爱英'。有一年春节，那爱英女士登门给老先生拜年，进门道了一声'新年好'后，那爱英女士把带的礼品拿了出来。"

"什么礼呢？"

"一份年糕，两条用淀粉和琼脂做的大鱼。老艺人问道'您怎么送这个？'那爱英女士笑道，'中国人拜年的老礼儿，不是讲究送这个吗？'老先生一听这话，忍不住乐了。"

拜年礼品得精选

　　小宁插话道："过年干吗要送年糕和鱼呢？"

　　我说："年糕，寓意是年年升高、步步登高呀。鱼的寓意是年年有余，富富有余呀。老先生说，这位美国人曾在台湾读过大学中文系，能说一口流利的中国话，酷爱中国文化。你瞧，中国的老礼儿她全懂。"

　　小宁笑道："是不是中国人拜年，都送年糕和鱼呀？"

　　我笑道："要都送年糕，家里就成年糕铺了。"

　　"哈哈。"

　　"现如今，上岁数的人怕得糖尿病，都不爱吃甜食。年糕并不怎么招人待见。老礼儿送年糕，不过是讨个吉利，没必要非送年糕。"

　　"那拜年送什么礼最好？"

　　我说："拜年送礼挺有学问，主要是看对象，也就是说看你给谁拜年。"

　　小宁说："噢，这还有讲儿呀？"

我说："过去，中国人拜年，讲究送点心匣子，烟酒糖茶。"

小宁问："干吗送这些东西呢？"

我笑道："这你就不懂了吧？在商品供应紧张的年代，噢，那会儿还没你呢。当时，城市里的人买烟酒糖茶要凭票。那会儿这些东西算是稀罕物。我记得20世纪70年代，北京人过年的时候，一家一户凭购货本可以买两盒'前门'或'恒大'烟，买两瓶'二锅头'，半斤杂拌糖。所以拜年送礼，带两盒烟，拎两瓶酒算是'重礼'了。"

"嚯，这就是重礼了？"

"有一年，拜年送点心匣子成为'时尚'。你也送，我也送，最后弄得点心匣子'大游行'。"

"什么叫点心匣子'大游行'呀？"

我说："你那会儿还没出生，没赶上。说来可笑，比如有个姓李的朋友来给我拜年，拎着一个点心匣子。我一看点心匣子挺好，为了省钱，我给姓王的朋友拜年，就把这盒点心匣子拎上了。姓王的又拎着这个点心匣子，去给姓赵的拜年。姓赵的舍不得吃，又拎着这盒点心匣子，给姓孙的拜年。姓孙的认识姓李的朋友，给他拜年的时候，把这盒点心匣子带去了。姓李的朋友一看这个点心匣子，乐了，'这不是我送给一达的吗'？从正月初一转到正月十五，这盒点心匣子又转回来了。这不是点心匣子'大游行'吗？"

小宁笑着说："你们那会儿也够有意思的，拜年送点心匣子，到超市买一盒不就完了吗？"

我说："傻丫头，那会儿哪儿有超市呀！当时的人都穷着呢，买盒点心匣子，一个月的工资用了不少，而且中国人又好面儿，拜年不能空

点心匣子『大游行』

着手，可不就会闹出点心匣子'转圈'的笑话吗？现在社会商品十分丰富，专卖店、礼品店、超市到处都是，想买什么有什么，拜年时送礼不用再发愁了。"

小宁说："我倒觉得商品丰富以后，拜年送礼更发愁了。"

我说："为什么呢？"

小宁眨了眨眼，笑道："东西多了，不知送什么好了。"

我说："也是这个理儿。不过，现在拜年送礼，已不讲究送吃的喝的了，人们更重视文化品位了。"

小宁问："没错儿，正因为现在人讲文化品位，送礼才让人发愁呢。"

我说："还是那句话，这要看对象。比如，你给一位老人拜年，送两瓶好酒、两条好烟、一筒茶叶，他会很高兴。如果你懂京味儿，拜年的时候，给他送个蝈蝈葫芦，里头再放只湛青碧绿的大蝈蝈，保准让老爷子眉开眼笑。假如你给老师拜年，送束鲜花，送几本书，他会非常高兴。你给身子骨儿不太好，甚至重病缠身的亲友拜年，送点儿营养品、送束鲜花，他会心里暖融融的。当然，君子之交淡如水，给至爱亲朋拜年，即便不带礼品，人到情意到，他也会很高兴的。"

小宁说："看来拜年送礼，也挺有讲儿的。"

我说："是。过年的时候，人们都喜欢讨吉利的'口彩'，也就是说吉利话儿。按中国的老礼儿，有些东西，拜年的时候是不能送的。"

小宁问："什么东西不能送呢？"

我说："谐音不吉利的东西不能送，比如钟表、茶壶、玻璃制品、水果中的梨等。"

小宁问："为什么？"

我说："过年了，人们说话都讨吉利，送钟，谐音是'送终'。送壶，谐音是'糊'，送玻璃制品，谐音是'剥离'，送梨，谐音是'离'。你想想这些是好词儿吗？"

小宁说："都送终了，还是好词儿呀？"

我说："有这么一个笑话，一小伙子搞对象，过年的时候，给未来的丈母娘拜年，心说老人家里缺个挂钟，于是奔商店买了一个进口的钟送去了。偏偏赶上那位准丈母娘有点儿迷信，一看未来的女婿拎着大箱子来拜年，挺高兴，打开一看是钟，老太太一下给气懵了，恼羞成怒，把准姑爷给轰走了。"

小宁笑道："他应该再送一筐梨，干脆就'离'了算啦。看来这拜年送礼的讲究还真得知道，要不然，我这辈子会找不到婆家了。"

我说："那倒不至于。"

小宁接着问道："过年的老礼儿还有什么忌讳呀？"

我说："当然有了，不过，咱们下回再聊吧。"

礼品『谐音』很重要

098
忌讳虽愚笑纳俗

书接上回，小宁问我过年的忌讳。

我对小宁说："今儿是正月初五，按中国的传统风俗，叫'破五'；今天要吃饺子。你知道为什么叫'破五'吗？"

小宁摇了摇头说："'破五'？我还真不知道。为什么初五叫'破五'呢？'破'，不会是破除的意思吧？"

我笑道："还真让你给说对了。'破五'，真有破除的意思。"

"破除？破除什么呀？"

"破除忌讳呀！中国人过年有许多忌讳，到了正月初五，这个年就算过完了，这些忌讳也可以解除了，把它'破'了，所以叫'破五'。"

小宁笑道："原来'破五'是这么来的。那么，过年都有哪些禁忌呢？"

我说："中国人过年非常重视老礼儿。有些老礼儿带有一些迷信色彩，这些迷信使人们在过年的时候分外小心，比如说，过去中国人过年的时候，绝对不能说不吉利的话，连小孩儿都不许哭闹。家里人不能吵架拌嘴，说正月初一到初五，家里人吵架，这一年都要吵架。还有不能动刀动针动剪子，说是动刀不吉利，刀主凶杀，动了它会招灾惹祸。"

小宁笑道："啊，有那么严重吗？那'动针'呢？"

我说："动针？动针会长针眼，动剪子会有口舌之争。"

小宁笑道："这可真够迷信的，照这么说过年连西餐都不能吃了，吃西餐离不开刀叉呀。"

我说："老礼儿多了。除了不能动刀剪以外，过年的时候，不准扫地，认为扫地会把财气扫出去。不准倒垃圾和泔水，怕把财运倒出去。还有，过年的时候，不准摔碎盆碗，认为打碎东西是不祥的征兆。如果不小心把盆碗摔了，得赶快说'碎碎（岁岁）平安'的吉利话，这样才能破解。"

"噢，'碎'字跟'岁'字是同音字。"

"还有更甚者，过年的时候，不能花钱，说花了钱，一年都会受穷。另外，信佛信道的人家，过年禁止杀生，大年初一必须吃两顿素馅饺子。说初一吃一天素，即可代替全年了。除此之外，初一到初五，家里不能接待女客，名曰'忌门'。"

小宁听了不禁叫道："我的天呀！这哪儿是过年？简直是受刑呢。老事年间的人干吗要这么约束自己呀？"

我说："所有这些，都属于过年的'忌讳，'可是，过了正月初五就都不讲究了。这些'忌讳'现在听起来非常可笑，也很荒唐。但老事年间，中国人都很在乎，尤其是一些妇女，'执行'起来非常认真。"

小宁说："您说的这些，我以前从没听说过。"

我笑道："这些所谓禁忌，早在多少年前就破除了。我要不说，你肯定不知道。现在中国人过年，谁还讲这些呢。不过，从这些'忌讳'里，你会发现中国人的老礼儿很多，有些老礼儿并不是很文明，带有封

岁岁平安

建礼教的色彩。"

"是呀，我怎么觉得这些老礼儿，好像专跟女性过不去呢。"

"从前，女性的社会地位很低。孔夫子说，'唯女人小人难养也。'你从过年的'忌门'中，就能体会到老礼儿对女性的歧视。民俗之中，有些东西要随着社会进步、人们文化水平的提高，逐渐被新的风尚取代，这叫移风易俗。老的东西不见得都好，但老的东西包括一些生活理念、风土人情也不能一股脑儿地抛弃，有些合理的东西还是应该传承，比如尊老敬祖、过年说吉祥话等老礼儿。"

"是呀，过年了嘛，人们都希望有个欢乐祥和的气氛。"

"是这样的。比如，家人和朋友聚餐，谁也不愿意把碟子碗掉地上摔了，一旦失手，说句'岁岁平安'的口彩，既能调节气氛，又能讨个让人高兴的吉利话，我看这种风俗就挺好。"

小宁说："您说得对。现在人们的生活方式也变了，有些老礼儿，包括一些过年的禁忌已失去意义了。比如您说的过年妇女不能动针线，现在人们穿衣戴帽，都买现成的，别说过年不让做针线活儿，就是平常做针线活儿也不多了。"

"是呀，不是不做，她们也不会做针线活了。比如你吧，你会做针线活吗？所以说时代变了，有些老礼儿也会逐渐消失。"

小宁问道："吃过'破五'饺子，这个年就算过完了，正月初六还有什么老礼儿吗？"

我说："当然有，不过，咱们得下回聊了。"

099

节过年开抬头喜

正月初六的上午，小宁跟两个大学同学去逛庙会，买了不少传统工艺的老玩意儿：泥人、风筝、空竹、风车。下午，她来我家看我。

我问她："今儿到哪儿玩儿去了？"

她说："去逛庙会了。"

我说："怎么这么闲在呀？"

小宁说："过年了，好不容易休息几天，还不痛痛快快玩玩儿。"

我笑道："是啊，现在人们过春节一般都休七天假，有的单位甚至放八天长假。可是要按中国人的传统风俗，这天又叫'开市日'，也就是说，有些人今儿要上班了。"

小宁不解地问："为什么叫'开市日'呀？"

我笑了笑说："从前，一到过年，从正月初一到正月初五，几乎所有大街面儿的店铺都上板停业，过年休息、闭市，只有街头巷尾的小酒馆和卖油盐酱醋的小店不关张。过了'破五'，这个'年'算过完了，初六一大早，店铺要重新开业。"

小宁问道："开业的时候有什么仪式吗？"

我说："开业时，也有一些老礼儿。凌晨四五点钟，太阳没出来的

时候，店铺掌柜的要带领店里的所有伙计，给店里供的财神爷上香叩首。通常财神爷是用财神码儿（神像）代替，磕完头，便将这些神码儿请到街上，放在芝麻秸、松木枝上焚烧，俗称'送神'。与此同时，鞭炮齐鸣，店里的伙计使劲敲打算盘、秤杆和秤盘，店内店外响成一片，俗称'响响当当，开市大吉'，祝新年有好运。"

"喝，真够热闹的。"

"开业时，店门外要贴'财运亨通，新年见喜''买卖兴隆，开业大吉'之类的红对联，以烘托吉祥气氛。开业以后，一些老顾客短不了要登门，给掌柜的和店伙计拜年，祝贺一番。"

"怎么初六了，还拜年呀？"

540

"中国人有句话'正月十五之内都是年',所以,商家铺户新年开门,要相互拜年。"

小宁笑道:"听您这么一说,'开市日'还挺热闹。"

我说:"现如今这些老事年间的风俗已经破了。时代变了,商家即使是过年,也没有停业休息一说,利用人们春节放假休息,正好可以抓住商机,开展过年大促销。"

小宁说:"可不是吗,许多商家就指着过春节赚钱呢,哪儿能歇业呀!"

我说:"是呀,我记得20世纪七八十年代,每到过年,像北京王府井、上海南京路上的大商场还要停业三天,初四才正式营业。现在过年,一天也不休息了。还是那句话,时代发展变化了,老例儿和老礼儿也得与时俱进,跟着变了。"

小宁说:"听说以前,中国人过春节多数是放3天假,正月初六开始上班,现在已改成7天了。"

我说:"法定假日是3天。当然,单位不同,放假的天数也不一样。"

小宁问我:"按中国的风俗,人们上班以后有什么老礼儿吗?"

我说:"当然有了。甭管初几上班,都是新的一年的第一个工作日。上班的第一天,有些人可能还沉浸在过年的喜悦中,有些人可能还没从过年的'疲劳综合征'中解脱出来。但不管怎么说,上班的头一天,应该有一个良好的开端。按通常礼节,上班以后,同事之间、领导和下属之间,要相互问候一下,说几句吉祥话,这也是沟通感情的好机会。"

小宁问道:"这是不是叫拜'晚年'呀?"

"这是近几年的一种说法。其实,年,就是年,过年是没有'早

和'晚'之说的，所以这种说法并不贴切。"

"明白了。过了年，人们见面一般都说什么吉祥话呀？"

我说："上班以后，同事见了面，要相互打招呼，说一句'您过年挺好的''您这个年过得好吧'，表示对新年的祝福，这叫相互'贺年'。要注意同事之间、上下级之间打招呼'贺年'的时候，甭管你遇到什么烦心事，千万别耷拉着脸，哪怕强颜作笑，也得笑。"

"这是必须的。"

"人家跟你打招呼，你沉着脸，爱答不理的，这叫'破喜'，也许会让你一年都没好心情，同时也给跟你打招呼的人心里添堵。"

小宁笑道："是这么回事。但人家不会笑怎么办？"

我说："不会笑，也别绷着脸。你想新年的头一天，就耷拉着脸，跟谁欠你几十万块钱似的，那么一年当中能有好运吗？咱们不讲迷信，总得讲个好心情吧。"

小宁说："确实如此。"

我说："文明礼仪当中，很重要的内容就是微笑。老话儿说，'一笑解千愁。'有天大的愁，付之一笑，也能给化解了。笑一笑，不但让你十年少，还能化解矛盾。尤其是新年上班的头一天，因为它是一年的开端，开门见笑，这多吉利呀。"

小宁扑哧一声乐了："人家是开门见喜，您给来了个开门见笑。"

我说："这儿说的'开门见笑'，可不是嘲笑的笑，而是阳光灿烂的微笑。笑也讲究艺术。侯宝林先生有个相声段子就叫《笑的艺术》。他老先生总结出几十种笑的形式。同事之间，整天在一起工作，抬头不见低头见，有什么大不了的恩怨？即便有点儿小矛盾，新年头一天上班，开门见礼，开门见笑，也会一笑解宿怨。老话说，'礼多人不怪。'恐怕道理就在这儿呢。"

小宁说："您可真能聊，正月初六上班以后，初七咱们就没的说了吧？"

我笑道："初七也有的说。不过，咱们得下回再聊了。"

100
老节没了老礼在

书接上回，小宁问我："正月初七有什么讲儿？"

我问她："'人日'你听说过吗？"

她摇了摇头："什么叫'人日'呀？"

我说："这是中国古代非常重要的一个节。说起来，起码有两三千年的历史了。在古代，正月初七这一天，被看作是关系到人的安危祸福的重要日子。"

小宁挑起眉毛说："哟，您还煞有介事。这个日子有这么重要吗？干吗要叫'人日'呢？"

我说："在想当初……"

小宁笑道："您又想当初了。"

我说："真得说想当初，西汉的东方朔在《占书》中说，'岁后八日，一日鸡，二日犬，三日豕，四日羊，五日牛，六日马，七日人，八日谷。其日清明，则所生之物育，阴则灾。'可见古代人是以正月初七这天的阴晴，来占卜新的一年人的凶吉祸福的。"

"这里说的'一日''二日'是指正月初一、初二吗？"

"对呀，为了讨吉利，古代人从正月初一开始忌刀。初一不杀鸡，初二不杀狗，初三不杀猪，初四不杀羊，初五不杀牛，初六不杀马，初七不行刑。正因为如此，正月初七便渐渐演变成古代相当隆重的民间节日了。"

"原来这个节是这么来的。"

"古代的中国人每到这天，都盼着天气晴和，并举行各种风俗活动，以寄思亲友，祈求亲人安康幸福。南北朝时期，梁朝人宗懔在《荆楚岁时记》里说：'正月初七为人日，以七种菜为羹，剪彩为人，或镂金薄为人，以贴屏风，亦戴之头鬓，又造华胜以相遗，登高赋诗。'"

小宁问："这是什么意思？"

人日要炒七种菜

"这是说，在人日这天，家家要用七种菜做成羹来吃，以象征七日之数，还要用彩帛剪成人的形状，或者用金属箔刻成人形，贴在屏风、帐子上，要不就直接戴在头上。同时，还流行制作一种叫'华胜'的发饰佩戴并相互赠送。文人雅士要登高赋诗。"

"还要登高赋诗？"

"过节嘛。清末，富察敦崇在《燕京岁时记》中，对'人日'也有记载和描述。老北京人在正月初七以阴晴测凶吉，不但要吃春饼，卷'盒子菜'，而且要在院里煎饼烤肉，有'熏天'之说。"

小宁说："我以前怎么没听过还有'人日'这个节日呢？"

我说："大约从清末起，由于人们更重视清明节，慢儿慢儿地就不过'人日'这个节了，所以，你不知道民俗里还有这么一个节日。"

小宁点了点头说："原来是这么回事儿。"

我说："由此可见，民俗里的节日，随着时代的发展，也会不断地变化。当然，有些过节的礼俗也会跟着变。我们从正月初一开始聊到初七，有一点，不知你注意没有？"

小宁问道："您指的是什么？"

我说："就是人们在过春节的时候，既有传统的老礼儿，也赋予了时代气息和新的文化内涵。"

小宁说："是，我能体会到。"

我说："咱们聊了不少民俗的东西，比如祭神了、请神了、忌门了、忌讳了，但这些过年礼俗，都已经被时代淘汰了。就是拜年，也有变化。过去是登门拜年，现在讲究搞'团拜'；过去是家庭守岁，现在是到餐馆酒楼吃年夜饭；过去是朋友之间串门儿拜年，现在是搞小型'帕

老礼儿得有新内涵

替'；聚会的内容，也不是大吃大喝，而是一年不见面了，大家凑到一块儿，品茗聊天儿，把酒话旧，或者结伴去郊外散心。这些过年的内容不是更有文化品位吗？"

小宁说："您说的有道理，老礼儿不能全丢，新礼儿也要讲究。"

我说："我所说的文明礼仪既有老礼儿，也有新礼儿。什么是文明？说白了，文明就是与时俱进的开明文化。比如说，今天是正月初七，按老的民俗是'人日'，但'人日'本身就带有迷信色彩，我们干吗非要过这个节呢？所以这个节要遭淘汰，也算是时代进步的结果吧。"

"您说得对。"

"聊到这儿，我想起古人在'人日'这天写的两首诗，一首是隋朝诗人薛道衡写的《人日思归》，'入春才七日，离家已二年。人归落雁后，思发在花前。'另一首是唐朝诗人高适写的《人日寄杜二拾遗》，其中两句是'今年人日空相忆，明年人日知何处？'这两首诗是1000多年前的人写的。现在看，'人日'真的不知在何处了。"

小宁说："说起来，倒有几分'无可奈何花落去'的感慨。不过，现在的人不讲'人日'了，但是中国人的老礼儿还是要讲的。"

我笑道："是呀，看来我们聊了这么多中国人的老礼儿，没白聊呀！"

小宁说道："当然，我认为中国人的老礼儿非常具体和实用，在现实生活中，是不可或缺的。您讲的，我还没听够呢！"

我笑道"没听够，我们也得说再见了。"

小宁说道："是不是还是那句话：'欲知后事如何？且听下回分解'？"

我对她笑了笑说："得改几个字：且听下一本书分解。"

图书在版编目（CIP）数据

中国人的老礼儿 / 刘一达著 . —北京 : 中国科学
技术出版社 , 2019.4

ISBN 978–7–5046–8192–8

Ⅰ . ①中… Ⅱ . ①刘… Ⅲ . ①礼仪–文化–中国
Ⅳ . ① K892.26

中国版本图书馆 CIP 数据核字 (2018) 第 291144 号

策划编辑	吕建华　杨虚杰
责任编辑	田文芳
装帧创意	林海波　冯　潇
排版设计	中文天地
责任校对	焦　宁　蒋宵宵
责任印制	马宇晨

出　　版	中国科学技术出版社
发　　行	中国科学技术出版社发行部
地　　址	北京市海淀区中关村南大街 16 号
邮　　编	100081
发行电话	010–62173865
传　　真	010–62173081
网　　址	http://www.cspbooks.com.cn

开　　本	880mm×1230mm　1/32
字　　数	400 千字
印　　张	17.5
版　　次	2019 年 4 月第 1 版
印　　次	2019 年 4 月第 1 次印刷
印　　刷	北京盛通印刷股份有限公司

书　　号	ISBN 978–7–5046–8192–8/K·249
定　　价	68.00 元

（凡购买本社图书，如有缺页、倒页、脱页者，本社发行部负责调换）